U0920549

广水政协年鉴

2013

政协湖北省广水市委员会办公室 编

《广水政协年鉴 2013》编辑委员会

编委会主任　李健强

编委会副主任　傅本华　何　卫　胡亚明
梅思卫　孙　萍　汪维浩

编　　委　张克林　张家金　何建中
张孝贵　李竹青　李　娅
雷江燕　李大亮　秦传本
韩四强　张克勇

主　　编　汪维浩

副 主 编　张孝贵

编　　辑　陈子君　马　俊　刘　敏
孙玖珍　魏　来

中国人民政治协商会议会徽

2013 年 7 月 30 日，省政协副秘书长、研究室主任熊维明在市委中心学习组扩大会上就协商民主理论作专题讲座

2013 年 10 月 24 日，随州市政协主席肖伏清来广水调研政协协商民主工作

2013年1月15日，市委书记吴超明、市长黄继军看望参加七届二次会议的部分政协委员

2013年1月17日，李健强主席在政协七届二次会议上作闭幕讲话

2013 年 1 月 17 日，何卫副主席主持政协七届二次会议闭幕会议

2013 年 1 月 17 日，胡亚明副主席在政协七届二次会议上宣读表彰文件

2013 年 1 月 15 日，傅本华副主席在政协七届二次会议上作常委会工作报告

2013 年 1 月 15 日，梅思卫副主席在政协七届二次会议上作提案工作报告

2013 年 1 月 17 日，政协七届二次会议闭幕后，孙萍副主席主持十八大精神辅导报告会

2013 年 10 月 25 日，李建强主席一行视察小区物业管理和棚户区改造情况

2013 年 6 月 27 日，傅本华副主席到武胜关桃源村督办重点提案

2013年9月4日，何卫副主席一行就民主监督评议金融部门活动对邮储行进行视察

2013年7月21日，胡亚明副主席等一行到襄阳市政协考察学习委员工作室建设情况

2013年7月29日，梅思卫副主席指导三潭4A景区创建工作

2013 年 4 月 17 日，市政协视察飞沙河水厂建设工地和飞沙河水库

2013 年 5 月 13 日，市政协召开饮用水水源地保护调研动员会

2013 年 7 月 12 日，市政协召开提案办理协商会

2013 年 8 月 13 日，市政协召开民主监督金融部门动员会

2013年6月3日，市政协机关邀请林业局负责人就林业政策法规进行专题讲座

2013年6月17日，市政协机关邀请民宗局负责人就民族宗教政策进行专题讲座

2013年8月6日，市政协机关邀请统计局负责人就经济运行、统计法规进行专题讲座

目　　录

全会、常委会

专委会工作

调研视察

工作报告

重要会议

领导讲话

重要文件

组织概况

提案目录

重要文章

建言立论

大事记

全会、常委会

政协全会

1月15日至17日，市政协七届二次全会在应山剧院召开。281名委员参加了会议。会议听取审议了傅本华副主席代表七届政协常委会所作的工作报告，梅思卫副主席所作的提案工作报告。会议表彰了2012年度先进政协组织、优秀政协委员、先进政协工作者和优秀提案。会后，对政协委员进行了十八大精神专题辅导讲座。

常委会议

1月10日，市政协召开七届五次常委会。会议对撤销1名委员资格予以票决通过；审议通过了关于同意3名委员辞去委员职务的意见，通报了七届二次全会筹备情况。

2月28日，市政协召开七届六次常委会。会议听取了市政府关于十项市政建设工程情况的通报、审议了2013年工作要点、通报了委员学习十八大精神理论测试成绩、学习了习近平同志在十八届一中全会、参观国家博物馆“复兴之路”陈列时的重要讲话精神。

6月28日，市政协召开七届七次常委会。会议听取了市政府关于推进大别山革命老区经济社会发展试验区建设情况的通报，审议通过了市政协调研组关于加快广水社会化养老体系建设的调查报告，学习了市委关于加强政协协商民主工作的意见。

9月24日，市政协召开七届八次常委会。会议听取了市政府元至8月份经济运行情况的通报，审议通过了市政协调查组关于全市饮用水水源地保护调查报告，通报了各处组委员学习社会主义协商民主理论知识测试情况和我市改革开放以来主要事件文史资料征集进展情况。

12 月 25 日，市政协召开七届九次常委会。会议听取了市政府关于 2013 年度提案办理情况和 2013 年市政府“十件实事”落实情况的通报，审议并通过了七届三次全会工作报告、提案工作报告，表彰决定，有关人事任免及七届三次全会议程、日程等有关情况。

专委会工作

提 案 工 作

严把提案的征集关、审查关，整理提案206件，交办提案、建议120件。编制《提案办理协商责任分解表》；筛选重点提案，组织提案办理见面会、协商会数十次；提案的答复率100%，委员满意率和基本满意率达96%以上。在政协网站开设《提案建议》栏目，并先后在省、随州市及本级政协等网站上稿36篇。组织委员对飞沙河水厂工程建设、徐家河高泵站改造、护城河改造回头看、城市公厕建设进行视察。参与饮用水水源地保护专题调研。协调组织随州市政协来我市进行《林业改革与发展》、《土地节约集约利用工作》的调研视察活动。编印提案征集大纲、撰写提案应注意事项等知识，指导委员提高提案质量。

经 济 工 作

起草“上半年四百工程实施情况通报”；组织风机企业上市、工业园区项目落户、护城河治理、城区公厕建管、十马线改造、小区物业管理、棚户区改造、城区停车场建设视察活动；督办打造风机名城、公交与铁路客运无缝对接、开通工业园公交线路、治理护城河等提案办理；组织对7家银行开展评议活动，制定工作方案、撰写工作总结。加强宣传，广水政协网上稿29篇，被各类新闻媒体采用稿件24篇，“抢抓新型城镇化战略机遇，推进武汉城市圈均衡发展”论文得到潜江武汉城市圈政协主席论坛好评。撰写了“政协三大职能的区别”、“民主监督的实践与思考”、“政协视察与调研的区别”理论文章。

学习与文史工作

拟定机关学习计划，分解学习任务，举办了2次全体委员集中学习讲座、

2 次常委会集中学习，组织委员开展理论知识测试，编印文史知识和写作范文，举办讲座 30 期，确立征集选题 102 篇，收集文史资料 180 篇。撰写各类大小公文材料 46 篇，编印书籍 2 本。策划年度工作计划和每月工作要点；筹备召开 10 次主席会、3 次常委会，拟定每次会议筹备方案、主持词、会议协商成果，发布会议消息等；撰写汇报材料、会务讲话、工作总结材料等 6 篇。撰写、组织并编辑政协网站各类稿件 500 余篇，被各类媒体采用稿件 120 篇。

委员管理工作

修订《广水市政协 2013 年度量化考核意见》，推荐近百名政协委员参与调研视察评议等活动，积极协助分管领导开展提案督办、走访委员等活动，加强对活动组（联络处）软件建设、学习培训和活动开展等指导工作，主动协调组织召开乡镇办事处政协联络处主任和市直活动组长工作会议，积极参与政协机关下基层调研实践活动，督促分管主席联系的联络处（活动组）完成“四百工程”任务，搞好市政协民主评议金融部门活动的协调服务工作，做好政协委员担任部门民主监督员推荐和跟踪服务工作，搞好市政协 2013 年度考核及评选表彰工作。

团结联谊工作

开展委员走访座谈、督办处组工作。开展广水市民建小组成员走访座谈、优秀企业家拜访恳谈、台属侨属慰问等联系联谊活动。组织赴襄阳考察学习政协委员工作室创建工作。收集社情民意信息 190 篇，编印《建议与参考》14 期，上报省、随州市政协社情民意信息 18 篇，被省政协采用 4 篇。开展全市福利院集中养老和社会化养老视察活动。组织开展社会化养老服务专题调研。开展宗教活动场所管理视察活动。承担市政协七届二次全会常委会工作报告、主席讲话、市委关于加强政协协商民主工作的意见、学习十八大、十八届三中全会精神等文件撰写任务。在各类媒体上稿 20 篇。

科教文卫工作

组织委员学习十八大精神 16 次，开展公立医院改革、推进义务教育均衡发展、放心粮油店建设情况等视察活动。参与社会化养老服务体系建设、饮用水水源地保护的调研。组织委员投入四百工程，提供招引信息 60 条，服务企业 34 家，收集社情民意 41 条，撰写文史资料 26 篇，提交提案 32 件，督办提案 23 件。宣传上稿 21 篇，其中：省政协网站上稿 5 篇、随州政协网上稿 7 篇、广水政协网上稿 9 篇。撰写各类文稿数 10 篇。组织机关干部学习政策、法规 2 次，主讲科学发展观学习纲要 1 次。接待大冶市、宜城市、咸宁市政协来我市联谊工作。

调研视察

调研活动

3月至6月，开展社会化养老服务体系建设调研。组织专班对全市老年人口状况、养老机构现状、老龄政策落实等情况进行了认真调研。发现我市社会养老服务体系存在基本养老服务欠账大，养老机构短缺失衡；养老服务机构规模小，设施简陋，发展水平低；养老服务队伍严重不足，专业人才极为匮乏；居家养老和社区养老服务发展滞后；从业人员待遇低，养老机构普遍运营艰难等问题。提出切实提高思想认识，建立社会化养老服务工作组织领导体系；发挥政府主导作用，建立政策支持体系；打造居家和社区养老服务支持体系，加强养老服务平台和信息化建设；完善行业管理和队伍建设体系，提升养老服务水平；创新农村社会化养老服务体系，推行农村互助式养老等建议。

5月至7月，开展饮用水水源地保护专题调研。调研组分成4个小组，深入到霞家河、高峰寺、许家冲、飞沙河、花山、黑洞湾、徐家河水库及余店河等8个饮用水水源地，对其水量水质、生态环境、污染源等共计28个方面的问题进行了认真调研。发现我市饮用水水源地存在放牧养殖畜禽、投肥投饵养鱼，直排污水废水、农业面源污染，伐木种菇烧炭、砍树挖土修路，旅游无序开发、水库自我净化能力下降等问题。针对这些情况，调研组提出突出科学发展，实施生态立市战略；制定管理办法，依法保护饮用水源；明确部门职责，建立长效监管机制；广泛宣传发动，提高全民保护意识等建议。

视察活动

3月8日，市政协组织部分委员，视察了我市部分机构养老及社会化养老服务情况。通过视察，委员们提出抓紧制定实施我市社会化养老服务体系建设规划；抓好与国家、省养老服务项目的对接，加大立项争资力度；

制定出台并切实落实各种养老机构发展的鼓励扶持政策；加强对养老服务机构的行业管理等建议。

3 月 18 日，市政协组织部分委员，视察了应山护城河治理情况，并召开专题协商会议。视察组发现，护城河存在环境污染严重、防洪能力不足两大问题。提出提升居民素质，整治维修河道，明确监管责任，规划立项改造等建议。

3 月 29 日，市政协组织部分委员视察了拟上市风机企业情况。通过视察，委员建议政府要高度重视上市工作，切实加大企业上市统筹协调力度和企业上市宣传力度等建议。

6 月 14 日，市政协党群活动组组织委员对餐饮具集中消毒生产企业进行了视察。在视察中委员发现餐饮具集中消毒生产企业硬件设施不完善、不达标，卫生管理不健全、不到位，产品标准不统一、不规范。建议政府相关部门制定监管流程、强化监管责任，建立运行机制、确保监管到位，落实群众知情权、定期公布检测结果。

7 月 16 日，市政协科教文卫委组织委员视察了公立医院改革进展情况。在视察中，委员们发现在公立医院改革中存在政府投入不到位、医疗队伍不稳定、收费透明度低、发展思路不清晰等问题。委员们提出了市政府要加大投入、加强监管，完善公立医院运行机制，完善医院管理和支持协作机制，加大人才引进和培养力度等建议。

7 月 23 日，市政协组织文教卫界别委员视察了义务教育均衡发展情况。在视察中，委员们提出用好用活义务教育均衡发展项目资金，市政府应加大对义务教育均衡发展的资金投入，整合教师资源，打造校园文化，把教育责任目标纳入乡镇年度考核范围等建议。

9 月 5 日，市政协组织提案委员视察了十马线工程改造情况。视察后举行了提案办理协商会，提案委员提出市政府要加大征地拆迁协调力度，督促建设资金缺口到位，搞好施工质量安全管理等建议。

9 月 17 日，市政协组织委员视察了放心粮油店工程建设情况。在视察中委员们指出，目前我市放心粮油工程建设还存在着宣传力度不大，覆盖面不够宽，运行不够规范，宣传不够到位，检测不够严格，监管不够到位等问题。针对这些问题，委员们提出加强宣传，唱响品牌，拓宽渠道，严格检验，规范运作，便民利民等建议。

10 月 23 日，市政协组织委员视察了工业基地招引项目落户和园区基础设施建设情况。视察组指出，工业基地存在着管理体制不顺，基础设施建设落后，项目建设缓慢，项目投产效益不高等问题。针对这些问题，视察组提出理顺园区管理体制，加快基础设施建设，着力打造产业园区等建议。

10 月 25 日，市政协组织委员视察了居民小区物业管理和棚户区改造情况。针对物业管理方面的问题，委员们提出要创新管理模式，引进竞争机制，推行行业标准，探索推进小区管理和社区管理有机结合等建议。针对棚户区改造方面的问题，委员们提出要加大力度、完善措施，稳步推进非连片棚户区、“城中村”改造等建议。

工 作 报 告

中国人民政治协商会议
广水市第七届委员会常务委员会
工 作 报 告

（2013 年 1 月 15 日在政协广水市第七届委员会第二次会议上）

傅本华

各位委员：

我受政协广水市第七届委员会常务委员会委托，向大会报告工作，请予审议。并请列席会议的同志提出意见。

2012 年工作回顾

2012 年，在中共广水市委的坚强领导下，市政协高举团结民主大旗，把谋发展作为履行职能的第一要务，把惠民生作为开展工作的重要内容，把促和谐作为义不容辞的神圣职责，充分发挥委员主体作用，着力实施以“联系招引服务 100 个项目、支持带动 100 人创业就业、收集编发 100 条社情民意信息和文史资料、撰写督办 100 件提案建议”为内容的“四百工程”，完成了市政协七届一次会议确定的基本任务，为全市应对经济下行压力、抗御特大持续干旱、实现跨越发展作出了积极贡献。

一、致力科学发展，主动谋事有起色

我们紧贴发展中心，深入实际、深入基层，汇集民意、集思广益，认真协商议政，取得明显效果。

（一）注重调查研究，广聚民智。如何把“中国风机名城”做实做强，我们组织专班，深入调查全市风机制造及其配套企业发展现状，到江苏南通考察风机产业发展经验，深度剖析制约我市风机产业集群发展的瓶颈问题，围绕发挥风机名城的品牌优势、优化发展环境、推进风机企业早日上市等方面提出对策建议，形成了“广水风机产业集群调查报告”。紧接着

我们开展乡镇观摩调研，对我市 2009 年以来观摩项目进展及实效情况进行实地查看，客观评估观摩效果，深入剖析问题，并从机制入手，寻找破解之策，形成了“广水乡镇观摩项目情况调查报告”。上述两个报告为市委政府实施“工业兴市”战略、壮大风机产业集群，以及完善乡镇考核机制、督促项目按期建成等，提出了可资借鉴的思路，部分建议已被采纳。文教卫体组写出了将武胜关生态文化旅游试验区建设纳入省级文化战略的调查报告，省发改委已经立项。城郊联络处针对辖区内滥建私房现象，通过发放 1000 多份调查问卷、走访 500 余名群众，找出症结，提出了整治建议。蔡河联络处就旱区的红薯高产栽培深入调研，争取扶持开发资金 30 万元，扩大红薯种植面积 2000 亩，增加了农民收入。

（二）**注重专题协商，多献良策**。充分发挥政协人才荟萃、智力密集的优势，每次协商确定一个主题，会前组织委员进行调研，广泛征求各界人士意见，会中听取政府情况通报，会后形成书面建议，创造知情明政条件，增强协商民主实效。我们分别就“三万”活动、经济运行、治庸问责、招商引资、“一抗三保”、提案办理等方面的工作，开展了 6 项专题协商活动，常委们及有关专业人士踊跃发言，提出意见、建议 30 多条，经归纳整理，向市委政府及时反馈。“深度发掘杨涟的时代价值，加强责任文化建设”的建议，市委高度重视，成立了杨涟廉政文化领导小组和研究会，打造广水廉政文化品牌。针对东三镇生活用水短缺的严峻形势，组织委员到水源地调研，向群众做好宣传解释、化解矛盾工作，在此基础上，主席会议形成了“关于确保两城同网供水工程建设的建议案”，引起市政府主要领导高度重视，召开会议专题研究，并将办理情况作出正式答复，促使工程建设顺利推进。

（三）**注重机制完善，搭建平台**。健全常委会议、主席会议议事规则，每次协商时，根据议题分别邀请专委会、活动组、联络处、政府及相关部门负责人、社会各界人士参加，开门协商、畅通渠道，广开言路、广纳群言。制定专委会议事规则，探讨试行界别、联络处议事规则，不断巩固协商民主基础。各种协商平台有章可循，议政质效不断提升。

二、助力改善民生，积极干事有进展

我们紧盯发展环境，发挥民主监督在促使党政机关改进作风、提高效能方面的积极作用，协助做好解民忧、惠民生工作。

（一）**视察督办取得好效果**。围绕小农水、医疗保障、城乡居民养老保险、保障房等民生问题开展了专题视察活动，推动了相关工作的顺利实施。保障房建设作为确保中低收入者居有其所、稳定房地产市场的重大民生工程，房管局在政协领导视察后，认真吸纳建议，用足用活政策，市场运作、政企联建，超额完成当年任务。十里联络处围绕房屋拆迁问题组织视察活动，协助办事处在规划区内如期拆除房屋119户，保证了重大工程建设项目的顺利推进。余店联络处视察社会管理工作，针对当地精神病患者干扰居民正常生活的问题，督促镇政府落实易肇事精神病人的诊疗关怀制度，先后将12名患者送到精神病院就医，维护了一方安宁。社保民宗组视察宗教活动场所，推动了全市寺观教堂的合理布局。

（二）**民意反映取得大突破**。各基层政协组织收集报送信息184条，整理编发信息50余条，不少信息得到领导重视。马坪联络处关于提高村级转移支付标准等5条信息被省政协采用，党群组建议早餐摊点推广使用消毒餐具的“冷点”信息，引起了市政府领导的重视并责令改进。关注民意诉求，为民谋取幸福。广办联络处配合二医院全力服务停靠广水的“健康快车”，复明工程免费为白内障患者手术1500余例。武胜关联络处帮助桃园村打造为全省绿色幸福村。郝店联络处协助镇政府把原三中篮球场改建为设施齐全的群众文化广场。李店联络处关注农村留守问题，争取北京农家女文化发展中心的项目支持，创办了全省首家村级非营利性的活动中心。

（三）**评议监督取得新进步**。推荐委员参加政风行风“三评两查”、治庸问责巡视检查以及电视问政活动，选派委员担任法院的人民陪审员、检察院的人民监督员、环保局的环境监督员等，在促使改进工作作风、优化发展环境、净化社会风气等方面发挥了积极作用。

三、协力促进和谐，努力成事有实效

我们紧扣发展大局，团结一切力量、调动积极因素，推进我市经济社会跨越发展。

（一）积极招引服务项目。发挥委员来自社会各界、人脉资源广的作用，为招商引资牵线搭桥，共参与引进项目 82 个，到位资金 16.69 亿元。市政协引进了“红色江山”物流园、德润食品、中环天然气等 3 个过亿元项目。应办联络处成功引进 6 个项目，到位资金 2.6 亿元。杨寨联络处参与引进总投资 4.8 亿元的 7 个项目。关庙联络处通过在外地发展的老乡引进了 5 个项目，总投资 1.4 亿元。骆店联络处同经济组联合引进了总投资 5000 万元的北鹏创新生态园。社科科技组引资 2700 万元创办阳光康复医院。几位主席分别直接参与了广水烟厂技改及仓储中心、十里工业园被征地农户安置小区、金属材料产业园、城市燃气供气工程、三潭风景区旅游开发、应广城区同网供水等项目的建设，深入一线协调关系、化解矛盾，保证了重大项目顺利实施。太平联络处全程服务提案落实项目——投资 200 多万元的红旗大桥，促使大桥如期建成。长岭联络处联系 8 家企业，坚持一月一走访，协调化解各类矛盾 20 多起。吴店联络处参与服务二妹山风电项目，促进顺利建设。

（二）积极支持创业就业。发挥委员立足基层、贴近群众的优势，共支持创业 139 家，带动新增就业 1844 人。陈巷联络处支持孙月林投资 800 万元创办鸿祥服饰，帮助打工回乡青年史长喜贷款 20 万元创办寿峰塑胶公司，发动村干部为当地 5 家企业招收 227 名工人。党群组协助八一涵管厂引进高端人才，征地 80 亩，投资 5000 万元创办华南环保科技公司。农业组支持高祥面业在蔡河建起了千亩优质小麦基地，带动农民增收，解决了企业原料困惑。

（三）积极投入“一抗三保”。政协领导多次到驻点村——陈巷兴河、棚兴村抗旱，帮助兴河村解决 20 万元资金和设备兴建泵站，动员社会力量捐款 10 万元，引导棚兴村民采取股份制办法整修塘堰，帮助两村共挖塘

80口，新增蓄水能力40万方。随着旱情加深，政协领导深入到乡镇村，指导救灾，看望困难群众，一名副主席受命负责徐家河高泵站抗旱工作，在工地吃住32天，组织三级提水500万方，保证了长岭、陈巷、骆店3乡镇插秧2万亩。广大委员积极投身抗旱，捐助钱物300多万元，工商联组吴晓霞委员捐给蔡河镇石堰塘村24万元用于挖塘、修路，有力支持了防灾减灾。

（四）积极推进联谊活动。开展经常性的走访活动。坚持主席会议成员走访常委、常委走访委员、委员走访界别群众的下访制度，了解他们的困难和问题，鼓励他们建功立业，达到加深友谊、理顺情绪、了解民意、凝心聚力的目的。开展多形式的联谊活动。政协领导分别参加了广州、北京、上海、武汉同乡会联谊活动，配合市委政府做好相关工作；到我省天门市、安徽霍山县分别参加武汉城市圈论坛、鄂豫皖大别山县市区政协工作交流活动，借鉴他人经验，探讨特色路径，共商发展大计；到安徽宁国考察，成立广宁乡亲联谊活动推进委员会，启动两市人民联络互访、寻亲问祖的支持工程，为两市民间友好往来搭建了平台。开展各层次的交往活动。省政协领导先后4次到我市考察指导工作、调研金融服务问题，随州市政协领导来我市调研农业产业化，武汉青山区、河南平顶山市政协领导来我市交流经验。通过一系列不同形式的活动，为助推广水发展、创新政协工作营造了浓厚氛围。

四、全力求实创新，自身建设有亮点

我们紧抓活力问题，创新机制、转变作风，内强素质、外树形象，不断提高政协工作科学化水平。

（一）强学习，履职能力不断提高。以政协全会为依托，集中培训、专题测试，通报成绩、存档备案；以例会、工作会议为阵地，组织常委、联络处主任和活动组长学习交流；以联络处、活动组为载体，组织委员每季度集中学习一次；政协机关坚持每周一下午学习，干部轮流讲课，还分赴吴店、陈巷、马坪、长岭等乡镇，开展为期一周的下基层学习实践活动。

通过多种形式的学习，收到了知上情、明下情，转作风、提素质的成效。

（二）**建制度，自律意识不断增强**。建立健全了20多项工作、管理制度，形成了“市政协各项制度汇编”。建立主席会议成员、委员、组长岗位工作职责等科学的工作机制，明确了履职内容；建立委员管理规定、加强专委会工作的意见等科学的管理机制，强化了工作责任；建立党组民主生活会、党风廉政建设责任制等科学的监督机制，严肃了作风纪律。通过用制度管人，规范该作为、约束不作为、禁止乱作为。

（三）**稳阵地，基层效能不断提升**。在乡镇党委政府的高度重视和大力支持下，各联络处配齐了政协专干，划拨了专项经费，添置了电脑、档案柜等办公设施，上墙了各项制度。基层政协组织阵地作用得到应有发挥。

（四）凭实绩，委员活力不断迸发。制定委员、常委、联络处及活动组、“一办六委”年度量化考核办法，实行常委述职和业绩公示制度。抽调委员参与考评打分，坚持客观公正原则，硬化任务指标要求，考核成绩作为奖惩委员的主要依据。通过4个层次的考评，用事实说话、晒成绩排名，激活了委员尽心履职、追求卓越的积极性、主动性、创造性。

（五）重宣传，作为形象不断彰显。创办了广水政协网站，对外展现了政协工作全貌；积极向各级各类新闻媒体投稿，被采用252篇，其中省级以上105篇，“人民政协报”采用4篇；“四百工程” 创新成果受到了省政协参政议政理论与实践创新研讨会的高度关注。扩大宣传的效果逐步显现，有为政协的形象得到彰显。

刚刚过去的一年，是本届政协的开局之年、创新之年。我们深切感到，紧扣中心大局、保持同心同向，是谋事之基；搭建履职载体、落实四百工程，是干事之要；加强组织建设、推行量化考核，是成事之道。

各位委员！ 一年来，我们在前进中探索、在探索中创新、在创新中发展，为广水经济社会发展做出了一定成绩，被省政协授予先进政协组织荣誉称号。这是市委正确领导的结果，是市人大、市政府和社会各界关心支持的结果，也凝聚着政协各级组织和全体委员的智慧、心血和汗水。在此，我代表市政协常委会，向大家表示衷心的感谢和崇高的敬意！

在肯定成绩的同时，我们应清醒的看到，常委会工作存在许多不容忽视的问题。主要体现在：履职所需的学习效能不高，部分委员的主体作用需要进一步发挥；基层政协的阵地建设缺乏，各组委员的活动场所需要进一步健全；协商民主的制度建设滞后，民主监督的运行机制需要进一步规范；自身建设的基础尚不牢固，“四百工程”的内容方式需要进一步完善等。真诚的希望各位委员对常委会的工作提出意见和批评。

2013年工作任务

2013年，市政协以党的十八大精神为指导，紧紧瞄准市委重大决策部署和全面建成小康广水目标，牢牢把握团结和民主两大主题，切实履行政治协商、民主监督、参政议政三项职能，着力加强思想政治、“四百工程”、协商民主、政协队伍四个建设，不断推进政协工作科学发展、创新发展，为促使广水经济社会新一轮大跨越做出更大成绩。

一、加强学习，始终保持同心同向

学习贯彻十八大精神是政协各参加单位和广大委员坚定走中国特色社会主义政治发展道路、巩固共同思想政治基础的重要途径，是政协当前首要的政治任务。政协各级组织和委员要把学习党的十八大精神贯穿全年工作始终，自觉用十八大精神指导实践。

（一）**要掀起学习十八大精神的新高潮**。把学习贯彻党的十八大精神纳入年度工作计划，拿出切实可行的具体措施。政协各级组织要采取辅导培训、专题讲座、讨论交流、抽查笔记、理论测试等多种方式，组织每季度集中学习一次，做到活动有创新、学习有效果；广大委员要把精读十八大报告原文，学习习近平在十八届一中全会、参观国家博物馆“复兴之路”陈列时的重要讲话精神，作为读一本好书的必修课，做到站位有高度、领会有深度；政协网站要开辟专栏报道学习动态、汇集学习心得，不断把学习活动引向深入。

（二）要明确政协工作的新任务新要求。十八大报告从坚持中国特色社会主义政治发展道路和推进政治体制改革的高度，深刻阐述了健全社会主义协商民主制度的意义和内涵，进一步指明了新时期政协工作的指导思想、主要职能和目标任务。学习十八大要结合政协工作实际，把协商民主理论作为学习重点，认真钻研、深刻领会，积极参与协商民主制度建设，并把这一新任务落实好。

（三）要形成政协组织的新团结新气场。政协是由各党派、团体、各族各界代表人士共同组成的，是以团结和民主为依归的政治组织，同心才能同向，同向才能同行，同行才能同建设，共同的政治理想，能产生强大的向心力。因此，要牢固树立社会主义核心价值观，在学习中凝聚共识、在团结中坚定方向，切实把广大委员及各族各界人士的思想统一起来、力量汇集起来、智慧集中起来，达成新的团结，共同为实现市委政府的目标任务、全面建成小康广水的宏伟蓝图拼搏实干，打造履职新的强大气场。

二、完善措施，高位推进四百工程

“四百工程”是本届政协履行职能的具体表现，是发挥委员主体作用的主要抓手。要继续扭住这个推进工作的牛鼻子，着力在完善措施、提高实效上下功夫。

（一）促进发展，服务市场主体。要以主人翁的姿态，宣传广水、推介广水，主动投身招商引资，全市政协组织和委员提供招商信息要达到百条以上，各联络处、活动组力争独立引进一个3000万元以上的项目，以此作为年终考核加分依据。把招引项目落户建设作为实施民主监督的重点，改过去由被监督单位聘任民主监督员为选派委员到经济服务主管部门担任民主监督员，开展民主评议，促进政风行风改善，营造亲商护商氛围，助力打造投资洼地。坚持和完善委员与企业项目建立联系点制度，每个联络处、活动组自主选择服务对象要达到5家以上，帮助企业招工，增加就业岗位，把联系点建成招商信息汇集点、创业就业带动点、提案建议源出点、社情民意收集点、发展环境监测点。

（二）健全机制，督办提案建议。鼓励各人民团体、界别组、联络处、专委会提交集体提案，引导委员察民情、访民意、接地气，通过反映群众急需解决的民生问题，不断提高提案质量和立案率，提交提案要达到百件以上。逐步探索提案办理协商规程，实行政协督办与政府督办、领导督办与专班督办四位一体的督办体系，试行开展提案办理评议会，选择重点民生提案，组织提案人和各界人士对承办单位办理情况进行满意度量化测评，增强提案办理实效。

（三）明确主题，征集文史资料。坚持实事求是原则，注重把握亲历、亲见、亲闻“三亲”特色，做好文史资料工作，向当代及后世昭示一批详实健康的文史读物，发挥存史、资政、团结、育人的作用。动员基层政协组织、委员和社会有关人士，围绕改革开放以来广水发生的重大历史事件，抢救出一批原创版的珍贵史料，征集文史资料要达到百篇以上。

（四）整合力量，关注民意诉求。加强社情民意信息工作领导，强化联络处、活动组、专委会工作责任，注重信息员队伍建设，采取激励措施，调动委员和信息员反映信息的积极性，报送社情民意信息要达到百条以上。充分发挥政协网站的民意表达和收集功能，使之成为委员履职和各界群众表露心声的新平台；高度重视网络民意，支持委员建立网上工作室、开办议政博客收集社情民意。着眼于重大民生难题，探索化解之道，市直活动组要选取 1—2 件信访案件，加强利益相关方沟通，帮助解决合理诉求；乡镇联络处要选择 1－2 个基础条件较好的村（社区），协助政府和各社会组织，积极探索农村社会化养老、留守妇女儿童生活安置的新模式，为解决农村养老问题积累经验。

为了把“四百工程”落到实处，有必要完善其内涵表述，即“招引服务百家企业项目、提交督办百件提案建议、征集编发百篇文史资料、收集反映百条社情民意”，开展“五个一”活动，即每名委员“提供一条招商信息、联系一个企业项目、提出一件提案建议、征集一篇文史资料、反映一条社情民意”，改进量化考核方式。

三、勇于创新，切实加强协商民主

党的十八大报告指出，完善协商民主制度和工作机制，推进协商民主广泛、多层、制度化发展。这给新时期政协工作提出了新的更高要求。

（一）完善协商制度，加强规范性。贯彻落实中央“把政治协商纳入决策程序，坚持协商于决策之前和决策之中”的规定，按照市委“关于加强和完善新形势下人民政协工作的意见”精神，根据不同层次、不同领域的协商，进一步明确协商什么、与谁协商、怎样协商、协商成果运用、办理结果反馈等具体环节，促使制定并试行协商民主制度，逐步实现从“关心协商”到“必须协商”，从“可以协商”到“程序协商”，从“软办法”到“硬约束”的重要转变。

（二）丰富协商形式，扩大包容性。把握协商民主求同存异、体谅包容的精神实质，逐步推进常委会专题协商、专委会对口协商、活动组界别协商。丰富和完善市委政府与政协各组成单位的协商形式，探索界别协商的方式方法，组织工商联、人民团体、经济、农业、科技、少数民族、宗教等团体界别，着重围绕行政服务中心“三落实三到位”、金融服务环境、护城河治理、农业科技推广、宗教规范化管理等问题进行调研，拿出意见建议，同党政有关部门协商，促使工作改进、问题解决。适应广大人民群众民主意识不断增强的新形势，探索在基层群众自治、社会管理等领域符合实际的协商方式，扩大公民有序的政治参与。

（三）加强专题调研，增强实效性。根据市委政府提出的重大协商议题，以及破解经济社会发展难题，选择一些对我市科学发展具有前瞻性、全局性的重大课题，认真开展调查研究，在吃透市情、掌握实情，找准问题、见解独特的基础上，主动与市委政府及其有关部门协商。常委会将重点就水源地保护、社会化养老等问题开展调研，各联络处、活动组、专委会也要结合自身实际，围绕协商民主制度建设、教育资源均衡化、城区停车场和公厕建设、居民小区物业管理、城乡一体化、乡村清洁工程、乡医接诊积极性、山林资源和古村落保护、农村危房改造、旅游文化、特色文化、产业文化、传统饮食文化等问题，选取 1–2 个调研课题，打造调研精品，向党委政府建实言、立高论。

四、敢于担当，继续提高履职水平

政协委员不仅是政治荣誉，更是政治责任。在责任面前，要不辱使命、敢于担当。

担当就要自信。党的十八大把加强政协工作作为坚持社会主义民主政治道路、建设社会主义政治文明的重要内容，宪法规定政协是我国的一项基本政治制度，政协章程明确了委员的一系列权利和义务。我们要充分认识政协工作的政治责任，增强敢于担当的底气、拿出敢于担当的勇气、焕发敢于担当的锐气，理直气壮的从事政协工作、开展履职活动。

担当就要提能。担当必须有真本领，不仅要敢担当，而且要能担当、会担当，既要拥有从事政协工作的热情，更要具备干好政协工作的素质和能力。要加强学习，掌握统一战线、协商民主理论，提高政治业务素质；要参加活动，掌握政协工作方法，增强协商议政能力；要总结经验，提高活动的组织化程度，改进政协全会、常委会议方式，实行分组讨论，推荐中心发言人，增强审议效果，不断提升履职水平。

担当就要负责。“天下兴亡，匹夫有责”是仁人志士丹心报国的担当誓言，“先天下之忧而忧，后天下之乐而乐”是历代前贤关心国事的忧乐情怀。委员作为社会各界的精英，理应充分发挥好在本职工作中的带头作用、政协工作中的主体作用、界别群众中的代表作用，争做“双岗建功”的楷模。

担当就要自律。打铁还需自身硬。我们应该懂得自律，模范践行自律，自觉遵守法律法规和委员管理规定，积极参加学习、视察、调研、提交督办提案、征集文史资料、收集社情民意等经常性活动，做社会道德的典范、遵纪守法的公民、恪尽职守的委员。

各位委员！当前，我市正处在加快发展的关键时期。新征程承载新使命，新目标赋予新任务。站在新的历史起点上，人民政协事业大有可为。让我们团结起来，在中共广水市委的正确领导下，再接再厉、同心协力，求真务实、锐意进取，为推动我市跨越发展作出新的更大的贡献！

谢谢大家！

中国人民政治协商会议
广水市第七届委员会常务委员会
关于七届一次会议以来提案工作情况的报告

（2013 年 1 月 15 日在政协广水市第七届委员会第二次会议上）

梅思卫

各位委员：

我受政协广水市第七届委员会常委会的委托，向大会报告七届一次会议以来的提案工作，请予审议。并请列席会议的同志提出意见。

一

市政协七届一次会议以来共收到提案 109 件，经整理合并实际形成提案 83 件，提案数量创历年之最。这些提案经市政协提案委员会审查，并通过主席会议研究确定，立案 43 件，其他 40 件作为建议。一年来，在市委市政府的高度重视和承办单位的认真办理下，经过各方面的共同努力，在立案的 43 件提案中，已办理和正在办理的 38 件，占立案数的 88.4%；已纳入计划办理的 4 件，占立案数的 9.3%；由于受政策限制暂时不能办理的 1 件，占立案数的 2.3%。提案办复率、委员沟通率均为 100%，委员满意率和基本满意率达到 96%，是近几年委员满意率较高的一年。2012 年提案的主要特点是：

围绕中心工作出谋略，致力经济发展。如朱凤菊委员提出的《深入推进园区合作共建，打造广水工业特色园区》的提案，韩楚强、王虎委员提出的《工业园区征地建设环境亟待改善》的提案，李大亮委员提出的《强化行政服务中心职能》的提案，冯章辉等 6 名委员提出的《夯实农业基础，落实项目资金》的提案，廖建林等 7 名委员提出的《做好旅游产业兴市文章》的提案，梅其永等 3 名委员提出的《关于重视农业合作组织发展，规范农民专业合作组织建设》的提案，都是围绕经济建设中心建言献策。

关注热点难点陈实情，致力民生改善。委员们深入基层，倾听群众呼声，了解社情民意，提出了许多好的建议。如李敏委员提出的《关于加快我市管道天燃气建设》的建议，秦晓玲等 6 名委员提出的《加强广办东西河道治理》的提案，何琴委员提出的《预防青少年吸毒》的提案，陈敏等 5 名委员提出的《解决“出行难，停车难”问题》的提案，何丽等 6 名委员提出的《加强食品安全管理》的提案。这些与群众生活息息相关的提案，均顺应了群众的所需和急盼。

服务统筹城乡献良策，致力基础建设。在这方面，委员们提案踊跃。如张勇、熊海东等 8 名委员提出的《加强城市规划管理，规范市、乡房地产市场》的提案，陈均等 8 名委员提出的《应山至李店公路提档升级，加强通村公路养护管理》的提案，杜向阳、孟九委员提出的《加大农村电网改造力度》的提案，吕忠仙等 6 名委员提出的《关于加大农村沼气能源建设力度》的提案，朱大银、李竹青等 7 名委员提出的《加大农村小型水利改造支持力度》的提案等，均以详实的调查研究作建言支撑，谋到了广水城乡一体化发展的薄弱点、关键处。

重视文化教育建诤言，致力社会进步。如李媛媛、秦玲等 4 名委员提出的《加强道德教育，提高市民道德水平》的提案，吴庭煦等 4 名委员提出的《优化教育结构，整合教育资源，加强职业教育》的提案，梅思军等 4 名委员提出的《打造杨涟故里景观，发展广水文化产业》的提案，彭立坤等 5 名委员提出的《弘扬传统文化，丰富群众生活》的提案，就是这方面的典型案例。

这些提案集中体现了委员高度的政治热情和社会责任感，表达了委员反映民众心声和强烈的参政议政愿望，凝聚着委员的智慧和心血。

二

一年来，我们按照市政协七届一次会议提出的工作目标，加强组织领导，开展提案工作，注重统筹协调，不断开拓创新，在提高提案质量、推进制度建设、完善提案办理机制等方面取得了明显成效。

（一）**坚持正确导向，强化精品意识，切实提高提案撰写质量**。提案质量是提案工作的本质要求。为此，我们建立了委员提案征集、审查制度。就是围绕市委的战略目标、工作重点和社情民意，拟定提案征集要点，为委员撰写提案提供帮助。同时，还编发了提案基础知识供委员学习参考。然后依据《提案工作条例》规定的程序，对征集到的提案进行认真筛选，严格审查。委员们不辱使命，不负重托，撰写出许多有质量、有价值的优秀提案。如熊红莲等24名委员提出的《关于提升广水城市建设品位的建议》，市政府分管领导和住建局认真对待，投资3500万元，对永阳大道等道路进行了整治维修，完成应十大道、三环路、东正街等9条道路的刷黑，提升了城市形象，取得了阶段性成果，城市面貌发生明显改观，人民群众十分满意。

（二）**加强领导力量，突出工作重点，切实增强提案办理实效**。一是领导重视。市政府把提案办理列入重要的议事日程，与中心工作同安排、同部署，切实加强对提案办理工作的领导。3月20日市政府举行了提案交办会，向33个承办单位移交了提案。不仅如此，市政府主要负责人还亲自领衔办理提案，有力地推动了提案办理工作落到实处。如刘小平、刘诗艮等6名委员提出的《关于进一步优化经济发展环境的提案》，市长黄继军亲自领办，召开了三次专题会议，先后走访了5个乡镇办事处、21家企业、5名提案委员。在此基础上，市委、市政府出台了《关于进一步加强企业帮办服务工作的实施意见（试行）》，进一步强化优化经济发展环境的具体措施。二是大员上阵。各承办单位一把手对提案办理工作早安排、早部署、亲自办，效果明显。如市住建局、水利局、财政局、公安局、交通局、教育局、城管局等提案办理大户，都是大员上阵抓办理，保证了提案办理质效。市交通局十分重视政协提案、建议办理工作，把提案和建议一样对待，先后3次召开征求意见会协商办理。局长杨祥勤在办理《关于修建红旗大桥的建议》时，想尽办法，克服困难，调集资金200余万元，仅用6个月时间，修起了一座长200米，宽5.5米的连心桥，解决了4000村民出行的老大难问题。三是狠抓督办。市政府采取领导挂帅重点督办、督查室专班督办和召开会议专题督办的方式，全方位开展提案督办工作。在提案办理的关键时期，市政府分管领导专门召开提案办理督办会议，总结经验找差距，强化责任添措施，部署工作提要求，并对相关提案办理情况进行跟踪问效。柯光慧委员依据社情民意提出了《点亮广水北立交桥上的灯》的提案，市政府分管领导带领相关部门负责人多次深入现场调查研究，协商解决办法，终于让熄灭多年的路灯重放光明。

（三）注重协调配合，狠抓联动效应，切实形成提案办理合力。一是委员跟踪督办。我们把提案的审查结果和交办情况，用函件的形式告知第一提案人，让委员们了解所提提案的运行状态，以便跟踪督办。二是活动组分头督办。今年我们对 6 个专委会及对应联系的 24 个委员活动组试行提案办理督办机制。这种机制的形成，不仅让提案督办有了广泛的参与度，也使委员活动组活动有内容。如经济活动组组织本组委员通过调研、座谈、视察等方式开展提案督办活动。文教卫体活动组在督办提案的同时，还对承办单位办理提案情况进行了现场测评，实现了委员满意，承办单位满意。三是常委会议督办。我们先后召开了三次常委会，分别听取了市政府分管农业、城建、经济工作的副市长所作工作情况通报，常委会结合提案办理，充分发表意见。四是主席视察督办。如付光东等 14 名委员提出的《关于加大城市供水基础设施建设投入的建议》，市水利局、市供水办按照市委市政府的正确决策，启动应广城区两城同网供水工程建设。11 月 6 日，全体主席带领部分委员对两城同网供水工程建设情况进行了视察，并以政协建议案的形式及时与市政府协商，为工程顺利推进提出好的意见和建议。

（四）创新工作方法，注重工作实效，切实提升提案服务水平。提案是委员建言献策、参政议政、履职尽责的重要渠道。华运鹏、易晓辉等委员在调查研究中了解到，毗邻的河南省正在举全省之力把鸡公山打造成“中原文化旅游度假胜地”的重要信息，提出了《关于将武胜关生态文化旅游试验区建设纳入省级发展战略的建议》，期望对接河南旅游强省快车，实现共赢。此提案立意高，但要纳入省级发展战略难度也大。市政协常委会十分重视，通过创新思路、创新方式，不仅将该提案送市委市政府主要领导决策参考，而且通过省政协《议政建言》专报省委、省政府领导参阅，得到省委、省政府的重视和支持。

一年来，提案工作和提案办理取得了较大实效，涌现了一批优秀提案，一批群众关心、委员关切、领导关注的问题得到了有效的解决。但是，我们也应清醒的看到，提案工作和提案办理与党的事业和群众的要求还有差距，有的提案质量还不高，缺乏调研和分析；有的提案建议不具体，针对性不强；有的提案书写不规范，填写不完整；有的联合办理的提案，主办单位只扫门前雪，牵头作用发挥不够，落实不好。所有这些现象都要在今后的工作中加以克服。

三

市政协七届二次会议提案工作的指导思想是：坚持“围绕中心，服务大局，提高质量，讲求实效”的工作方针，围绕发展第一要务，围绕人民群众普遍关心的热点、难点问题，提出具有严肃性、科学性、可行性的提案，加强督办，密切协作，促进提案办理落实。具体做好以下三个方面的工作：

（一）**求真务实，进一步提高提案质量**。要继续将提案质量放在提案工作的首位。要把促进我市跨越发展，解决人民群众最关心、最直接、最现实的利益问题作为提案的重点。提案主题要突出，观点要鲜明，内容要详实，数据要准确，分析要科学，建议要可行，行文要规范。要充分发挥政协委员的主体作用，充分发挥人民团体、政协各专委会和联络处、界别组的智力优势、专业优势，通过深入调研，撰写出有情况、有分析、有真知灼见的集体提案。

（二）**强化责任，进一步增强提案办理实效**。要认真贯彻落实市委、市政府有关加强政协提案办理工作的文件精神，把办理好政协提案提升到发展社会主义民主政治、密切与人民群众血肉联系的高度来认识，切实加强提案办理工作的组织领导，继续推行领导挂帅、大员上阵、专班督察、整体联动的有效机制。进一步规范提案办理程序，增强提案办理实效。要继续实行委员跟踪督办、活动组分头督办、常委会议督办、主席视察督办的提案督办制度。今年将推出挂牌督办，把委员不满意而又能办理的提案，作为重点公开督办，促进提案办理质量全面提升。

（三）**创新思路，进一步提高服务水平**。政协机关要进一步增强责任意识、大局意识和服务意识，不断创新工作方法。要加大提案工作的宣传力度，充分发挥报刊、电视、互联网等新闻媒体的作用，扩大政协提案的社会影响。

各位委员、同志们，提案工作责任重大、使命光荣。我们要认真学习贯彻落实党的十八大会议精神，围绕市委工作中心，结合政协七届二次会议工作要求，不断适应新形势、探索新思路、推出新举措，切实做好提案工作，为把我市建设成经济繁荣、社会和谐、生态文明的新型城市作出新的更大贡献！

重要会议

1 月 15—17 日，**政协召开七届二次会议**，来自全市 15 个界别的 281 名委员参加了会议。会议听取审议了傅本华副主席代表七届政协常委会所作的工作报告，梅思卫副主席所作的提案工作报告。

3 月 6 日，**市政府举办“三案”交办会**。市政协将 54 件提案、66 件建议转交 64 个承办单位办理。

4 月 25 日，**市政协召开宣传和文史资料工作会议**。会议部署了文史资料征集和宣传工作。

5 月 31 日，**市政协召开饮用水水源地保护调研动员会**。会上宣读了《市政协饮用水水源地保护调研方案》，并进行了相关专业知识培训讲座。

6 月 26 日，**市政协召开“四百工程”工作交流会**。通报了上半年“四百工程”实施情况，对下半年的工作提出了要求。

7 月 11 日，**市政协召开特聘信息员培训会**。会上宣读了《市政协办公室关于特聘信息员的通知》，特聘了 19 名信息员。

7 月 30 日，**市委中心学习组集中学习社会主义协商民主理论**。省政协副秘书长、研究室主任熊维明作题为《贯彻党的十八大精神 发展社会主义协商民主》专题讲座，市“四大家”领导，乡镇办事处党政主职，市直各部门、市人大、市政协专委会负责人，政协七届全体委员参加了学习。

8 月 13 日，**市政协召开了民主评议金融部门动员会**。

10 月 14 日，**市政协召开民主评议金融部门整改落实动员会**。

11 月 7 日，**市政协召开民主评议金融部门测评会议**。测评会上，7 家金融部门负责人作了整改报告，市政协常委、10 家企业负责人对金融部门整改情况进行了现场测评打分。市委、市政府主要领导，各乡镇党政主职，市直各部门主职参加了会议。

11 月 18 日，**市政协召开主席会议，专题学习十八届三中全会精神**。

会上原文学习了十八届三中全会公报和人民日报题为《让改革旗帜在中国道路上飘扬》的社论。

领导讲话

吴超明同志
在市政协七届二次会议开幕式上的致辞

（2013年1月15日）

各位委员、同志们：

腊梅吐香，印台聚贤。政协广水市第七届委员会第二次会议，今天隆重开幕了。大家肩负社会各界重托，共谋发展大计，共商富民良策。在此，我代表市委、市人大、市政府，向大会表示热烈祝贺！

刚刚过去一年，我们高举“跨越发展、跳跃进位”大旗，克服“百年大旱、经济下行”严峻挑战，战天斗地抗天灾，迎难而上战危机，掀起了大宣传、大招商、大帮办、大督查、大考核、大治庸活动新高潮，开创了经济社会发展新局面。这是非常困难的一年，也是激情奋进的一年，更是砥砺跨越的一年。

一年来，市政协牢牢把握团结民主“两大主题”，履行政治协商、民主监督、参政议政“三大职能”，实施服务百家企业、督办百件提案、编发百篇资料、收集百条民意“四百工程”，创造了特色亮点，谱写了崭新篇章。

——主动谋事实现新突破。围绕全市发展中心，深入开展风机产业集群、两城同网供水等调研活动，提出许多有价值的意见建议，促进了科学民主决策。

——积极办事迈出新步伐。围绕优化发展环境，积极开展小农水、保障房等视察，参与治庸问责、“三评两查”、电视问政等活动，改进了干部作风、提高了行政效能、净化了社会风气。

——努力成事取得新实效。围绕服务发展大局，团结一切力量，调动一切因素，大力服务抗旱救灾、招商引资、项目建设、创业就业，助推广水发展步入“快车道”。

——激情干事呈现新气象。围绕增强发展底力，强化责任担当，提升能力席位，实施量化考评，展示出昂扬向上、奋发有为的精神状态。

新的一年，我们将高举大别山旗帜，围绕“中国风机名城、县域经济强市”战略，加快推进“跨越发展、跳跃进位”，致力将广水建设成为随州开放开发排头兵、大别山试验区发展先行者、武汉城市圈科学发展示范市、湖北县域经济发展先进市、中部百强县市。大家务必进一步打开思维闸门，强化责任担当，勇于创先争优，为打造“美丽广水”建言献策、建功立业。

第一，高举发展大旗，弘扬跨越赶超“主旋律”。要发挥智力密集优势，多献科学发展之策。要以开阔的视野、创新的思路、独到的见解，出妙计、献良策。要发挥联系广泛优势，多做科学发展之举。紧扣全市重大决策，加强社会各界沟通联络，统一思想、协调关系，为加快发展增强动力、凝聚合力。要发挥界别精英优势，多创科学发展之业。充分发挥示范引领作用，主动投身“七大活动”热潮， 积极融入干事创业广阔天地。

第二，高举民主大旗，奏响振兴崛起“大合唱”。民主协商要有新作为。要多渠道、多层次、多形式开展协商，做到重大问题协商在市委决策之前、人大通过之前、政府实施之前，不断提升群众政治参与度。民主监督要有新途径。要创新提案建议、社情民意、视察评议等形式，用民主大监督带动效能大提升，促进工作大落实。民主决策要有新拓展。要多出课题、多领任务，创造条件、创造环境，促进政协委员多建睿智之言，多献务实之策。

第三，高举责任大旗，激发履职担责“正能量”。要勤于学习、勤于实践、勤于总结，不断提升政治把握能力、参政议政能力、合作共事能力、组织协调能力，成为发展“多面手”。要强化制度创新，提升管理水平，变“要我协商”为“我要协商”，成为发展“助推手”。要强化责任担当，充分发挥在本职工作中的带头作用、政协工作中的主体作用、界别群众中的引领作用，成为发展“主抓手”。

各位委员、同志们，站在新的历史起点，我们满怀信心；肩负新的目标任务，我们责任重大。让我们在十八大精神引领下，同心同德、锐意进取、开拓创新，以更加积极的姿态、更加昂扬的斗志、更加务实的作风，全面推进广水新一轮战略跨越！

团结实干弘扬正气
为建成小康广水而努力奋斗

李健强同志在政协广水市七届二次全会闭幕大会上的讲话

（2013年1月17日）

各位委员、同志们：

政协广水市第七届委员会第二次会议，已经完成了各项议程，今天就要胜利闭幕了。

这次会议，大家深入学习贯彻党的十八大精神，围绕吴超明书记在会议开幕时的致辞和黄继军市长所作的政府工作报告，就加快经济跨越发展和建成小康广水等重大问题，积极建言献策，提出了不少真知灼见，极大地丰富了市委市政府在新一年里的工作举措。会议审议通过了傅本华副主席代表市政协常委会所作的工作报告和梅思卫副主席所作的提案工作报告，委员们就做好新一年的政协工作，提出了许多很好的意见和建议。会议开得紧凑活泼、务实高效，取得了圆满成功。

党的十八大提出了2020年建成小康社会的奋斗目标。围绕实现这一目标，中共广水市委、市政府提出了加快县域经济强市建设的新要求。我们全市政协组织和全体政协委员，要按照这些新要求，争当团结的模范、实干的模范、弘扬正气的模范，与全市人民一道勇敢地担负起建成小康广水的历史重任。

一、团结一心，为建成小康广水凝心聚力

“团结就是大局，团结就是力量”。建成小康广水，需要93万广水人民团结一心，共同奋斗。人民政协是中国共产党领导的各党派、各团体、各民族、各界别的大团结大联合的统一战线组织，把全体社会主义劳动者、社会主义事业建设者、拥护社会主义和祖国统一的爱国者都团结起来，是人民政协的重要任务和重大作用之一。对政协组织和政协委员来说，讲团

结是第一任务，会团结是第一本事，促团结是第一职责。

讲团结，首先要讲政治、守规矩。共同的理想信念、奋斗目标、统一的规则和纪律，是实现团结的政治基础。党的十八大高举中国特色社会主义伟大旗帜，以科学发展观为指导，提出了2020年实现两个翻番、建成小康社会的奋斗目标，奠定了全国各族人民团结的基础。建设美丽中国，实现“中国梦”是政治；建设“五个湖北”，实现中部崛起是政治；同样，推进广水竞进提质、跨越赶超、建成小康，也是我们最大的政治。全市政协组织和政协委员，要始终坚持在政治上与党中央保持高度一致，在市委的坚强领导下，围绕发展大局，顺势而为，在建成小康广水的伟大实践中，切实做到与党委政府同心同德，同向同行，同力同为。

人民政协是中国共产党领导的统一战线组织，而绝非是乌合之众。政协委员来自社会各界，具有广泛代表性；协商民主形式多样，意见表达充分自由，有着政治上的巨大包容性。但这决不是说，政协组织没有统一的工作目标，没有活动的规则和纪律要求，也不是对委员没有任何行为规范要求。如果人人随心所欲，各行其是，有令不行，有禁不止，只讲个人自由，不要组织纪律，只会成为一盘散沙，团结就必然成为一句空话。所以，省政协领导提出：政协宽松而不放松，自由而不自流，民主而不是无主。政协委员要加强纪律观念，增强自律意识，认真遵守履职规则和行为准则，提高政治素质，不断巩固团结奋斗的共同思想政治基础。

讲团结，就要识大体、顾大局。在经济社会发展中，不同地域、不同行业、不同界别间存在着利益差别，享有的社会公共服务水平不尽一致，因而各自的利益诉求和愿望也不尽相同。实现社会公共资源的均衡分配和公共服务的公平，正是党和政府的工作目标。我们政协委员来自不同界别，在参与各项履职活动中，要坚持以全市发展大局和最大多数人民根本利益为出发点，而绝非从小团体少数人利益出发来参政议政。民主协商的含义，不只是政府吸收采纳政协委员的意见建议，也还包括政协组织和政协委员要理解、支持政府有关发展大局的各项政策举措，并带动各界群众执行政府的各项政策决定。在现实生活中，不同利益群体客观存在，党委和政府的任何决策部署，都想能兼顾各方实现“多赢”，但面面俱到是不现实的。因此，我们每个人只有从大局出发，把自身的部分的利益追求融入全市发展的全局系统之中，才能形成推动跨越发展的强大整体合力，共获科学发展的幸福果实，实现团结奋斗的共同目标。

讲团结，还要能包容、合作。我们都不是完美无缺的人，世界上也没有全知全能不可替代的圣人。任何个人的能量逾越不了特定的时空，任何个人权威不可能支撑永久。没有包容，就无法合作，也就没有团结。在建设中国特色社会主义的伟大事业中，唯有万众一心，发挥每个人的聪明才智，相互取长补短，凝心聚力，才能汇成跨越发展的“黄金气场”。人民政协人才荟萃，汇集了全市各界精英、各业专家和各行名流，人人各有所长。因此，包容他人，合作共事，对于加强团结显得尤为重要。一方面，要搞五湖四海，不搞以我划线的小圈子。既大胆直抒己见，坚持真理；又尊重他人，善待批评。不以己之好损人拾利，不以己之长掠人之功。另一方面，要虚怀若谷，不计较个人名利，患得患失。既尽己所能，勇于担当；又诚实做人，甘当配角。总之，包容、合作是保持团结的粘合剂。只要我们放下架子、摆正位置，以包容之心求和谐，以合作之心谋事业，我们就能够团结各界群众，形成全市上下为建成小康广水抢前争先、共同奋斗的政治局面。

二、真抓实干，为建成小康广水建功立业

习近平总书记指出：“空谈误国，实干兴邦”、“全面建成小康社会要靠实干，基本实现现代化要靠实干，实现中华民族伟大复兴要靠实干。”我们广大政协委员要深刻领会习近平总书记的讲话精神，在建成小康广水的伟大事业中，诚实实干、真抓实干、勤勉实干，以实干创业绩，以实干求创新，以实干显作为。

第一，不怕吃亏，靠诚实劳动创造幸福。什么是实干？实干就是老实做事，一步一个脚印的劳动；实干就是承受劳苦，在适应和改造客观世界中付出心血和汗水。成功缘于实干，劳动创造幸福。中华民族百年来争取

独立、走向辉煌的历史，就是一部吃亏实干的历史。如果没有英勇红军爬雪山、过草地的二万五千里长征，没有前仆后继的八年抗战，就没有新中国的诞生。如果没有三十多年“杀出一条血路”的改革开放，也就没有今天中国特色社会主义的辉煌业绩。我们广水人杰地灵，自古人才辈出。但也遗存不少害怕吃亏、贪图享乐、鄙视实干的恶俗陋习。我们一些同志，一事当前不是努力费心干好，而是趋利避失，盘算着怎样能不花代价或以最小代价换取最大利益。一些人总是把获得收益而付出的正常劳动当做“吃亏”，不是努力凭借自身更多的劳动去追求幸福，而是挖空心思找靠山，千方百计搞关系，不择手段走捷径，幻想天上能掉下馅饼助君一夜暴富。久而久之，在一部分人那里，就形成了讲实惠又喜排场、少本事又图安逸、爱虚荣又好博彩的“广水人文遗风”。显然，这种“遗风”与经济发展竞争的大势和实干兴邦的要求是格格不入的。我们要摒弃这种没落的“遗风”，在全社会树立不怕吃亏、实干兴邦的理念，大力提倡靠诚实劳动创造幸福的良好风尚，带动全体人民用自己的心血和汗水建成小康广水的大厦。

第二，不回避矛盾，以不断改革推动发展。实干，不是图表面、耍花枪、凑热闹，而是碰硬解决难题，给力推动发展。建设中国特色社会主义的过程，是一个不断改革推动发展的过程。建成小康社会，必须革除制约经济社会发展的体制障碍，必然地要涉及到不同群体的利益调整，各种社会矛盾和问题绕不开、躲不过。在这些矛盾和问题面前，我们不能畏首畏尾，瞻前顾后，裹足不前，不敢进取，而只能直面现实，坚定改革，攻坚克难，敢于突破。不回避矛盾，推进改革，知难而进，是一种更为可贵的实干精神。各级政协组织和政协委员，要做坚定的改革实践者、促进派，积极支持改革，参与改革，始终与党委政府保持高度一致，站在改革的最前沿，善谋改革之策，多建改革之言，力助改革之举，以不断改革的“红利”来推动经济社会的更快发展。

第三，不要滑取巧，用工作落实开创新局。在改革发展的进程中，我们不断地把本地放在全省、全国范围中去规划、去展望，描绘了一幅幅宏伟的战略蓝图，提出了一个个激动人心的设想，这对于鼓舞士气是必要的。

但是，就此止步，不再把它落实在工作上，仅仅满足于概念炒作、夸夸其谈，无疑于画饼充饥、自欺欺人。我们有太多的思想家、理论家、战略家，却缺少实干家；有太多的教练员、评论员、裁判员，却缺少运动员。面对许多发展改革的机遇，我们往往不是抓住不放，实事实做，而是千方百计“打擦边球”，寻找政策盲点，乔装应付，总想以虚功求“实利”。面对群众急盼解决的实事难事，不是迎难而上，以硬碰硬认真解决，而是长袖善舞，扯长遮短，化急盼隐遁于无形之中。我们太多的时间耽误在拉拉扯扯、坐而论道上，太多的心思耗费在指指划划、概念演绎上。要滑取巧之风，贻误发展机遇，危害群众利益，我们应当彻底清除。广大政协委员，要坚持调研摸实情，参政说实话，履职求实效。从做好“五个一活动”入手，按“四百工程”实施要求，把工作要求落实到联系招引的项目中、结对帮扶的企业中，把社情民意的实情反映在撰写的提案建议中，以工作落实的实在业绩开创政协工作新局面。

三、弘扬正气，为建成小康广水创优环境

弘扬正气，是创优发展环境的基本条件。任何地方，没有公平正义的社会人文气场，腐败必然滋生，歹徒必将作恶，环境定难创优。建成小康广水，社会各界必须聚集法治公平、道德正义、反腐治庸的正能量，形成创优发展环境的强大合力。

1. 人民政协要做追求法治公平的标杆。市场经济就是法治经济，法治环境是保障社会公平的警戒线。政协的民主监督，其实质就是法律监督。政协委员和政协工作者，首先要学法、知法、懂法。在履职活动中，善于依法来正确认识和处理现实的矛盾和问题，疏导和协调各种涉及民生民权的矛盾。各界别活动组要经常深入基层调查研究，关注企业和基层群众的权益诉求，支持帮助群众依法维护自身权益。其次，政协委员要带头守法。政协委员的身份不是违纪违法的护身符，而是遵纪守法的责任岗。我们在各项履职活动中，决不可徇私枉法，对各种违法行为要敢于直言，维护法律尊严，赢得人民信任。此外，要积极发挥民主监督作用，通过组织民主评议、派驻监督员等形式，加强对重点执法部门和执法环节的监督，促进

依法行政和公正司法水平的提升。通过反映社情民意，提出议案建议等方式，对发展与民生的重要法治问题大胆建言献策，推进依法治市进程，维护发展环境的法治公平。

2. 人民政协要做维护道德正义的大堤。人民政协成份多样，政协委员身份各异，甚至宗教信仰亦有不同。但是，我们都应遵守社会道德正义的底线。这一底线是社会不分贫贱富贵，全体公民均赖以生存的公共基石。失去了道德底线，社会的整个框架就会倾覆。坚持社会主义核心价值观，维护社会道德正义的底线，既是人民政协性质所在，也是广大政协委员的政治责任。政协章程要求，人民政协要始终坚持和巩固马列主义的指导地位，坚持以社会主义核心价值体系建设为根本，用中国特色社会主义共同理想凝聚力量，用以爱国主义为核心的时代精神鼓舞斗志，用社会主义荣辱观引领风尚。各个政协组织，要切实组织委员认真学习党的十八大关于加强社会主义核心价值体系建设的精神，加强社会公德、职业道德、家庭美德和个人品德教育，把对委员的履职考评与品德考评结合起来，使政协组织真正成为知荣辱、讲正气、作奉献、促和谐的团队。广大政协委员要按照十八大倡导的爱国、敬业、诚信、友善要求，养成自尊自信、理性平和、积极向上的社会心态，做维护社会道德正义的模范。要充分发挥联系群众广泛的优势，积极带动和影响各界群众自觉遵守社会主义道德，不断巩固维护社会道德正义的社会基础。

3. 人民政协要做反腐治庸创优环境的推动者。反腐治庸，是弘扬正气创优环境的关键所在。改革开放以来，我们取得了举世瞩目的伟大成就，但各种消极腐败的现象也在社会各层面表现出来。危害发展大局的，除了少数个别人的贪污受贿、腐化堕落外，更多的则表现为为索利寻租而敲诈勒索、吃拿卡要、耍泼抖狠的“社会惯例”。加之公共服务部门一些人的不在状态和庸、懒、散、软，更使得歪风邪气屡禁不止。如果任由发展下去，给我们带来的不只是经济发展的障碍，还将会是社会灾难。习近平总书记在中共十八届中央政治局第一次集体学习会议上指出：“一些国家长期积累的矛盾导致民怨载道，社会动荡，政权垮台，其中贪污腐败是一个很重要的原因。大量事实告诉我们，腐败问题越演越烈，最终必然会亡党亡国。我们要警醒啊！”所以，党的十八大报告明确指出：“反对腐败，建设廉洁政治，是党一贯坚持的鲜明政治立场，是人民关注的重大政治问题”。我们政协组织和政协委员要高度认识反腐治庸的重要性和必要性，旗帜鲜明地支持党和政府进行的反腐治庸优化经济发展环境的斗争，积极参与对企业项目的“大帮办”，自觉抵制各种消极腐败之风的侵蚀，老实为人，干净做事，清白履职，为创优经济发展环境多做贡献。

各位委员、同志们，讲团结、讲实干、讲正气是中国共产党的优良传统和政治优势，也是人民政协的历史责任。党的十八大已吹响了新的进军号角，我们已站在新的起跑线上，面对建成小康社会的伟大使命，我们有着广阔的用武之地。让我们在中共广水市委的领导下，团结一心，真抓实干，为实现建成小康广水的宏伟目标而努力奋斗！

谢谢！

傅本华同志
在全市政协宣传与文史资料征集工作
会议上的讲话

（2013年4月25日）

同志们：

大家上午好！今天召开政协宣传和文史资料征集工作会议，宣传需要文史资料，文史资料具备宣传功能。看似两件独立的工作，实际上也有结合点。因此，把“两会”合“一会”既节约时间又利于工作。所以希望我们的特邀人士耐心地听我把政协宣传工作一并作一安排。下面我就政协宣传与文史工作讲两点意见。

首先，讲第一个问题，关于文史资料征集工作。这里说的“文史”就是文书记事，它是文学与史学的结合体。

历史是根，文化是魂，文史资料工作是一项传承历史、服务当代、功在千秋的崇高事业。我们自应高度重视，深入发掘发挥其“存史、资政、团结、育人”的作用。

一、着眼全局，提高认识，充分认识文史资料工作的重要性

文史资料工作是人民政协工作的重要组成部分。人民政协的文史资料工作，是1959年4月由周恩来同志亲自倡导开展起来的。中央文史馆是毛泽东、周恩来亲自倡导建立的，第一任馆长范文澜。馆员都是国共两党和民主党派的著名人士，在人民政治协商、民主监督、参政议政三大基本职能中，文史资料工作起着以史鉴今的作用。文史资料是当代人写当代史，具有为现实服务的借鉴作用。有组织有计划地组织政协委员和政协所联系的各界人士将自已的亲身经历和宝贵经验纪录下来，把当中最有史料价值，最有教育意义，最有借鉴作用的资料提供出来，为今后政府制定大政方针，

为进一步改革开放提供资料，与政协委员在各种会议上发表意见建议、提提案、反映社情民意等一样，都是人民政协发扬民主的重要方式和渠道，都是人民政协履行职能的表现。一般史学部门是为了研究历史、撰写历史，而政协文史工作除了为历史研究提供服务外，更重要的是通过征集、出版史料广泛团结各界人士，以史团结人，以史影响人，以史教育人，直接为团结和民主两大主题服务。

文史资料工作是树立人民政协形象和扩大社会影响的舞台和窗口。文史资料工作产生、发展于人民政协，服务于人民政协全局工作，与人民政协事业有着内在的和必然的联系。文史资料工作的主要对象是广大政协委员、各民主党派成员及其所联系的各界爱国人士；主要内容是动员、组织和推动他们撰写具有统战特色的“三亲”史料；主要功能是为党和政府的中心工作、巩固最广泛的爱国统一战线服务。人民政协在开展文史资料工作的过程中，通过组织政协委员和他们所联系的社会各界人士撰写“三亲”史料，发扬了民主，增进了共识，加强了团结，使文史资料工作成为人民政协一项重要的独具特色的基础性工作。政协委员是人民政协履行职能的主体，是社会各界有影响的代表人物。他们有着丰富的人生阅历，经历过许多重大事件。通过文史资料的广泛征集与传播，显示政协委员的背景与历史作用，树立人民政协在方方面面积极参与新中国建设历史进程的形象，使社会各界更好的了解政协，增强政协的凝聚力与对社会各界的影响。

加强文史资料征集工作，是政协工作的使命和责任。 政协文史资料反映了各界代表人士从不同角度对历史事件的认识和看法，蕴含了许多值得借鉴的宝贵经验和深刻教训，是进行爱国主义和社会主义教育的生动教材。做好新时期的政协文史工作，是推动中国特色社会主义事业的需要，是推动社会主义文化大发展大繁荣的需要，是推动人民政协事业发展的需要，对于“以史为鉴、鉴往知来”，继承革命传统，增强民族团结，引导正确舆论，弘扬社会主义核心价值体系，促进社会和谐，推动各项事业 健康发展具有不可替代的作用。然而，历史不能去而复生，“三亲”史料不能隔代相求。随着时间的推移，参与改革开放重大决策、重要事项的决策人、知情人和见证人逐渐减少，健在的一般年事已高，若不及时抢救，将会造成无法弥补的损失。抢救征集并利用好文史资料，是我们对前人应尽的责任，也是对后人应尽的义务。因此，加强抢救征集工作，是当前文史资料工作中面临的最紧迫的任务。

二、突出特色，把握重点，积极稳妥地推进文史资料征集工作

统战和政协特色是政协文史资料的生命所在、价值所在。在实际工作中，我们要以十八大精神为指导，坚持实事求是原则，把握团结和民主两大主题，突出特色，把握重点，明确任务，积极稳妥地推进文史资料征集工作，努力向社会提供更多更好的精神文化产品。

1. 突出“三亲”、“三性”特色。“三亲”是撰稿人提供的资料必须是亲历、亲见、亲闻的东西，而不是文献资料的翻版或组合，“三亲”资料的可贵在于它所提供的东西，往往是别人难于知道的背景和细节，有较大的权威性，有的资料甚至可以视为某一领域的有代表性的珍品。这是政协文史资料的独特个性和生命力所在。离开了“三亲”，政协文史资料就失去了存在的理由和意义，“三亲”是这项工作生存和发展的前题。“三性”，一是统战性。文史资料产生于统一战线，发展于统一战线，服务于统一战线，是政协履行职能、巩固和发展爱国统一战线的重要手段之一。二是史料性。它的工作要求与党史、方志等部门不同，它不是研究和编纂历史，而是为历史研究、历史教学、文艺创作提供素材。三是可读性。文史资料不但要原原本本地把历史事件的真相交待清楚，而且要有人物的活动，有故事、有情节、有思想、感情、性格及其言谈笑貌，读之有趣。但绝不可搞虚构，搞演义，不能以牺牲真实性来取得可读性。

2. 讲究“三要、四不”原则。即撰写史料要真实、要具体、要秉笔直书，做到不拘观点、不拘体裁、不拘长短、不加评论。稿件要求以记录性图片和叙述性、回忆性、描写性文章为主，从不同角度、不同侧面展现广水市改革开放以来的政治、经济、城乡建设、科技教育、文化艺术、医疗卫生体育以及社会事业等方面的突出业绩、主要事件、代表人物、典型事迹。

记述史实要以反映重大事件过程为主，能真实地再现历史事件的具体场景，历史人物的真实言论、行为、精神气质。可写洋洋万言，也可写千字文，不强求系统、完整，知一段写一段，知一件事写一件事，写一个片段的资料也欢迎。要忠于史实，坚持功过是非分明，做到客观公正，对历史事件和人物有这样或那样的看法都可以，只要忠于自己的亲身经历。一是一，二是二，不夸大，不缩小，不溢美，不贬损，让史实说话，有多少功就讲多少功，有多少过就讲多少过；一段时间有功就讲有功，一段时间有过就讲有过。对反面人物也要实事求是地写，不抹杀他们在历史上曾经起过的某些积极作用，更不能把这些作用都当作伪装，一律加以推倒。

3. 明确方法、体裁和任务。2 月份，市政协印发的《广水市改革开放以来主要事件文史资料征集方案》明确要求，2013 年文史资料征集工作，每名政协委员要完成 1 篇，每个乡镇政协联络处、活动组要完成 5 篇，其中自选题 3 篇，从方案选题中完成 2 篇。在征稿方法和体裁上，一是记述本人亲身经历、亲眼所见、亲耳所闻的回忆录；二是向历史见证人、亲身经历者调查访问的记录；三是个人或集体通过向历史见证人、亲身经历者调查访问整理的对某一人物或事件比较完整的资料；四是根据本人的经历与学识对各种文献资料或别人撰写的资料作考证、订正或补充；五是收集有史料价值的函电、日记和图书、影像资料等。对于无法书写文史资料的离退休老同志，可由本人口述，指派专人记述整理。文史稿件中的人物、事件、时间、地点要具体。所有稿件，均应标明其来历。今天我们印发的《改革开放以来重要文史资料征集责任表》，进一步明确了责任，提供供稿单位和采访对象，大家可以根据各自责任范围，依据这一线索，开展征集工作。

三、加强领导，明确责任，全面高标准完成文史资料征集任务

一要切实加强组织领导。 文史资料工作是一项政治性、政策性强，涉及面广，质量要求较高的工作。各级组织和政协联络处、活动组要把文史工作摆在政协工作的突出位置，要把加强和改进文史资料工作作为一项重要任务，按照整体规划、分工负责、专群结合、条件保障的原则，加强组织领导，经常听取汇报，共同研究选题，坚持检查督办，采取有力措施、

妥善解决工作中的实际困难，保障征集工作顺利完成。各职能部门和专委会要按照文史资料征集责任分工要求，各负其责，协调配合，形成工作合力；文史委员会要发挥职能作用，制定好文史资料工作计划，加强对文史资料工作的组织协调，总结和推广好的经验和做法，提高工作效能，努力开创我市文史资料工作新局面。

二要充分发挥委员的主体作用。政协委员是各党派团体、各族各界的代表人士，是政协文史资料工作的主体，也是政协文史资料工作的独特资源和优势。政协委员要把撰写文史资料作为应尽义务，把个人经历和见证的重要历史事件写出来留给后人。要将文史资料工作与履行政协职能结合起来，选准命题，开展相关的考察、调研活动，深入细致地挖掘遗留在民间的文史资料，索源探寻遗留的历史现象，把人们不知或一知半解的问题搞清楚，让人们更多更全面更真实地了解广水的历史，激发热爱广水、建设广水的热情。在工作措施上，我们与“四百工程”任务、委员“五个一”活动一起纳入考核内容，制定考核措施，落实责任目标，确保任务完成。

三要紧紧依靠社会各界力量。这里我要特别盛请各位老领导、老同志和广大文史资料工作爱好者，感谢大家一直以来对政协工作的关心支持。各位老领导、老同志和广大文史资料工作爱好者阅历丰富，为建设广水奉献了毕生精力，亲历、亲见、亲闻了不同时代不同时期的大小事件，是我们弥足珍贵的财富。会后我们将向各位老领导、老同志和广大文史工作爱好者发一份约稿函。希望你们克服困难，继续关心支持我们的工作，为我市政协文史资料工作再做贡献，为后人留下宝贵文史资料，为广水发展发挥余热。各相关部门要按方案要求，对号入座，明确责任，提供相应资料。政协办和文史委要为文史资料征集工作尽量创造良好条件，提供必要服务。待征稿齐全后，我们还要成立编辑委员会，从政协委员、离退休老同志、曾参与编史志的人员和热爱文史工作的各界人士中抽选 3 至 5 名同志组成编辑专班，负责文史资料编辑工作。凡被采用的文史稿件，按照国家有关规定给予一定的稿酬。同时，要加强同党史、市志、档案、博物馆、图书馆以及新闻媒体等相关部门的协作，经常沟通情况、交流信息，实现优势互补、资源共享。要继续加大宣传力度，以扩大影响，让文史资料的社会功能逐步进入寻常百姓之家，进一步巩固和扩大爱国统一战线。

再讲第二个问题，关于政协宣传工作。

一、在总结成绩中看清宣传工作存在的问题

近年来，市政协坚持把信息宣传工作作为履行政协职能、推进民主政治建设的有效载体，摆上重要议事日程，专题研究，探讨做好政协宣传工作的思路和办法。先后开通了政协网站，创办了《广水政协》、《建议与参考》等刊物，策划专栏22个，建立了政协网站管理和宣传工作奖励制度，组建了宣传工作专班，配备了宣传工具。两年来，机关压缩开支，共挤出近6万元予以奖励，鼓励机关工作人员动笔动脑，宣传广水。仅去年一年共撰写、编辑网站各类稿件286篇；编发内刊20期，文章43篇；被《人民政协报》、《世纪行》杂志、省政协内刊、网站、随州日报等新闻媒体采用稿件252篇，其中省级以上刊发105篇。各基层政协组织收集报送信息184条，整理编发信息50余条。稿件采用的级别、数量、档次、社会效果四方面均有了大的突破。不少信息得到领导重视。“四百工程” 创新成果受到了省政协参政议政理论与实践创新研讨会的高度关注。扩大宣传的效果逐步显现，有为政协的形象得到彰显。“将武胜关生态文化旅游试验区建设纳入省级文化战略”的信息，引起省政府等各级领导的重视，省发改委已将武胜关生态文化旅游试验区建设立项。

在肯定成绩、总结经验的同时，我们还必须看到工作中存在的问题和不足。**一是整体宣传氛围不浓**。政协的不少工作，宣传还没有做到位，效果也不够理想。**二是工作合力不强**。依靠政协机关 “单打独斗”的工作格局没有根本改变。**三是新闻宣传重下轻上**。比较重视市内宣传，相对轻视向上宣传。向全国、省政协投稿，各活动组、联络处还基本没有动作。**四是新闻宣传重量轻质**。工作性的、程序性的一般履职动态活动报道多，工作创新性、全面总结性报道少，这与全市政协工作开展情况不匹配、不相适。**五是工作开展不平衡**。去年年终考核，有的活动组、联络处宣传工作还是

空白。出现这些问题，客观上的原因是人手比较少、水平有待提升，但最根本的原因是重视程度不够。希望我们在今后的工作中能够克服改进。

二、在日常工作中突出宣传工作的特色

一是突出政协全委会、常委会议、主席会议、活动组会议等重要会议的宣传。二是突出政协视察、调研、提案督办、反映社情民意等履职活动的宣传。政协组织的各类活动，是政协发扬民主、增进团结的有效形式。对于这些活动，要选准角度，精心策划，多作跟踪报道、系列报道和深度报道，使政协协商监督和参政议政的内容广为人知。三是突出委员先进事迹的宣传。政协委员是政协工作的主体，他们在各自岗位上建功立业，在委员履职中也大有作为。我们要突出抓好政协委员在参政议政中重要提案和意见建议的宣传，同时积极宣传委员的贡献和典型事例，宣传政协委员履职的好经验、好做法、新成效，展示新时期政协委员的新风采，树立一批委员典型。四是突出人民政协理论的宣传。今年重点宣传十八大精神和协商民主理论，要在媒体上开辟专题、专栏，要适时举办形式多样的学习、培训等活动，要大力宣传中央和省、市委关于发展人民政协事业的重要精神，要大力宣传政协工作的特点、优势、职能等。五是突出“四百工程”的宣传。“四百工程是个筐，参政履职都能装”。希望加大这方面的宣传报告。

三、在探索创新中提升宣传工作的实效

主要做到三个并重：**一是报道领导活动与报道委员履职并重**。要努力探索对领导活动报道的新写法，突出新闻性、加大信息量、增强可读性。领导参加的活动不仅仅只有领导讲话，常委、委员们都有很精彩的发言。我们在报道好领导活动的同时，注意加强对委员履行职能的报道，让委员活动有图像、有声音。**二是程序性报道与实质性报道并重**。程序性报道必不可少，但政协还有许多可供实质性报道的人和事。政协委员和政协各项活动都可以构成新闻，委员的观点也可以构成新闻，只要提出的观点是新的、是大家关心的，就是新闻。政协许多会议都有非常重要的议题，大都事关全市经济社会发展大局，事关群众最直接、最现实、最迫切的要求。我们

的宣传报道力求在深化这些重要会议的内容上下功夫，报道内容要贴近实际生活、贴近百姓民生、贴近发展大局。宣传工作要突出针对性和实效性。**三是结论式报道与全程式报道并重**。政协一些会议、活动的报道有许多是结论性报道，但有些可以采用其他形式报道。如有的重点提案在提出时就可以报道，接着可以报道政协机关怎样重视，提案交办后，再报道职能部门办理落实提案的经过。这样就可以形成一个全过程的报道。对于这些活动，要选准角度，精心策划，多作跟踪报道、系列报道和深度报道，使政协协商监督和参政议政的内容不仅广为人知，更能促进落实，看到实效。

四、在构建联动格局中增强政协宣传工作的合力

政协宣传工作不只是新闻记者的工作，也不只是政协办公室的工作，需要方方面面共同参与，共同配合，共同营造良好的氛围。一是各级政协组织要重视，创造好的宣传条件。二是要调动广大政协委员的积极性。委员是政协工作的主体，是政协新闻工作的源头活水。广大委员履职的新作为和新成果，为政协宣传工作提供了强有力的支撑。三是要发挥专委会的基础作用。在组织专题调研视察、开展委员活动中，注意挖掘有价值有深度的新闻，进行重点宣传。机关工作人员要树立“人人都是宣传员”思想，不断提高自身的写作水平，为政协宣传工作献计出力。四是政协办公室要主动与新闻单位联系配合。积极为政协工作者采写政协新闻稿件创造条件，并通过政协宣传工作的考核和奖励等措施，有效激发活力，鼓励多出宣传精品。五是扎实办好《广水政协》、《建议与参考》刊物和广水政协门户网站。加强政协自身舆论阵地建设，不断提高稿件质量，不断扩大社会影响。

同志们，做好新形势的政协文史和信息宣传工作，意义重大，使命光荣。希望全市各级政协组织在党委的坚强领导下，以中共十八大精神为指导，以饱满的热情、积极的态度、务实的作风，勤于思考，扎实工作，努力打造精品佳作，进一步开创政协文史和信息宣传工作新局面，为广水经济社会发展作出更大贡献！

李健强同志
在全市民主监督评议金融部门动员会上的讲话

（2013 年 8 月 13 日）

同志们：

经七届政协十六次主席会议研究审议，并与相关职能部门充分协商后，我们决定今年对全市 7 家金融部门开展一次民主监督评议活动。今天召开动员会，标志着这项活动正式拉开序幕。市政府对这次活动非常重视，谢市长亲自参加动员会并作重要讲话。下面，我就如何开展好这次民主监督评议活动讲三点意见：

一、统一思想，提高认识，明确监督评议活动的重要意义

（一）开展民主监督评议活动是践行党的群众路线教育实践活动的具体表现。当前，全党正在如火如荼地广泛开展党的群众路线教育实践活动，解决群众反映强烈的突出问题是本次实践活动的必然要求和根本目的。而开展这次监督评议活动，最终目的就是通过我们的监督评议，来了解、反映、解决广大实体企业、金融消费者对我市金融部门的所需、所盼，也就是“解决群众反映强烈的突出问题”。民主监督作为政协组织的“三大职能”之一，开展监督评议活动，正是一项体现群众参与、民主监督的重要方式。而在监督评议的调查摸底阶段，参与监督评议的政协委员要亲身到各金融部门营业场所发放调查问卷表、要亲身体验金融部门的服务质量、要与小微企业负责人进行座谈，而这些正是我们的委员“接地气”，与广大人民群众进行“面对面”交流，了解、收集“第一手”素材的好方法，自然而然地也会拉近我们与人民群众的距离。

（二）开展民主监督评议活动是促进部门职能履行到位的有力抓手。这次监督评议活动是由市政协组织，市消费者委员会协助进行。之所以选定消委会协助，是因为他们每年都在开展公用企事业单位消费点评活动，有一定的活动基础和经验，但由于其职能的局限性，消费点评的社会效应不明显。而在这次民主监督评议中，对于收集发现的典型消费纠纷，我们可以由消委会直接介入调解；对于重大的违法经营行为，可以直接转到工商部门进行立案查处；最后的评估结果还将以政协简报形式公开下发，在通过网络向社会公开的同时，还要向市委、市政府和被评单位主管部门通报。不仅能够有效促进部门职能履行到位，还能够有效地扩大社会影响，增强社会效应。

（三）开展民主监督评议活动是提升金融服务，改善银企关系的有效手段。近年来，全社会金融消费逐渐升温。全市各金融部门通过不断强化内部建设，优化服务举措，服务质量有一定的提升。但不可否认，部分金融部门仍然不同程度存在着“剥夺消费者的权利、任意加重消费者责任、广告宣传缺少透明度、利用模糊条款掌控最终解释权、对消费投诉久拖不决”等问题，既给金融部门信誉造成了负面影响，又给消费者带来了不应有的利益损失。开展评议活动，就是要从源头上制止和减少因服务质量而引起的消费纠纷，维护消费者的合法权益，促进银行业的服务质量和服务档次明显提升。

二、把握重点，抓住关键，保证监督评议活动取得实效

为搞好这次民主监督评议活动，市政协、市消委会联合下发了《民主监督评议金融部门工作方案》，我们一定要把握重点，抓住关键，精心组织，加大力度，重点做到“四个明确”。

1. 明确监督评议主要内容。此次评议活动是政协民主监督的工作创新，没有可借鉴的固定模式。经过充分酝酿，我们初步拟定明确了两项评议内容。一是金融部门支持地方实体经济发展情况。重点了解金融部门信贷投放情况；建立帮办服务企业制度情况；支持市重点项目及政府融资平台情况；支持小微企业发展情况等内容。二是社会各界对金融部门的满意度调查。重点了解服务项目公示情况；消费投诉渠道畅通情况；业务收费公示情况；

信贷、授信审批公开公平公正透明情况及其他损害消费者权益情况等内容。

2. 明确监督评议方法步骤。此次监督评议主要采取民主监督与舆论监督相结合的方法，以消费者满意度调查评分方式为主。分为宣传发动、调查摸底、整改落实、会议测评、综合评估五个阶段。其中在调查摸底阶段，我们将开展现场视察、问卷调查、消费体察、网络调查、政协组织调查、座谈调查等形式，广泛收集民意。

3. 明确监督评议自查方向。7 家被评议单位要在活动开展过程中，重点针对以下内容进行“七查七看”。一查服务意识，看是否对本地实体经济、小微企业随意抬高贷款门槛，只愿“锦上添花”，不愿“雪中送炭”。二查乱收费，看金融部门对其提供的商品和服务价格表示是否清晰明确，定价是否合理，是否存在多收费、乱收费和搭车收费等价格违法行为，是否能按照《消法》的规定向消费者出具合法收费票据。三查公平交易，看是否以垄断地位或资源独占优势强制与消费者交易，是否以“霸王”条款加重消费者责任、减免经营者义务行为，是否故意设置消费陷阱，诱导消费者增加服务项目和费用支出。四查虚假宣传，看是否存在虚假、夸大宣传，有无以不实信息误导消费者等不正当经营行为。五查服务质量，看服务设施及服务硬件是否提供到位，工作人员服务态度消费者是否满意。六查争议解决，看是否设立专门机构或有专(兼)职人员负责处理消费者投诉，维权接诉制度、接诉处理工作程序等制度是否完善，是否及时妥当解决消费者投诉，配合消委会调解投诉，认真履行调解协议，对消费者的合法要求不拖延或不拒绝。七查消费者个人信息保护，看是否存在出卖或泄漏消费者个人信息、或者将消费者个人信息用于其他商业目的的行为。通过“七查七看”，达到“照镜子、正衣冠、洗洗澡、治治病”的目的。

4. 明确监督评议重要节点。在为期三个月的监督评议过程中，我们要把握五个重要节点。一是今天召开的动员会，意味着监督评议活动正式启动；二是在 9 月中旬前，各评议小组要对各自负责评议对象分别完成 100 份随机抽取调查样本填写的满意度调查问卷，各乡镇办事处联络处要完成 10 份调查表；三是在 10 月上旬前，各被评单位要针对“整改意见书”，向民主监督评议领导小组以“整改报告”的形式反馈改进情况；四是在10月中旬由市政协组织召开述职测评大会；五是10月下旬进行综合评估，得出各被评单位最终得分。我在这里要强调的是，各个节点的工作必须如期完成，不能出现一个地方、一个小组发生“梗阻”，影响后面活动的进度。

三、认真总结，统筹协调，实现监督评议的规范化制度化

此次民主监督评议活动涉及面广、难度大，在具体实施过程中，我们要把握好以下几个原则：

一要做好监督评议的组织协调工作。市政协委员工作委员会、消委会要加强对这项活动的监督管理，综合协调，搞好民主监督“岗前培训”。同时，积极协调好与7个被评单位的关系，相互间要定期通报情况，对在监督评议过程中出现的不可预见问题和困难，要及时与被评单位进行沟通、协调，确保监督评议活动顺利开展，有始有终。

二要大力支持评议人员履行职责。这次监督评议活动能否达到预期效果，关键所在就是参与监督评议的18名政协委员和6名生活消费监督员。你们是这次监督评议活动的主体和“主角”，你们能否保证时间、人员、参与“三到位”，能否真正收集到第一手资料、能否行使好赋予你们的“知情权、调查权、评议权和监督权”，将决定着各个阶段的成效。希望各位参评人员能够认真履行职责，认真开展工作，如实反映广大消费者的心声，实现经营者与消费者零距离接触。

三要针对问题抓好整改。开展监督评议活动，不仅要发现问题，更重要的是解决问题，要切实把整改责任和整改措施落实到位。被评单位要针对发现的问题制定切实可行的整改方案，规定整改期限，通过建章立制，规范行业行为，提高行业服务作风建设的总体水平。要探索建立回访制、跟踪测评制等一系列长效机制，巩固整改成果。通过此项活动，使被评单位树立长期作战的思想，避免“评议时激动，评议后松动”的现象发生。市政协在活动结束后，也要进行认真的总结归纳，形成一套完整的监督评议工作机制。从今年起，每年确定一至两个行业进行民主监督评议，不断

促进各公用企事业单位的行风明显好转。

四要注重宣传，营造氛围。要通过各种途径、采取多种形式做好活动宣传、扩大社会影响，积极营造浓厚的舆论监督氛围。新闻媒体要切实履行舆论监督的职责，全程参与到监督评议活动中去，对重视消费者意见、认真整改的要进行宣传，对消极对待消费者意见不进行认真整改的要进行及时“曝光”，形成有利于经济社会发展的正能量。

同志们，民主监督评议活动意义深远，消费维权工作任重道远，希望大家按照市政协的统一安排,以高度的政治责任感和历史使命感,脚踏实地，齐心协力，深入群众，勇于负责，扎扎实实做好消费评议工作，为改善我市金融环境，促进我市经济发展、维护社会和谐作出应有的贡献。

抢抓新型城镇化战略机遇　推进武汉城市圈均衡发展

——在潜江市武汉城市圈政协主席论坛上的主题交流发言

广水市政协副主席　何卫

（2013年10月29日）

“推进武汉城市圈城镇化”的论坛主题与十八大精神高度契合，充分体现了政协围绕中心、服务大局，抓大事、议大事的特点，具有很强的现实针对性。下面，根据本次论坛主题，结合自己长期从事城乡建设工作实践，我就如何推进新型城镇化、广水融入武汉城市圈、论坛举办等3个方面谈谈自己的理解和看法。

一、关于如何推进武汉城市圈新型城镇化

新型城镇化涵盖政治、经济、文化和两型社会建设，核心是以人为本，要求是集约节约，方法是统筹城乡，关键是大小并重。

（一）以人为本，注重武汉城市圈城镇化质量

第一，新型城镇化要把实现人的全面发展作为风向标。建设包容性城镇，农业转移人口有序市民化和公共服务均等化，不同主体有平等发展权利，致力于和谐社会和幸福城镇，突出破除城乡二元体制，展望城镇化的奋斗方向。

第二，新型城镇化要把保障和改善民生作为突破口。在现有公共财政体制下，新增城镇人口由于身份、城镇化时间的差异而出现了社会福利游离于城市社会保障体系之外。例如，170余万的农村人口虽已在空间上实现了由农村向城镇的转移，成为武汉常住人口，身份上由农民变成了产业工人，却无法获得与市民相同的国民待遇，生产和生活仍处在城镇的边缘化状态，面临着户籍、居住、医疗、社会保障、子女入学等一系列问题。这种城乡和城镇内部的“双二元结构”现象，要通过新型城镇化的发展来

破解，切实保障和改善民生。

第三，新型城镇化要把方便农民就近就业作为里程碑。农村留守儿童、空巢老人，给许多打工族的家庭造成不幸。离开产业支撑，城镇化无从谈起。新型城镇化要体现宜居宜业，而不是人户分离，是解决农村富余劳动力就近就业的重要出路。按照产城融合和环保节能要求，要转变过去工业园与居住区分开布局的观念，实践城市综合体理念，变工业园区为产业园区，使产业园与居住区有机融合，既能使上班族免除车马劳顿之苦，又可让打工者与社区和谐相处，实现农村转移劳动力在家门口就业的愿望。

（二）集约节约，建设武汉城市圈生态文明

第一，新型城镇化要求人与自然和谐相处。当前，武汉城市圈内部各地在推进城镇化的同时面临人口众多、资源紧缺、环境脆弱等病态城镇化问题。首先是土地城镇化快于人口城镇化。一些地方在以地生财的利益驱动下，盲目拉大城镇建设框架，乱批乱占土地，热衷于扩大城区、搞“造城运动”，增加开发区、搞“圈地运动”，导致出现“鬼城”；一些地方人为的将农村地区划入城镇，使农村“被城镇化”，农村人口并入城镇，使农民“被市民化”，导致城镇“虚胖”；一些地方以农村土地属集体所有为名，不与农民协商就强占和乱占农户的承包地，导致农民“上访”。其次是移山填湖强行拓展城镇面积。城镇化绝不能以破坏生态为代价，而要因地制宜、依山就水，一线串珠、点状布局，使城市建筑与自然环境融为一体。因此，推进城镇化要时刻关注如何解决人类不断增长的物质需求与自然有限供给能力之间的矛盾，处理好城镇化进程与资源开发、环境保护的关系，处理好眼前利益和长远利益的关系，促进人与自然的和谐发展。

第二，新型城镇化要求绿色生态永续发展。人口、经济、资源和环境相协调，突出资源节约和环境友好，走集约、智能、绿色、低碳的新型城镇化道路；建设生态文明的美丽城镇，突出为人民创造良好生产生活环境，为全球生态安全作出贡献；倡导绿色生活方式。被评为中国首个“国际慢城”的南京高淳区曾是全国百强县，如今主动追求蜗牛速度，成了中国最佳生态休闲旅游名县、南京后花园，居民生活品位明显提高，游客络绎不绝。

第三，新型城镇化要求旅游业优先发展。树立“绿水青山就是金山银山”的生态经济理念。创建旅游景区的核心在特色、关键在投资，而不在名气。奇山异水、名山大川是风景，戈壁大漠、草原雄鹰，小桥流水、田园牧歌，工矿遗址、渔林果茶同样是风景。长江、大别山、幕阜山，都是旅游开发的理想之地，要通过打包规划、政策引导，打造武汉城市圈“一江两山”中国驰名旅游品牌。旅游业是低污染、低能耗、关联度高、拉动性强的综合产业，大量农民离开农业岗位而成为旅游从业者，实现就地城镇化，改变城镇发展过于依靠增加物质资源消耗的现状，提高第三产业占 GDP 的比重，美化了人居环境，转变了发展方式。

（三）统筹城乡，搞好武汉城市圈总体布局

第一，新型城镇化要坚持城乡统筹发展。在空间布局上以武汉城市圈为主体形态，突出武汉的辐射带动作用，大中小城市和小城镇要与圈内经济发展和产业布局紧密衔接、协调发展。要因地制宜、扬长避短。受政绩因素影响，各地存在着盲目铺摊子、上项目，“乡乡点火、镇镇冒烟”现象，造成资源能源的浪费。今后无论是武汉城市圈还是一个县市，都要充分发挥各地自然优势，按适宜发展工业、农业、旅游业等情况划分主体功能区，并建立分类考核机制，可有效转变唯 GDP 论，促进科学发展。要交通先行、城乡联网。交通滞后造成人流物流不畅、障碍圈内一体化发展进程。城际铁路、公路网络都应向山区县市延伸、倾斜，不断增强武汉城市圈城镇化发展后劲。

第二，新型城镇化要坚持城乡一体发展。城乡一体化发展，绝不能搞成“一样化”发展，不能把农村都变为城镇，而要统筹兼顾，使“城镇更像城镇、农村更像农村”。城镇化发展不是要消灭农村、农业、农民，而是有助于三农问题的解决，有利于农村文明的传承。加强农业必须发展工业，富裕农民必须减少农民。推进城镇化进程，不仅可以有效推进工业化，壮大城市经济实力，而且可以为工业反哺农业、城市支持农村，转移吸纳农村劳动力，推进家庭农场的兴起，提高劳动生产率，增加农民收入，从根本上解决“三农”问题创造条件。

第三，新型城镇化要坚持“四化同步”发展。当前，武汉城市圈的城镇化滞后于工业化，抑制农村剩余劳动力流动和农业现代化进程，妨碍城乡二元结构的一元化进程，遏制消费和投资增长，阻碍第三产业发展和产业结构调整，导致聚集经济损失，影响城镇功能的发挥。所以，工业化、信息化、城镇化、农业现代化要协调互动，缺一不可。

（四）大小并重，推进武汉城市圈均衡发展

第一，新型城镇化要控制适度规模。十八大提出“城镇化”，而非“城市化”，其内涵是要把大中城市和小城镇的发展作为一个有机整体来考虑，解决好非此即彼或畸轻畸重的问题。由于受资源禀赋结构和经济发展阶段差异的影响，武汉城市圈的城镇化存在着不合理和不平衡性：武汉“一城独大”，形成了“黑洞效应”，边缘地区城镇化水平明显偏低，甚至被“空心化”，拉大了地区之间的发展差距；大中小城市布局不合理，中小城市人口密度较低，加剧了大中小城市发展的非均衡性。武汉市国土面积8494km2，占圈内的13%，常住人口1002万，却占圈内的33%。为此，考虑到环境承载力，武汉等大城市要未雨绸缪，把相关产业转移到中小城市特别是边缘县市，防止出现“逆城市化”。

第二，新型城镇化要突出各地特色。“民族的就是世界的”，注重各地悠久的楚文化传承与现代人文关怀亲密结合，既不“邯郸学步、千城一面”，又不“闭门造车、孤芳自赏”，要展现荆楚文化、文明自信，体现出各地不同的个性、风采和力量。

第三，新型城镇化要遵循市场规律。打破行政区划限制，以市场为导向，推进新型城镇化将是武汉城市圈经济持续健康发展的“王牌”动力和比较优势。工业化创造供给，城镇化创造需求。随着大量人口进入城镇，必然会对城市住房、供水、供电、供气、交通和其他基础设施建设提出新的需求，进而衍生出巨大的投资市场。若未来20年武汉城市圈城镇化率每年提高1个百分点，从现在起到2030年，还将有600多万农民转为市民，将产生7000余亿元规模的投资需求。市民的消费水平是农民的3.6倍，大批农民进入城市，变农民消费为市民消费，新增人口对教育、文化、体育、公共服务等提出新的巨量需求，成为拉动经济和投资的新增长点。同时，从拉动GDP的“三驾马车”来看，世界经济失衡和再平衡已使传统“大进大出”的贸易模式难以为继，无限超前的大规模投资不可持续，扩大内需成为未来我国经济持续发展的国家战略。通过大规模的人口城镇化破解收入分配的城乡差距难题，提高居民收入水平与消费能力、培育壮大中等收入阶层，进而释放庞大的消费需求，是新时期武汉城市圈实现经济转型的客观要求，将为扩大内需提供最强大、最持久的内生动力。

二、关于推进广水城镇化的几点请求

根据《武汉城市圈资源节约和环境友好型社会建设综合配套改革实验促进条例》中关于“观察员市（县）参照适用本条例”的规定，按照“五个一体化”的要求，恳请通过省政协提案向省委、省政府反映，帮助解决广水市以下几个方面的问题：

（一）将武汉城市圈城际铁路从孝感延伸至广水。推进城镇化，交通应先行。广水城区西连应山城区、东接大悟县城均为12公里，处在“广悟经济一体化”的节点位置。孝感城际铁路延伸到鄂北北大门——广水的项目总里程78公里、总投资78亿元。该项目将极大方便广水大悟两地150万老区人民南下孝感、武汉，真正实现平民的“一小时经济圈”；同时，从长远来看，可以连通信阳，对接中原城市群，打造中部崛起的快速通道，提升武汉城市圈的辐射力和吸引力。按照“交通同网”要求，建议省政府协调有关部门将此建设项目纳入新的“三年行动计划”。

（二）将京港澳高速、石武高铁连接广水的“快速通道”尽快立项建设。省道宋长线广水段连接京港澳高速、G107、麻竹高速广水互通、G316等国省干线，连接我市应山街道、广水街道两个主城区，处于广水市核心腹地，是广水市十分重要的交通物流通道。为了促进应山、广水、开发区一体化发展，我市积极开展该线路改扩建项目前期工作。目前，京港澳高速出口到107国道3.8km已纳入上级公路改造计划，武胜关到十里段改扩建工程可行性研究报告已完成。拟改扩建项目起点位于武胜关殷家畈，对接京港澳高速连接线，与G107平交，跨广水河、老京广铁路，止于马都寺生态新城，路线全长 14.37km，全线采用设计速度 80km/h 双向四车道一级公路标准建设，路基宽度 24.5m．建议省政府将该项目改扩建纳入省“十二五”交通建设规划。

（三）将武胜关生态旅游试验区打造为武汉旅游精品线路。广水南连武汉城市圈、北接中原城市群，加快旅游资源开发，有利于打造“武汉后花园”，有利于展示武汉城市圈窗口形象，有利于推进武汉城市圈与中原城市群的对接。近年来，河南信阳生态旅游发展迅猛，广水为此成立了武胜关生态文化旅游试验区。试验区内的黑龙潭、三潭、中华山、徐家河等旅游景点，具有优良的自然资源禀赋、丰富的历史文化底蕴。按照“环保同治”要求，建议省政府协调有关部门，将武胜关生态旅游试验区打造为武汉旅游精品线路，并支持中华山申报为国家级自然保护区。

（四）在武汉城市圈产业转移方面给予广水支持。鄂北工业重镇广水到武汉只有 1 小时车程，市内 3 个工业园规划面积 23km2，配套设施齐全，冶金制造、医药化工、食品加工等支柱产业历史悠久，具备产业转移的良好条件。按照“产业同链”要求，建议省政府在武汉城市圈内产业转移、打造“园外园”等方面，给予广水适度倾斜，这样既给圈内城镇化发展提供强有力的产业支撑，又减缓大武汉过重的环境承载压力。

三、关于举办下一轮政协主席论坛的建议

（一）论坛主题。从以往的论坛来看，有的议题太宽泛，主题不突出、不容易出成果。要从大处着眼、小处入手，紧紧围绕如何建设好武汉城市圈这个大课题，从社会各界反映的热点难点问题着手，在“八同”中选取一个侧面来展开讨论，达成共识，并提出建设性、合理化的建议。从广水以及圈内其它县市的实际情况来看，县域金融机构存贷比过低和小微企业贷款难仍然是当前乃至今后相当长时期需要破解的难题，例如，广水有 200 余亿元的存款，而金融机构的存贷比只有 26% 左右，低于正常水平 14 个百分点，造成金融生态环境失衡。为此，广水政协正在对驻广金融机

构开展民主监督评议活动，探索帮助化解小微企业贷款难题。按照国家鼓励实体经济发展的战略部署，建议下一次论坛围绕“金融同城”这一主题，就如何打破行政区划壁垒，实现存贷业务“圈内通”，以及通过湖北银行、武汉农村商业银行、汉口银行等地区性商业银行在广水等圈内县市建立分支机构等问题来展开讨论，从而破解小微企业贷款难题，促进县域经济发展，推动大中小城市均衡发展，壮大武汉城市圈总体实力。

（二）**论坛举办地**。前 9 次论坛，每个武汉城市圈成员单位已经轮流举办过 1 次，观察员县市还没有举办。广水市委、政府高度重视武汉城市圈政协主席论坛，建议下一次论坛由广水市政协举办。

何卫同志
在市政协民主监督评议金融部门测评
会议上的讲话

（2013 年 11 月 7 日）

各位常委，各位民主监督员：

按照本次民主监督评议方案，今天进入最后阶段，召开测评会议。刚才，各被评银行行长汇报了整改落实情况，评议调查小组组长介绍了各行整改落实情况，进行了民主测评，并现场公布了评议结果。本次评议活动始终坚持着求真务实，始终实践着群众路线，始终贯穿着公开透明。根据会议安排，我讲三点意见。

一、此次评议工作的主要动因

首先，是助推我市经济健康发展的需要。近几年来，广水金融机构整体存贷比长期处于全省倒数状况，小微企业普遍处于告贷无门的窘境。金融生态问题已成为制约我市经济持续快速发展的一大瓶颈，这一难题亟待破解。围绕中心、服务大局是政协工作的第一要务，将金融机构纳入民主监督评议范畴，是政协工作的应有之义。

其次，是顺应社会各界强烈反映的需要。银行服务是现代社会不可缺少的重要一环，涉及到千家万户，关系到每个人的切身利益。在金融消费服务方面，各行不同程度存在弱化消费者权益、加重消费者负担、回避消费者诉求的行为，导致社会各界对银行的满意度不高。这些问题，委员提案、社情民意都有强烈反映。

第三，是践行群众路线教育活动的需要。当前，全国正在深入开展党的群众路线教育实践活动，金融机构因服务地方经济的重要性和与人民群众生活密切相关而理应走在前列。

正是基于以上因素，政协顺应社情民意，行使民主监督权利，目的就是帮助银行“照镜子、正衣冠”，不断提升服务水平，助推广水经济社会发展。

二、此次评议工作的开展经过

（一）**调查评议组织**。本次评议工作是根据政协章程第二条的规定，经与市委主要领导协商，由市政协七届十六次主席会议决定开展的。我们制定了周密详实的民主监督评议金融部门工作方案，专门成立了民主监督评议工作组，选配了包括政协委员、生活消费监督员在内的27位民主监督员，分成7个评议调查小组。在工作组的统一领导下，在政协专委会和市消委会的密切协作下，调查小组分别进驻7家被评银行，负责调查摸底、督促整改等具体工作。乡镇办事处政协联络处负责本辖区内金融网点的调查摸底工作。

（二）**调查评议步骤**。自8月1日正式启动至今，历时3个多月，先后经历宣传发动、银行自查、摸底调查、提出建议、整改落实、会议测评6个步骤。在被评银行的积极配合下，经过民主监督员的辛苦努力，通过组织视察、问卷调查、消费体察、座谈调查、网络调查等多种形式，调查小组多途径、多渠道、全方位的分别对工行、农行、农发行、建行、中行、邮储行、信用联社等7家银行的53个营业网点进行拉网式走访调查。调查对象涉及授信企业的法人及财务人员、广大金融客户、银行工作人员等，比较全面客观的掌握了我市金融生态环境现状。

此次调查评议，采取百分制分段累计计分办法，具体为小组调查40分、联络处调查10分、民主监督员消费体察10分、网络社会调查10分、会议测评30分。前期小组调查、联络处调查、民主监督员体察、网络调查这四项满分70分的各行得分结果，均及时在政协网、广论天下网站上公示，并设置了7天的申请复议期，最大限度反映了群众的感受、意见，确保了各个阶段得分情况的公平公正。

（三）**查找存在问题**。调查结果显示，调查对象普遍认为被评银行存在两个方面的不足。一是服务广水经济发展的力度不够大，没有搭上我市经济社会跨越发展的这列“快车”。概括起来就是“三个不满意”，即市委政府不满意、上级主管部门不满意、广水中小企业不满意。主要表现在：企业贷款难、银行难放贷，目前全市金融部门存贷比仅为27%，低于全省县域平均水平13个百分点。二是服务广大存贷客户的水平不够高，存在弱化客户权益，加重客户负担现象。主要表现为：中间业务收费项目多、标准高，消费者诉求得不到尊重，金融服务转嫁负担，服务质量与客户需求有差距等。

（四）提出整改建议。评议期间，我们对征集到的217条意见建议进行了梳理分析，归纳整理为37条建议，并以广协函的形式分别向7家银行递交了《评议整改建议书》。主要提出了2个方面的建议：一是在改善金融生态环境方面，建议各行主动作为，充分发挥主观能动性，帮助解决小微企业融资难问题，加大信贷资金投放力度，实现银企共荣，力争2014年底金融部门存贷比达到随州县域存贷比的平均水平。二是在提升金融服务水平方面，建议各行主动争取项目资金、改善硬件设施，简化审批手续、提高贷款额度，打造绿色通道、降低收费标准；转变发展方式、调整经营思路，专注主营业务、强化社会责任。

此次评议活动得到了市委的高度重视，主要领导多次过问评议活动开展情况；得到了市政府的大力支持，分管领导分别参与了视察、会议等活动；得到了被评银行的积极配合，网点电子显示屏全程滚动播出评议监督举报电话至今，各行及时送交授信企业名单、自查报告、整改方案、整改报告等评议调查小组所需材料；得到了社会各界的高度关注、热烈响应和积极参与，7次视察活动均有客户主动反映情况，925名群众填写了调查问卷，先后有260位企业客户代表积极参加7次座谈，各评议小组长共接到投诉电话23起并积极参与处理，网络调查投票帖的点击量达12700多次。在此，我代表市政协和评议工作组，向重视、支持、配合、关注评议工作的市委、市政府、被评银行和社会各界，表示衷心的感谢！

三、此次评议工作的成效评估

从被评银行来说：**一是凸显了银行的服务理念**。以人为本、客户至上应当是金融服务行业的信条。通过评议，各银行积极向上级银行反映情况，从广水的实际出发，想方设法克服困难，创造条件，用活政策，尽心竭力服务广大客户，普遍强化了服务意识。**二是增强了银行的社会责任**。俗话说，“一方水土养一方人”。金融是经济发展的血液，经济是金融发展的源泉。金融只有促进地方经济发展，才能获得自身的健康成长。经过这次评议工作的洗礼，各行正确认识到金融与经济发展的关系，摆正了金融在经济发展过程中的应有位置，积极争取上级行修订完善政策，下放部分权利，在搞好自身业务发展的同时，兼顾地方经济发展；银行逐步明白，垂直不是障碍，而是保证金融领域更有竞争力，更有能力增强社会责任。**三是提升了银行的自身形象**。通过评议，进一步推动了银行加强业务培训，提高员工素质；加强内部管理，提高工作效率；加强行业自律，提高服务质量；完善硬件设施，健全投诉机制，改进服务措施，提升了自身形象。

就政协工作而言：**一是拓展了政协工作的新领域**。政协组织充分发挥民主监督职能优势，为民鼓与呼，促进金融部门及其上级主管部门采取灵活政策，最大限度服务地方经济社会，不仅客观上促进了银行自身发展，也为今后政协组织对公共服务企业进行民主监督提供了蓝本，探索了新路。**二是深化了群众路线的新内涵**。金杯银杯，不如老百姓的口碑。任何工作的最终评判者都是人民群众。金融部门对促进地方经济社会的发展发挥着什么样的作用，人民群众最有发言权。政协通过自下而上与自上而下相结合的组织形式，发动群众、依靠群众，收集民意、反映民意，行使民主监督权利，督促被评银行正视人民关切、回应群众诉求。坚持阳光评议，让百姓评说，激励先进、鞭策落后，保证社会公信力、突出整改落实率。二者的互动与融合共同促进被评银行解放思想、更新观念，在一定程度上改善了我市经济社会发展环境，也丰富了群众路线的新内涵。**三是探索了民主监督的新途径**。民主监督是人民政协的基本职能，舆论监督是社会各界的民主权利，二者有机结合，才能找到事物的规律性。充分利用消委会组织的熟知程度和广大网民的切身体验，通过深入基层调查研究、发动网民进行投票，实事求是分析问题、求真务实提出建议。

这次评议工作的最大收获，莫过于在依法规范企业行为、促进广水经济发展和社会各界基本满意三者之间求得统一、取得平衡，达成共识、形成合力。

当然，由于这次评议活动是本届政协的工作创新，没有现成的经验可借鉴，加上时间紧、任务重，评议双方在一定程度上都存在着思想认识不够深入、评议态度不够端正，调查研究不够透彻、查找问题不够全面，意见建议不够具体、整改效果有待观察等问题。这些，已纳入我们今后的工作内容。

问渠哪得清如许，为有源头活水来。没有创新，就没有活力。今后，我们将不断总结经验，勇于探索、敢于创新，拓宽延伸民主监督渠道，为促进广水经济社会又好又快发展贡献力量。

谢谢大家！

重要文件

中共广水市委出台关于加强政协协商民主工作的意见

4月23日，中共广水市委印发《关于加强政协协商民主工作的意见》（广发【2013】5号），这是广水市委、市政协贯彻落实中共十八大关于健全社会主义协商民主制度精神的重要举措和重大成果。

《意见》确立了政协协商民主工作必须坚持的3项原则，明确了政协协商民主工作8项主要内容，规定了政协协商民主工作9项基本形式、5项工作程序和6项保障机制。

《意见》的出台为市委、人大、政府及法检两院重视、支持、配合政协协商民主工作提供了政策依据和保障，健全完善了我市协商民主制度和工作机制，必将对推进我市政协协商民主的制度化、规范化、程序化建设，促进协商民主广泛、多层、制度化发展，实现“把政治协商纳入决策程序，坚持协商于决策之前和决策之中”的要求产生重大而深远的影响。

附：《中共广水市委关于加强政协协商民主工作的意见》

中共广水市委
关于加强政协协商民主工作的意见

广发〔2013〕5号

为贯彻落实党的十八大精神，发挥政协组织重要作用，推进协商民主制度化、规范化、程序化建设，现提出如下意见。

一、政协协商民主工作原则

（一）**坚持党的领导**。政协工作要围绕中心、服务大局，根据市委整体工作部署，按照政协章程组织开展协商民主活动。

（二）**将协商民主纳入决策程序**。对事关全市政治、经济、文化、社会和生态文明建设的重大事项，要广泛听取政协意见，做到协商在党委决策之前、人大通过之前、政府实施之前，加强重大事项决策执行过程协商。

（三）**平等协商，求同存异**。坚持把加强团结和发扬民主贯穿协商民主全过程，民主协商、平等议事、体谅包容、增进共识，鼓励和保障各种意见充分表达与沟通。

二、政协协商民主工作主要内容

（一）党的代表大会、党委全委会的重要文件，以及党委、政府的其他重要文件；

（二）国民经济和社会发展中长期规划、城乡建设总体规划、重大产业规划、重要基础设施建设规划、重要公共服务设施建设规划；

（三）政府年度工作报告、国民经济和社会发展计划报告、财政预算报告、市人民法院和市人民检察院年度工作报告；

（四）区域总体规划、重要区域发展战略、行政区划重大调整；

（五）事关人口、资源、环境和可持续发展以及医疗、卫生、教育、住房、就业等民生方面重大决策和重大体制改革举措，市政府投资重大建设项目，市政府应对各类重大突发事件和公共危机预案，党风廉政建设及反腐倡廉工作中重要事项；

（六）市委、市政府直属单位和人民团体、民主党派主要负责人产生与调整；

（七）有关爱国统一战线重要问题；

（八）市委、市人大、市政府、市政协提出其他政治协商事项。

三、政协协商民主工作形式

（一）**市政协全体会议**。每年举行一次，主要对市政府工作报告、年度国民经济和社会发展计划执行情况与计划草案报告、年度财政预算执行情况和预算草案报告、经济社会中长期发展规划、市人民法院和市人民检察院工作报告及重大事项、重要人事问题进行协商。市委、市人大、市政府领导，市人民法院、市人民检察院主要负责人，各地各部门负责人出席开闭幕会；市委、市政府领导及有关部门负责人听取大会发言，参加小组讨论，听取意见，共同协商。

（二）**市政协常委会议**。每季度举行一次，协商讨论市委提出或市政协党组提出事关政治、经济、文化、社会和生态文明建设协商议题；听取市委、市政府及有关部门就协商议题的报告或说明，协商讨论财政预算执行及预算调整情况。市委、市政府相关领导及有关部门负责人到会通报情况，听取意见，共同协商，会后形成建议案或情况报告。

（三）**市政协主席会议**。每月举行一次，主要根据市委工作部署和市政协常委会工作要点，研究安排各项协商活动，决定协商形式和内容。重点协商讨论市委提出重要人事安排意见和市委、市政府重要文件草案。市委、市政府相关领导及部门负责人到会通报情况，听取意见，会后形成主席会议纪要。

（四）**市政协专题协商会**。由市政协主席会议根据需要和实际情况决定召开。协商讨论市委、市人大、市政府提出的议题，以及市政协提请市委、市政府及有关部门协商的议题。市委、市政府相关领导及部门负责人到会通报情况，听取意见，共同协商，会后形成专题协商会议建议。

（五）**市政协界别协商会议**。由市政协专门委员会组织相关界别委员，协商讨论市委、市人大、市政府对口工作部门提请的议题，以及市政协专门委员会提请协商的议题，有关部门负责人到会通报情况，听取意见，会后形成界别协商座谈会纪要或政协专委会会议纪要。

（六）**市政协提案办理协商会议**。由市政协提案委员会组织召开，根据提案运行流程，适时召开承办单位与提案委员见面会、重点提案办理汇报会、提案办理效果评议会、提案办理年度通报会等协商会议。有关承办单位负责人到会通报情况，接受委员咨询，听取委员意见，会后将提案办理协商意见书面回复委员。

（七）**书面协商**。市委、市人大、市政府重要文件（稿）以书面形式征求市政协意见的，市政协应集中参与单位和各界代表人士意见，以书面形式向市委、市人大、市政府反馈，提出意见和建议。

（八）**民主监督协商**。由市政协通过开展民主评议或对经济服务主管部门、执法执纪部门派驻民主监督员的方式进行。根据市委、政府工作重点和人民群众反映热点问题，制定民主评议年度计划，开展民主评议；根据有关部门商请，经主席会议研究同意，组成民主监督小组，派驻有关单位监督协商。各部门单位要支持监督员工作，在工作安排、工作总结、重大决策时，应邀请监督员参加，为其提供必要工作条件，对监督员提出的意见和建议，认真办理，及时整改并反馈。

（九）**其他协商形式**。对经济社会发展中的重大事项，各基层党组织和政府部门在决策酝酿过程中，可以采取一定层次、一定范围的恳谈会、谈心会、情况通报会等方式，同政协组织、市政协各参加单位、各界代表人士协商。

四、政协协商民主工作程序

（一）**制定协商计划**。根据市委工作重点和市政协党组建议，确定主要协商议题。市政协党组要认真研究，及时提出落实工作方案，提交市政协主席会议、常委会议审定后组织实施。

（二）**准备协商活动**。协商议题确定后，由市政协组织相关委员开展视察调查，广泛听取意见，准备协商资料。协商材料应在协商日前 10 个工作日送达参加单位和人员。

（三）**组织协商活动**。协商活动分别由市政协常委会、主席会议、专门委员会或办公室具体组织实施。属年度计划安排的协商会议，应提前 10 个工作日通知与会人员；因特殊情况，临时召集的协商会议，至少提前 3

个工作日通知与会人员。

（四）报送协商成果。市政协常委会建议案和情况报告、主席会议纪要、专题协商会议建议、界别委员座谈会纪要、专门委员会会议纪要等协商成果，应在会后7个工作日内报市委、市政府，送相关单位和人员。其他书面形式协商，经市政协办公室或专门委员会会议审议后，报送市委、市政府及有关部门。

（五）办理与反馈协商意见。协商事项需提交市委或市政府决策、市人大表决时，应附上市政协协商意见。重要协商成果列入市委常委会议或市政府办公会议进行研究。经市政协有关会议协商形成的重点提案、建议案、协商纪要等，市委、市政府相关领导应及时阅批，承办单位应认真办理并及时回复办理结果。市委、市政府督查部门要将市委、市政府对协商的重要事项纳入督办范围，承办单位3个月内书面向市政协反馈办理结果。

五、政协协商民主工作保障机制

（一）按规定需要进行协商内容，未经协商的，原则上不提交市委决策、市人大通过、市政府实施。

（二）市委常委会每年至少听取一次政协党组工作汇报，市委、市政府要确定一名领导联系政协工作。

（三）坚持党政领导参加政协活动。市政协召开常委会议、主席会议以及其他形式协商会议，市委、市政府有关领导或部门负责人应根据需要参加。坚持市政协主席列席市委常委会议和市政协领导参加有关重要会议制度。市政府召开全体会议和有关重要会议，应根据情况邀请市政协有关领导列席；市法院、市检察院召开重要会议，可视需要邀请市政协有关人员列席。

（四）建立党政部门与政协及其专门委员会、界别小组信息双向交流制，市政府每半年应向市政协常委会议通报一次经济社会发展情况，对重点工作和重大突发性事件以及关系人民群众生产生活的突出问题应及时通报。

（五）建立政协协商民主成果督办落实制度。市委办公室、市人大办公室、市政府办公室、市政协办公室、市委组织部、市委统战部等部门要定期召开联席会议，共同推进协商民主工作。市政协办公室负责汇总检查落实情况，市督查办根据需要进行督查。

（六）政协委员所在单位要尊重和依法保护政协委员民主权利，为委员参加视察、调研、评议等活动提供时间、车辆、经费等必要保障，委员各项待遇不因参加政协活动而受影响。

2013 年 4 月 23 日

关于宣传信息工作奖励的规定

广协办发〔2013〕1号

为鼓励政协委员和政协工作者踊跃撰稿、投稿，积极宣传人民政协的性质、地位、作用，反映我市政协的各项活动、工作经验及典型，特制定本规定。

一、奖励对象和范畴

政协委员、政协工作者本人撰写的属于政协工作方面的新闻稿件、社情民意信息、理论文章、经验事迹、调研视察材料，凡被各级各种报刊、书籍、网站、广播、电视等媒体采用的，均给予奖励（以奖励代替稿酬）。

二、奖励标准

1. 动态性的新闻稿件，国家级奖100元；省级奖50元；随州市级奖30元；广水市级奖20元。

2. 理论文章、经验事迹、调研视察材料、社情民意信息等稿件，国家级奖200元；省级奖100元；随州市级奖50元；广水市级奖30元。

三、计奖规定

1. 内容相同，被各级新闻媒体重复采用的稿件，按采用最高级别标准兑奖，不重复计奖。

2. 一篇稿件，多人联合署名的，按篇计奖。

3. 改编他人稿件投稿的，必须和原撰稿人联合署名投稿；稿件内容没有改动，未经原撰稿人同意，署名投稿的不予奖励。

4. 无法查证的，不予计奖。

四、严格审批程序

一般对外发布的新闻、信息应经分管公文的副秘书长审阅，重大新闻需经秘书长或分管机关的副主席审阅同意后，方能对外发布。

五、兑奖程序

1. 登记核实。被采用的新闻稿件、工作材料和信息，采取个人和秘书科双重登记，秘书科统一核实的办法予以确认。个人应保留媒体原件、复印件或者详细记录媒体级别类型、版面、栏目、标题、日期等内容信息，以便查证。

2. 汇总兑奖。各类采用稿件经秘书科汇总后报秘书长会议审核，经主席会议研究确定后一次性兑现奖励。

市政协办公室

2013 年 3 月 6 日

关于政协委员理论知识测试情况的通报

广协办发〔2013〕2 号

各专委会、乡镇政协联络处、委员活动组：

为了深入贯彻党的十八大会议精神，在政协七届二次全会上，市政协办公室对全体委员精心组织了一次十八大精神理论讲座，并印发了十八大精神理论测试卷，现将测试情况通报如下：

本次理论测试共下发测试卷 273 份，截止 2 月 26 日，收回 265 份，回收率 97.07 %。试卷回收后，工作人员认真评卷打分，此次政协知识测试及格率 100%，最高分为满分，最低分为 68 分。其中：100 分的有 35 人，90 分以上的有 189 人，80 分以上的有 38 人，70 分以上的有 2 人，60 分以上的有 1 人。

这次测试总体情况良好，广大政协委员学习的积极性有所提高，达到了预期效果。但也存在一些问题：一是少数委员对测试不重视，出现请别人填卷、敷衍应付现象；二是极少数委员学习态度极不端正，如经济活动组龙广、叶珍连续两次全会理论测试均未交卷。希望全体委员以此为戒，强化学习意识，切实提高自身素质，更好的履行政协职能，为全面建成小康社会作出应有贡献。

附件一：各政协联络处、活动组理论知识测试参与情况通报

附件二：政协委员理论测试成绩表

市政协办公室

2013 年 2 月 26 日

附件一：

各政协联络处、活动组理论知识测试参与情况通报

党群活动组

应交：20 份　实交：20 份

工商联活动组

应交：19 份　实交：19 份

社科、科技活动组

应交：20 份　实交：19 份　（李凌政协七届二次全会请假）

经济活动组

应交：19 份　实交：17 份　未交：叶 珍、龙 广

农业活动组

应交：12 份　实交：12 份

文教卫体活动组

应交：20 份　实交：20 份

社保、民宗活动组

应交：19 份　实交：19 份

应办联络处

应交：15 份　实交：15 份

广办联络处

应交：24 份　实交：24 份

十里联络处

应交：7 份　实交：7 份

武胜关联络处

应交：12 份　实交：10 份　未交：张一君、陈 三

杨寨联络处

应交：8 份　实交：7 份　（戈建成政协七届二次全会请假）

城郊联络处

应交：8 份　实交：8 份

长岭联络处

应交：8 份　实交：8 份

马坪联络处

应交：7 份　　实交：7 份

李店联络处

应交：7 份　　实交：7 份

太平联络处

应交：4 份　　实交：4 份

陈巷联络处

应交：8 份　　实交：8 份

骆店联络处

应交：5 份　　实交：5 份

余店联络处

应交：6 份　　实交：6 份

关庙联络处

应交：6 份　　实交：6 份

蔡河联络处

应交：7 份　　实交：7 份

郝店联络处

应交：6份　实交：6份

吴店联络处

应交：6份　实交：4份　（蔡诗宏、杨保菊政协七届二次全会请假）

附件二：

政协委员理论测试成绩表

单位	姓 名	分 数	姓 名	分 数
党群	熊红莲	94	余 华	88
	李 敏	93	石祖斌	93
	秦 玲	91	李晓玲	98
	张国树	94	熊 玲	96
	李媛媛	96	牛 雨	96
	张大高	92	何 成	90
	刘 坚	96	黄旭玲	90
	严茂松	94	李 卫	98
	易晓辉	98	刘 焕	96
	李 琳	100	张国强	100
工商联	吴静波	87	段其寿	90
	闵大红	92	冯先春	90
	李 波	92	杨 林	92
	李勇刚	92	徐光权	92
	王明礼	92	刘泽卫	92
	吴罗生	92	闵 欢	90
	吴晓霞	92	杨维忠	92
	易心元	92	孙元发	92
	徐世和	92	刘诗银	92
	夏华清	92		
社科、科技	金 希	88	廖建林	96
	孙阳春	90	熊海东	86
	张忠海	79	闵文杰	94
	陈 均	100	程癸菱	92

单位	姓 名	分 数	姓 名	分 数
社科科技	李大亮	92	严翠萍	84
	朱 琼	86	刘 咏	83
	陈 敏	94	张 斌	84
	张慧玲	80	彭秀珍	94
	刘心田	100	吴庭煦	100
	何建中	100	李 凌	（请假）
经济	何 琴	90	刘 鹏	98
	李全国	98	刘全文	93
	郑爱书	87	刘德群	90
	杨 华	92	张四林	98
	沈宝栋	94	王阿娜	96
	王文俊	100	李 辉	90
	张大红	96	刘章贵	98
	张保华	100	向维勇	98
	刘平禄	90	龙 广	
	叶 珍			
农业	黄 锋	88	余巧珍	90
	唐建军	90	苏国平	90
	熊文浩	88	余昌金	88
	伍卫中	94	陈文杰	88
	孙俊华	84	刘菊梅	84
	余阳萍	92	余亮生	90
文教卫体	徐德峰	87	吴遥成	92
	刘先钊	96	徐兆意	96
	闵奉林	96	徐书玲	100
	高群香	100	付志安	100
	左继东	100	曹意春	100
	熊朝辉	100	杨 超	100

单位	姓 名	分 数	姓 名	分 数
文教卫体	熊 雄	100	蔡慧莲	100
	刘亚妮	100	华运鹏	89
	熊复名	100	曹伯平	100
	郑传明	90	张家金	100
社保民宗	程全国	86	陈亚民	74
	叶由军	90	夏 刚	82
	李新平	90	叶国安	92
	熊敬桥	100	李新国	92
	袁春丽	100	韩家彬	92
	汤永红	92	余波林	92
	张志才	92	王向庭	100
	周 宝	100	方义林	96
	周晓火	100	张孝贵	100
	释界文	100		
应办	李远辉	94	熊忠华	88
	闵向东	86	蔡立桂	86
	柯慧云	87	庄人鸿	87
	易良德	91	裴东兵	90
	代立红	90	刘容岑	89
	吴宜秀	90	韩楚强	96
	王 虎	95	王 伟	84
	王 琴	86		
广办	刘汉东	96	刘小平	92
	张孝生	92	吴建明	90
	邱先晋	92	蔡 洁	90
	李 芸	92	李安定	96
	朱光顺	92	胡 洋	88
	赵淑英	92	沈云英	92

单位	姓 名	分 数	姓 名	分 数
广办	陈朝晖	92	彭立坤	92
	柯光惠	92	吴国权	90
	彭 良	96	程 军	92
	何 丽	92	卢永强	92
	丁继玲	92	胡秀红	92
	付光东	92	梅其永	92
十里	黄 宪	90	刘绍平	90
	梁瑞明	92	魏以钊	94
	魏发超	94	连九玲	92
	蔡诗改	100		
武胜关	胡远宝	90	余 川	96
	张臣心	96	马国文	96
	付 胜	90	程亮元	92
	付国成	94	彭会会	100
	秦晓玲	100	黄亚萍	96
	张一君		陈 三	
杨寨	朱凤菊	95	陈 珍	98
	杨文东	98	陈 锋	80
	卢汉良	95	吴军林	83
	邓海鸿	100	戈建成	（请假）
城郊	刘明清	98	李国慎	98
	张 勇	98	张海涛	98
	刘家翠	98	黄启峰	100
	程艳国	100	熊庆全	94
长岭	彭 桥	88	胡明翠	88
	宋艳萍	96	杨松青	96
	陈希强	88	李响声	88
	沈顺钧	88	何 辉	88

单位	姓 名	分 数	姓 名	分 数
马坪	周春梅	90	王 红	92
	李 介	94	李胜勇	94
	杨爱平	94	张其务	92
	聂文元	96		
李店	李竹青	98	卢宏权	98
	李山青	98	左孝鸿	98
	潘建英	68	龙春华	98
	卢爱民	96		
太平	王子寒	96	李亚峰	96
	万俊媛	100	梅思清	94
陈巷	陈家保	92	陈 娇	92
	章国强	94	陈 斌	94
	王冬梅	94	杨俊林	94
	付大国	94	王伯安	96
骆店	冯章辉	90	郑家清	90
	左世贵	90	李祖亮	90
	徐以国	87		
余店	杜鸿雁	90	严春才	90
	王寿行	96	余育菊	94
	程开宇	94	李 琳	94
关庙	刘明勇	96	杨从武	96
	张 玲	96	吕忠仙	96
	孙成斌	96	朱大银	96
蔡河	应传明	96	汪心平	96
	曾 毛	96	郝小华	96
	孟 久	96	蔡诗国	96
	梅思军	96		

单位	姓 名	分 数	姓 名	分 数
郝店	匡光全	96	黄 俊	96
	冷利堂	96	代国友	96
	邓亮艳	95	王 勇	96
吴店	杨纯权	94	胡艳菊	94
	刘 鹏	94	汪小溪	94
	蔡诗宏	（请假）	杨保菊	（请假）

关于调整部分委员参加活动组活动的通知

广协办发〔2013〕3号

各专委会、乡镇政协联络处、委员活动组：

因工作岗位变动，为了方便委员开展履职活动，经政协主席会议研究同意，现就调整部分委员参加活动组活动通知如下：

党群活动组夏刚委员调整到社保民宗活动组参加活动。

工商联活动组吴宜秀、吴静波两名委员调整到应办政协工作联络处参加活动。

经济活动组张志才委员（回族）调整到社保民宗活动组参加活动。

社保民宗活动组徐以国委员调整到骆店乡政协工作联络处参加活动。

文教卫体活动组华运鹏委员调整到社科、科技活动组参加活动。

杨寨镇政协工作联络处戈建成委员调整到太平乡政协工作联络处参加活动。

杨寨镇政协工作联络处彭会会委员调整到武胜关镇政协工作联络处参加活动。

广办政协工作联络处周晓火委员调整到社保民宗活动组参加活动。

陈巷镇政协工作联络处王伯安委员调整到社科、科技活动组参加活动。

应办政协工作联络处王琴委员调整到社科、科技活动组参加活动。

市政协办公室

2013年2月28日

关于政协七届二次会议会风会纪的情况通报

广协办发〔2013〕4号

各专委会、乡镇政协联络处、委员活动组：

2013年1月15日至17日，政协广水市七届委员会第二次会议胜利召开。为切实组织好这次大会，确保参会率，市政协办公室先后以传真、信函、电话、短信等多种方式，分别通知到单位和个人，印发了《会议纪律》、《会议须知》等要求。会议期间，工作人员对会风会纪情况进行了检查，从总体情况来看，大会会风会纪较好，参会率较高，会议取得了圆满成功，达到了预期的效果。现将有关情况通报如下：

一、因病因事请假缺席本次全会的委员：

李　凌　付志安　程全国　蔡诗宏　杨保菊　陈　娇

戈建成　蔡诗国　聂文元

二、第一次全会

1. 迟到的委员：冯先春　余波林

2. 早退的委员：潘建英

三、第一次讨论

1. 缺席的委员：周晓火

2. 请假的委员：刘　坚　张国树　张大高　胡秀红　张其务

四、第二次讨论

请假的委员：张其务　刘　鹏　代立红　杜向阳　刘　坚

五、第二次大会

1. 迟到的委员： 叶由军　潘建英　刘家翠　李　辉　蔡诗改

2. 缺席的委员： 冯先春　余昌金　邓海鸿　卢汉良

吴军林　黄启峰

3. 请假的委员： 刘章贵　张其务

为严肃会风会纪，对不履行请假手续，随意迟到、早退、缺席的委员予以通报批评，望全体委员以此为鉴，进一步增强纪律意识、履职责任和大局观念，确保市政协各项工作部署落到实处。

市政协办公室

2013年2月29日

关于兑现机关考勤奖惩的决定

广协办发〔2013〕5号

各专委会、办公室各科：

2012年度，按照市委加强治庸问责的相关规定，政协机关把严格执行考勤制度作为转变干部作风的重要措施，绝大多数干部职工能够按时上下班，坚持每天两次签到，有事请假，节假日自觉到岗值班，保障和维护了政协机关的正常工作秩序。但仍有少数同志纪律意识不强，落实机关考勤制度力度不够，依然存在上班迟到补签和下班提前离岗等现象，缺乏执行考勤制度的自觉性、持久性。为严肃纪律，强化制度权威，根据广协办发[2012]4号文件规定，经秘书长会议研究决定给予张克勇等2名年度考勤全勤的同志每人500元的奖励；并对7名存在无故未签到的同志予以每个工作日扣款8元的处罚（奖惩情况见附表）。

做好考勤工作是保证政协机关正常运行、维护政协组织形象的基本前提，希望全体机关干部职工切实按照市委关于改进工作作风、密切联系群众的规定（广发[2013]1号）和市政协党组关于进一步改进作风的要求（广协发[2013]5号），严格执行考勤制度，为政协组织科学化、制度化建设作出应有贡献。

附：市政协办公室2012年度考勤奖惩明细表

市政协办公室

2013年3月27日

市政协办公室 2012 年度考勤奖惩明细表

姓　名	签到（次）	病事假（次）	年休（次）	未签（次）	奖励（元）	惩款（元）
张克林	431 次	12 次	12 次	2 次		8 元
何建中	374 次	30 次	50 次	3 次		12 元
张孝贵	424 次		30 次	3 次		12 元
韩四强	449 次			8 次		32 元
张克勇	449 次		8 次		500 元	
李　娅	427 次	11 次	18 次	1 次		4 元
马　俊	427 次		26 次	4 次		16 元
周　叶	427 次	2 次	20 次	8 次		32 元
魏　来	436 次	21 次			500 元	
合　计					1000 元	116 元

注: 不奖不惩的人员上表没有列出。

开展“学习贯彻十八大，争创发展新业绩”主题实践活动方案

广协办发〔2013〕6号

按照市委关于在全市开展“学习贯彻十八大，争创发展新业绩”（广文[2013]10号）的部署要求，现结合市政协机关工作实际，制定本活动方案。

一、指导思想

以邓小平理论和“三个代表”重要思想为指导，深入贯彻落实科学发展观，围绕学习贯彻党的十八精神为主线，以贯彻落实省、随州市关于加强对党的十八大精神学习要求为重点，紧扣加快大别山试验区建设，推进“五区”并进为主题，以为民务实清廉为主要内容的党的群众路线教育实践活动。牢固树立谋事干事成事理念，认真履行政协职能，立足岗位争创发展新业绩。

二、主要目标

紧紧围绕市委提出的“竞进提质、跨越赶超”总要求，深入学习贯彻党的十八大和省、市两会重要精神，动员组织政协机关干部团结一心、真抓实干、开拓创新，立足本职岗位，创造优异成绩，达到“凝心聚力提精神、争创业绩促跨越，兴办实事惠民生、服务群众转作风，民主协商添活力”的实效，促进政协机关工作上台阶，干部能力上水平，助推广水科学发展、跨越发展。

三、主要内容

根据市委统一安排部署，结合市政协机关工作实际，围绕“抓学习、修党性、强基层、创业绩”，重点开展以下四项活动。

（一）开展“学党章、知党史、明党情、跟党走”学习教育活动。

1. 把学习新党章列入市政协机关每周一学习例会的主要内容之一，适时邀请党校老师就党的知识学习作专题辅导讲座；

2. 组织机关干部积极开展党史、党情知识的自学；

3.6 月份以“加强党性修养、保持党性纯洁、立足岗位争创新业绩”为主题召开一次支部民主生活会。

4. 巩固“基层组织建设年”成果，深化“五个基本、七个体系”建设，进一步提升政协支部自身建设水平。

5. 号召、组织政协机关干部和政协委员积极参入“落实‘五个一’，我为广水跨越发展建言献策”活动。

（二）开展“学习十八大、机关联基层、干部联群众、和谐谋发展”活动。

1. 学习十八大。市政协在二次全会，七届六次常委会、七届十一、十二次主席会、机关干部学习会上，重点进行十八大精神的学习与辅导。进一步坚持理论自信、制度自信、道路自信。进行学习情况测试、考核通报。

2. 机关联基层。第一，主动开展党的群众路线教育实践活动，进一步加强与市政协驻点陈巷镇棚兴村、兴河村的结对联系，帮助驻点村做好“三强一办”工作：即强班子、强实力、强管理、办实事。第二，继续抓好今年政协机关干部下基层活动。在今年 3 月底至 4 月初，安排市政协全体机关干部利用一个星期的时间到各自联系的乡镇村去，送政策、送信息、送温暖，学基层、搞调研、转作风、提素质，为基层发展建言献策，也使机关干部得到锻炼。

3. 干部联群众。积极响应市委提出的“百千万”活动，进一步巩固和扩大“三万”活动成果，在市政协机关“三万”活动驻点村，按照活动要求，机关领导班子每人直接联系 1-2 个困难户，1-2 个致富能手；访创业能手、致富大户，问致富经验；访困难户、低保户，问群众疾苦。

4. 和谐谋发展。利用政协组织联系广泛的优势，广泛开展团结联谊活动，主动帮助疏导本市在建设和发展中出现的各种问题，及时帮助化解矛盾，营造广水思发展、助发展、快发展的良好氛围，打造广水招商引资和落户企业快速投产的良好经济建设环境。

（三）开展“抓提案、抓督办、抓落实、惠民生、促发展”活动。

1、通过市政协“四百工程”的实施，重点抓好提案、建议的提交、审查、整理、立案、交办、督办、落实工作。七届二次全会提交的206件提案、建议是基层组织和群众最迫切需要解决的问题，是群众愿望和请求的集中表述，它直接关系到群众的生产、生活和发展，这也是政协的本职岗位工作，更是我们立足岗位争创发展新业绩的重中之重。

2、创新提案督办落实方式，积极开展提案办理协商，用最大的努力把这项惠民生、促发展的事情抓好，让提案人和承办单位“双满意”。

（四）开展“抓作风、抓环境、五比五创”活动。

1. 开展“发短文、开短会、讲短话、简办事”宣传活动，改进文风、会风，建立健全相关制度；

2. 继续深化“创先争优”、“治庸问责”活动，切实加强机关干部作风建设；

3. 营造人民政协事业发展的良好环境。一是营造良好的委员履职环境，努力为政协委员履职尽责提供优质服务，健全委员工作机构和委员履行职责的各项工作机制；二是营造良好的政协机关工作环境。通过开展组织生活会，交心谈心，组织健康向上的文娱活动等方式，加强交流、促进团结，进一步增强机关干部的凝聚力；

4. 积极开展“五比五创”活动。即“比素质、比干劲、比奉献、比创新、比作风”，“创一流部门、创一流队伍、创一流服务、创一流业绩、创一流形象”，进一步激发机关干部的工作活力。

四、活动步骤

按照市委统一要求，“学习贯彻十八大，争创发展新业绩”活动从2013年2月开始至2013年底结束，具体分为宣传发动、推进实施、评先表彰、成果运用四个步骤。

1. 宣传发动（2 月至 3 月中旬）

召开领导小组会议，明确责任分工、制定互动方案、明确阶段性目标任务和工作措施；组织召开市政协机关干部职工会议，传达贯彻有关会议精神和决定，对政协机关开展“学习贯彻十八大，争创发展新业绩”活动进行动员部署。

2. 推进实施（3 月中旬至 11 月初）

按照市委统一部署，结合政协机关实际，联系各专委会年度计划的履职活动，抓好规定动作，创新自选动作，抓实推进活动开展。

3. 评先表彰（11 月初至 12 月底）

根据活动开展情况，结合政协机关年度量化考核，做好专项活动的考评表彰申报工作。

4. 成果运用（12 月底）

认真总结主题实践活动开展情况，提炼出市政协机关在“学习贯彻十八大，争创发展新业绩”等方面取得的好经验好做法，树立明确的学习榜样、工作标杆和务实管用的制度成果。

五、组织领导

1. 加强领导，落实责任。成立市政协机关“学习贯彻十八大，争创发展新业绩”活动领导小组，由秘书长汪维浩任组长，副秘书长张克林、张家金任副组长，各专委会、各科室同志为成员，领导小组下设办公室，负责机关该项活动的具体组织与实施，陈子君同志任办公室主任。

2. 统筹结合，精心安排。要做好“结合”文章，把主题实践活动与机关学习例会结合起来，与“三万”活动结合起来，与落实 2013 年政协常委会工作要点结合起来，与推进和服务广水科学发展、跨越发展结合起来，精心安排部署、扎实有效推进，充分发挥政协组织的独特优势，开展体现政协特色的争创活动，确保“学习贯彻十八大、争创发展新业绩”活动与其他各项工作相应促进，取得实效。

3. 加强宣传，营造氛围。通过网络专栏、简报等多种形式，大力宣传政协机关在“学习贯彻十八大、争创发展新业绩”活动中的好典型、好经验、好做法和新举措、新成效，积极宣传机关干部和政协委员先进典型，营造学习先进、崇尚先进、争当先进的良好氛围。

市政协办公室

2013 年 4 月 5 日

关于认真学习贯彻《中共广水市委关于加强政协协商民主工作的意见》的通知

广协办发〔2013〕7号

各专委会、乡镇政协联络处、委员活动组：

近日，中共广水市委印发《关于加强政协协商民主工作的意见》（广发〔2013〕5号，以下简称《意见》），这是广水市委、市政协贯彻落实中共十八大关于健全社会主义协商民主制度精神的重要举措和重大成果。为把《意见》精神学习好、宣传好、落实好，现将有关要求通知如下：

一、充分认识市委《意见》的重要意义，自觉增强做好政协协商民主工作的责任感

《意见》站在贯彻落实十八大精神的高度，结合广水实际，围绕充分发挥人民政协作为协商民主重要渠道作用，确立了政协协商民主工作必须坚持的三项原则，明确了政协协商民主工作八项主要内容，规定了政协协商民主工作九种基本形式、五道工作程序和六个保障机制，对推进我市政协协商民主工作、规范协商民主活动具有很强的针对性、指导性和现实意义，是当前和今后一个时期我市政协协商民主工作的纲领性文件。

《意见》的出台充分体现了中共广水市委对政协工作的高度重视和大力支持。《意见》为市委、人大、政府及法检两院重视、支持、配合政协协商民主工作提供了明确依据和有力保障，健全完善了基层协商民主制度和工作机制，必将对推进基层政协协商民主的制度化、规范化、程序化建设，促进协商民主广泛、多层、制度化发展，实现“把政治协商纳入决策程序，坚持协商于决策之前和决策之中”的要求产生重大而深远的影响。

我市各级政协组织和广大政协委员，要充分认识《意见》体现了市委对政协协商民主工作的重视和支持，体现出政协协商民主工作将在我市政治生活中发挥越来越重要的作用；充分认识政协协商民主工作在推进政治体制改革、发展社会主义民主政治和建设社会主义政治文明中的重要性；充分认识开展协商民主活动在政协全面履职中的探索性和开创性。要强化责任意识、担当意识和机遇意识，按照与协商对象在法规政策、专业知识能够对等协商的标准，着力加强协商民主工作知识储备和能力培育，自觉增强开展协商民主工作的光荣感、使命感，牢固树立做好基层协商民主工作的信心。

二、迅速掀起学习宣传市委《意见》的热潮，全面把握《意见》的规定要求

各专委会、联络处、活动组要把学习市委《意见》与党的十八大关于建立协商民主制度的要求、俞正声主席在全国政协十二届一次会议闭幕式上讲话中倡导的“三要三拒绝”结合起来，作为近期工作的首要任务。一是把《意见》纳入市政协机关年度学习计划，率先组织办公室、专委会干部专题集中学习；二是各政协联络处和委员活动组要集中委员学习《意见》全文，深刻领会，开展讨论，撰写心得，切实把《意见》的规定弄清弄懂。重点要学习领会协商民主工作内容和程序，明确协商民主内容的计划制定、活动准备、活动组织、成果报送和反馈等各环节的要求。三是要及时向所在乡镇办事处党委、政府主要领导汇报组织学习的成果，积极争取党委领导对协商民主工作的重视和支持，将协商民主工作纳入党政整体工作部署，落实“按规定需要进行协商的内容，未经协商的，原则上不提交党委决策、人大通过、政府实施”的规定。政协委员要将《意见》精神向所在单位主要领导宣传汇报，使其重视支持委员参加协商民主活动，切实落实“政协委员所在单位要尊重和依法保护政协委员民主权利，为委员参加视察、调研、评议等活动提供时间、车辆、经费等必要保障，委员各项待遇不因参加政协活动而受影响”的规定。四是要采取多种形式向社会各界宣传《意见》的主要内容，努力营造政协协商民主工作的浓厚社会氛围。

三、认真开展协商民主活动，狠抓《意见》的贯彻落实

各委、处、组要把落实《意见》精神和日常履职活动结合起来。一要对照《意见》规定，制定本委、处、组协商民主工作计划，完善修订年度工作要点。二要结合本委、处、组工作实际和委员特点，明确本年度协商民主活动内容。各专委会应将年度调研视察内容与开展协商民主活动结合起来，各联络处要将社会化养老体系建设、森林资源和水源地保护、本级财政预决算等纳入重点协商内容，各市直委员活动组要将与本组界别相关的提案办理纳入重点协商内容，逐步把协商引入立案程序、植入交办会议、推进到提案督办过程、拓展到民主评议承办单位，积极探索和深化提案协商机制。三要探索开展基层协商民主活动的形式和程序，精心组织协商民主活动。各委、处、组要根据民主协商的预定内容，组织委员深入调查研究，掌握协商主题的全面情况，加强与协商对象的沟通衔接，通过专题协商、界别协商、提案办理协商或其他协商形式，探索组织开好协商民主会议，创新基层政协活动方式，积累基层协商民主经验。

市政协办公室将对各委、处、组学习宣传贯彻《意见》情况进行督办检查，认真总结和推广委、处、组开展协商民主活动的典型经验并上报市委办公室。

市政协办公室

2013 年 4 月 28 日

广水市政协机关2013年度学习计划

广协办发〔2013〕8号

为抓好本年度政协机关的学习工作，按照市政协相关学习制度（广协办发〔2012〕4号），经秘书长会议研究，特制订本计划。

一、总体思路

围绕履职需要，按照学习在前、学以致用的原则，坚持学习制度的常态化、长效化，致力使学习成为机关干部一种健康的生活方式和实现挑战自我、超越自我的主要途径，为创建学习型政协机关，打造一支精干高效的优秀团队，全面完成年度工作任务，不断开创政协机关工作新局面提供坚强保证。

二、学习安排

1. 学习的重点和内容（见附件）：一是以学习贯彻党的十八大精神为主线，加强对马克思列宁主义、毛泽东思想、邓小平理论、“三个代表”、科学发展观、党的基本路线、方针政策，政协理论与实践、市场经济学理论和法制知识的学习，坚定正确政治方向；二是以履职需要为切入点，围绕年度工作要点提出的视察、调研 、协商民主课题，加强对相关行业法规及专业知识的学习，进一步熟悉市情、政情、民情，提高履职能力；三是以提高素质能力、办文质量、办公效率为目标，加强对机关行文规则、写作知识、文史知识、科技文化知识的学习，提高工作水平。

2. 学习的形式和方法：一是坚持集中学，坚持每周一学习例会制度，充分发挥政协机关讲坛和政协网站在机关党员干部职工学习中的重要平台作用。通过辅导报告、专题讲座、交流研讨、知识问答等形式，认真组织机关的学习活动。二是联系实际学，针对自我知识储备和工作中存在的短板，采用释疑答惑和个人自学的形式，广泛开展补火式的学习活动。三是结合工作学，紧扣《市政协2013年度工作要点》，围绕要点涉及的调研、视察、提案督办等重点课题提前学，使学习成为机关转变作风、搞好服务、提高履职实效的有力支撑。

三、学习要求

1. 在学习时间上，机关党员干部职工每周一下午，无重大特殊情况，必须参加学习；

2. 相关学习课题责任人员必须提前做好学习例会讲课的协调准备；

3. 学习人员必须有一本学习笔记；

4. 每人要有不低于一次的学习主题交流发言；

5. 参学人员要注意把学习与自己本职工作相互结合，确保学以致用、学有效果；

6. 办公室要对参学情况进行汇总通报。

附：市政协机关2013年度学习计划安排表

市政协办公室

2013年3月1日

附

市政协机关 2013 年度学习计划安排表

制表：市政协办公室

<table>
<tr><th colspan="2">时间安排</th><th>学习内容</th><th>责任单位</th></tr>
<tr><td rowspan="13">一季度</td><td rowspan="5">一月份</td><td>党的十八大报告</td><td>办公室</td></tr>
<tr><td>市政协工作制度</td><td>办公室</td></tr>
<tr><td>市委“四大行动、六大举措”会议精神</td><td>办公室</td></tr>
<tr><td>李健强主席在七届二次政协会议闭幕会上的讲话</td><td>委员委</td></tr>
<tr><td>时事政治学习</td><td>办公室</td></tr>
<tr><td rowspan="4">二月份</td><td>市党代会与人代会的主题报告</td><td>办公室</td></tr>
<tr><td>企业上市相关知识</td><td>经济委</td></tr>
<tr><td>廉政建设与转变工作作风</td><td>办公室</td></tr>
<tr><td>时事政治学习</td><td>办公室</td></tr>
<tr><td rowspan="4">三月份</td><td>中央八项规定和省六条意见</td><td>办公室</td></tr>
<tr><td>学习十八大关于发展协商民主的意见</td><td>文史委</td></tr>
<tr><td>习近平总书记讲话摘要</td><td>文史委</td></tr>
<tr><td>时事政治学习</td><td>办公室</td></tr>
<tr><td rowspan="5">二季度</td><td rowspan="5">四月份</td><td>俞正声在全国政协十二届一次全会闭幕式上的讲话</td><td>团联委</td></tr>
<tr><td>协商民主中的界别协商</td><td>文史委</td></tr>
<tr><td>政协文史资料相关知识</td><td>文史委</td></tr>
<tr><td>社会化养老相关政策</td><td>团联委</td></tr>
<tr><td>时事政治学习</td><td>办公室</td></tr>
</table>

市政协机关 2013 年度学习计划安排表

制表：市政协办公室

<table>
<tr><th colspan="2">时间安排</th><th>学习内容</th><th>责任单位</th></tr>
<tr><td rowspan="9">二季度</td><td rowspan="4">五月份</td><td>市委关于加强政协协商民主工作的意见（广发 [2013]5 号）</td><td>团联委</td></tr>
<tr><td>林业资源保护及封山育林相关政策</td><td>提案委</td></tr>
<tr><td>集中式饮水水源地资源保护相关知识</td><td>经济委</td></tr>
<tr><td>时事政治学习</td><td>办公室</td></tr>
<tr><td rowspan="5">六月份</td><td>宗教管理法律法规</td><td>团联委</td></tr>
<tr><td>公立医院改革试点政策</td><td>文卫委</td></tr>
<tr><td>统战政策</td><td>团联委</td></tr>
<tr><td>广水市招商引资政策</td><td>经济委</td></tr>
<tr><td>时事政治学习</td><td>办公室</td></tr>
<tr><td rowspan="10">三季度</td><td rowspan="5">七月份</td><td>十八大关于《党章》修改背景及修改意见</td><td>委员委</td></tr>
<tr><td>经济运行指标统计相关知识</td><td>办公室</td></tr>
<tr><td>4A 景区相关指标</td><td>提案委</td></tr>
<tr><td>食品安全相关法律法规</td><td>文卫委</td></tr>
<tr><td>时事政治学习</td><td>办公室</td></tr>
<tr><td rowspan="5">八月份</td><td>城市物业管理条例</td><td>经济委</td></tr>
<tr><td>城市建设规划与管理</td><td>经济委</td></tr>
<tr><td>教育资源整合相关政策</td><td>文卫委</td></tr>
<tr><td>林权改革与土地流转相关政策</td><td>提案委</td></tr>
<tr><td>时事政治学习</td><td>办公室</td></tr>
</table>

市政协机关 2013 年度学习计划安排表

制表：市政协办公室

时间安排		学习内容	责任单位
三季度	九月份	科学发展观理论	文卫委
		文学鉴赏知识	办公室
		社会创新管理——网格化管理	办公室
		计划生育与流动人口管理	文卫委
		办公室规章制度	办公室
		时事政治学习	办公室
四季度	十月份	《政协章程》摘选	文史委
		公文行文规则	办公室
		《新闻写作知识》	文史委
		时事政治学习	办公室
	十一月份	《行政许可法》	办公室
		金融管理法律法规	经济委
		湖北省公共机构节能条例	办公室
		农村水利建设优惠扶持政策	提案委
		时事政治学习	办公室
	十二月份	《道路交通管理法》	办公室
		社情民意信息知识	团联委
		大别山试验区扶持政策	经济委
		政协民主监督员管理办法	委员委
		党风廉政建设	办公室

关于上半年四百工程实施情况的通报

广协办发〔2013〕9号

各专委会、乡镇政协联络处、委员活动组：

今年以来，全市政协组织按照市政协七届二次会议决议要求，紧紧围绕市委工作中心，高举团结民主大旗，把履行政协三大职能、发挥委员主体作用有机融入“招引服务百家企业项目、提交督办百件提案建议、征集编发百篇文史资料、收集反映百条社情民意”的“四百工程”之中，积极探索政协谋事干事成事之道，取得一定成绩。现将主要情况通报如下：

一、关于招引服务百家企业项目情况。各处组充分发挥政协组织联系面广的优势，把招引项目与帮办服务相结合，宣传广水、推介广水，主动投身招商引资、积极服务市场主体。经济组参与引进总投资1.33亿元的东骏电器、西门电机三期2个项目，在谈项目2个，与杜克化工、盛华被装等企业主动对接，帮助解决公司变更登记、成立集团公司等问题4个。工商联组探索把活动组打造成18家委员企业信息共享、互助合作的平台，鼓励企业外引内联、做大做强，引进欧亚美家具等项目5个，总投资3亿元。社科组深入华达能源等化工企业普及科技知识，引导企业提高科技含量，增强环保意识。应办联络处积极到浙江、广东等地招商，参与引进金属热处理、钨钼新材料等总投资4.6亿元的5个项目。太平联络处响应乡党委提出的“项目建设出成果之年”的号召，参与引进鸿翔农业等6个项目，对已落户在建项目实行保姆式服务，调解各类纠纷3起。蔡河联络处组织3名委员外出考察项目5次，接待客商20余人次，提供有价值的招商信息11条，引进永固、佳和建材及蔬菜、药材种植项目4个。长岭联络处引进随宜昌盛农民蔬菜专业合作社，投资2000万元，发展万亩无公害蔬菜基地，帮助徐莓生物科技公司等企业协调各类矛盾5起。城郊联络处与强人药业和大自然农业公司内需拆迁的3家住户加强协调沟通，使拖了6年的拆迁问题于5月顺利解决。武胜关联络处主动参与桃园绿色幸福村项目建设，通过调研提出种植桃树、整修河道等3条合理化的建议被采纳。李店联络处就禽流感对养殖户的影响开展调研，通过协调相关单位加强信贷扶持、降低冷藏成本的手段，稳定了养殖户的情绪。骆店联络处积极配合工业园区南扩，做好群众的思想工作，确保在灵石村按时交地1000亩。据初步统计，各处组参与引进企业项目73家，到位资金15.2亿元，联系服务企业项目177家，化解各类矛盾问题81起。

二、关于提交督办百件提案建议情况。市政协七届二次会议以来，提交提案209件，其中集体提案 8 件，经归并整理审查，实际形成提案120件，立案54件。为提高提案工作实效，各处组积极探索提案办理的制度化、规范化、程序化，开展提案办理协商，取得较好效果。广办、蔡河、长岭等9个联络处按市政协布置积极参与调研协办7件涉及饮用水源地保护的提案，会同环保、水利、林业、卫生等相关部门负责人参加调研，目前取得较大进展。文教卫体组会同吴店、马坪联络处，多次与文体局负责人一道实地调研督办，使修复尹家湾五师司令部旧址、维护马坪会馆桥等提案得到落实，该组委员提交提案的答复率、见面率、满意率均达到100%。党群组视察督办餐具消毒企业的提案，督促相关职能部门加强监管和行业整顿，餐具卫生安全问题引起市相关部门高度重视。经济组现场视察督办护城河治理的提案，主动与市政府分管领导及其相关部门负责人进行协商、达成共识，形成了整治护城河建立长效管理机制的方案。关庙联络处就十马线改造工程的积案办理情况进行监督，与相关部门协商，加快了工程进度。截止目前，共督办提案86件，其中已办理37件，正在办理49件。

三、关于征集百篇文史资料情况。自4月25日文史资料征集工作会后，各处组广泛发动委员和社会各界人士，围绕改革开放以来广水发生的重大历史事件，抢救出一批原创版的文史资料。农业组接到征集任务后，迅速举办文史资料撰写业务学习讲座，请来农办主要领导主持农口选题大讨论，精选题目20个，并请熟悉情况的退休干部“出山”执笔。社保民宗组就我市少数民族发展和寺观教堂现状开展调研，发掘出一批价值较高的史料。

长岭、十里、郝店等联络处召开委员学习动员会，根据市政协文史委参考选题，结合委员自身特点，把任务分解到人，要求每人完成 1 篇文史资料，确保 9 月底前完成任务。市政协文史委现已收到文史资料 22 篇。

四、关于收集反映百条社情民意情况。充分发挥广水政协网的民意表达和收集功能，各处组委员向政协邮箱踊跃投稿，共上报社情民意信息 58 条，其中被省政协采用 1 条，市政协采用 23 条，并转化为 5 期“建议与参考”。同时，关注民意诉求，帮助解决问题。各联络处组织委员配合开展了农村社会化养老调研，并及时报送调研报告。太平联络处主动接受乡党委主要领导交给的留守儿童、美化集镇等 3 个调研课题，均已形成报告，尤其针对集镇卫生差和房屋未批先建的乱象，联络处采取对相关站所的工作进行评议的办法，督促整改，取得明显成效。余店联络处针对燃放烟花爆竹扰民问题开展调研，促使镇政府成立烟花市场整治专班，对烟花燃放采取了禁限措施。陈巷联络处组织对本镇革命烈士情况进行了调查摸底，发现 2 座烈士纪念碑损毁严重、部分散葬烈士墓碑遗失，提出修复的建议已被市主管部门和镇政府采纳；同时，还组织开展了 4 次对福利院老人慰问、义诊活动，提出了重视解决“五保”老人就医难的建议。农业组参与视察飞沙河水厂建设情况，敦促相关部门注重水质检测，让群众喝上放心水，并倡导市民养成节水、爱水、护水的好习惯。广办联络处收到辖区内乱割松脂的信息后，报告市政协领导协调林业、公安执法人员现场查处作案对象 2 起。杨寨联络处组织委员开展与困难户结对帮扶活动，倾情救助七旬孤老程春香，联系爱心人士每年捐助 3000 元帮助残疾夫妇严福音的两个孩子完成学业，用实际行动诠释了关注民生的情怀。

总之，上半年各处组结合自身实际，不断总结经验，创造性的开展政协工作，大力推进“四百工程”，取得了一定实效。但也存在着许多不容忽视的问题。一是思想认识有待提高。有的处组对推进“四百工程”态度消极、精神萎靡，认为“四百工程”可搞可不搞，工作畏难情绪严重，对委员履职活动记起来抓一阵子、督起来赶一阵子。据检查了解，个别处组对市政协量化考核意见、市委协商民主意见至今还未组织委员学习。二是

组织管理有待加强。有的处组对委员管理放任自流，没有按制度要求联系走访委员，“五个一活动”落实不够、督导不力；履职台账不健全、不完善，开展学习、视察、调研等活动随意性很强，缺乏周密安排，事前没有活动方案，事后也不督办反馈，委员的参入率不高，只求形式、不重实效，浪费人力物力。**三是整体工作有待均衡**。总体来看，“四百工程”推进工作乡镇与市直之间不平衡，乡镇之间、市直之间也不平衡。突出的问题是工作主动性差，委员主体作用发挥不够，缺乏推进“四百工程”的使命感、责任感。少数处组负责人不愿放下架子，深入企业服务项目怕惹“麻烦”；不愿拉下面子，上门找人落实提案怕说“好话”；不愿离开位子，走进基层深入百姓怕听“实情”。在文史资料征集过程中，个别处组至今还没有把任务落实到人，部分处组选题征稿从史志或网上转抄资料。**四是宣传工作有待加强**。有的处组开展视察、调研等活动，没有按时向市政协递交报告，集中学习、招商引资、服务企业、督办提案、征集史料、团结联谊、化解矛盾等活动，没有及时向市政协提供信息；还有相当多的处组至今没有向广水政协网和相关新闻媒体提供信息稿件，影响了政协活动的社会效果。

针对以上问题，市政协要求各处组对照先进找差距、对照目标强措施，求真务实、真抓实干，进一步加大“四百工程”推进力度，奋力开创政协工作新局面。

附：上半年四百工程实施情况统计表

市政协办公室

2013 年 6 月 26 日

附：

上半年四百工程实施情况统计表

项目 组别	招引项目（个）	到位资金（万元）	联系企业（家）	帮助解决问题（个）	提案数量（件）	督办提案（件）	文史资料任务（篇）	文史资料报送（篇）	社情民意（条）
党　群	0	0	3	——	14	10	5	2	3
工商联	5	10000	17	——	14	3	5	0	2
社科科技	0	0	3	——	13	0	5	0	5
经　济	2	8300	4	——	20	8	5	1	3
农　业	1	3000	5	——	4	0	5	3	1
文教卫体	3	6000	5	——	19	19	5	0	7
社保民宗	3	6400	12	——	6	5	5	0	2
应　办	5	26000	15	——	19	2	5	0	7
广　办	15	19800	26	——	20	4	5	4	4
十　里	1	8000	3	——	5	2	5	2	1
武胜关	2	6000	10	——	10	3	5	0	1
杨　寨	4	3000	7	——	3	2	5	0	1
城　郊	2	6000	3	——	6	1	5	3	0
长　岭	1	150	2	——	8	3	5	3	3
马　坪	0	0	3	——	6	3	5	0	2
李　店	1	3000	6	——	4	2	5	2	0
太　平	6	2000	3	——	4	1	5	0	2
陈　巷	3	5800	7	——	7	4	5	2	7
骆　店	2	6000	12	——	4	2	5	0	0
余　店	3	8000	6	——	3	3	5	0	0
关　庙	5	4000	6	——	6	2	5	0	1
蔡　河	4	8700	8	——	5	4	5	0	5
郝　店	2	5000	5	——	2	1	5	0	0
吴　店	3	7500	6	——	7	2	5	0	1
合　计	73	152650	177	——	209	86	120	22	58

关于聘请市政协特邀信息员的通知

广协办发〔2013〕10号

各专委会、乡镇政协联络处、委员活动组：

为了加强反映社情民意信息工作队伍建设，健全市政协反映社情民意信息工作网络，充分发挥委员反映社情民意的主体作用，调动各方面反映社情民意信息工作的积极性，为党委和政府提供高质量的决策信息支持，根据市政协领导的意见，市政协办公室研究决定，聘请易晓辉等19位同志为七届市政协特邀信息员。具体名单（排名不分先后）如下：

七届市政协特邀信息员名单

（共19人）

易晓辉（女）市政协委员、市“一区两圈办”副主任

何　成　　　市政协委员、市台办副主任

牛　雨（女）市政协委员、市法院行政庭书记员

秦晓玲（女）市政协委员、 浩然药业公司会计

李　琳（女）市政协常委、市政府督查室副主任

熊　玲（女）市政协委员、市妇联副主任科员

闵　欢　　　市政协委员、群兴购物广场行政总经理

程亮元　　　市政协常委、武胜关镇综治办主任

张忠海　　　市政协委员、市检察院机关党委副书记

金　希　　　市政协常委、市环保局副总工程师

杨　华（女）市政协常委、市商务局副局长

黄　锋　　　市政协常委、市农业局副局长

吴瑶成　　　市政协委员、市政府教育督导室副局级督学

左继东　　　市政协常委、市一医院五官科主任

余波林　　　市政协委员、市民政局办公室主任

夏　刚　　　市政协委员、市民宗局副局长

魏发超　　　市政协委员、十里办事处党工委委员

吴国权　　　市政协委员、广水办事处党工委委员

吴本登　　　杨寨镇文化站站长

市政协办公室

2013 年 7 月 10 日

关于印发《民主监督评议金融部门工作方案》的通知

广协办发〔2013〕11号

各专委会、乡镇政协联络处、委员活动组：

《民主监督评议金融部门工作方案》已经市政协七届十六次主席会议审议通过，现予以印发，望遵照执行。

市政协办公室

2013年8月1日

民主监督评议金融部门工作方案

市政协办公室　市消费者委员会

根据政协章程和《中共广水市委关于加强政协协商民主工作的意见》（广发〔2013〕5号）精神，经主席会议研究决定，在全市金融部门深入开展民主监督评议工作。特制定本工作方案。

一、指导思想和目标任务：以党的十八大精神为指导，通过深入开展民主监督评议工作，优化广水金融生态环境、规范金融部门经营秩序，不断改善金融服务，保障客户合法权益，促进本地实体经济发展。

二、民主监督评议对象：市工商银行、农业银行、农业发展银行、中国银行、建设银行、邮政储蓄银行、信用合作联社。

三、民主监督评议内容：（一）金融部门支持地方实体经济发展情况：①存款余额情况；②信贷投放情况；③建立帮办服务企业制度情况；④支持市重点项目及政府融资平台情况；⑤支持小微企业发展情况；⑥推进金融产品和服务创新情况。（二）社会各界对金融部门的满意度情况：①服务项目的公开公示情况；②客户投诉渠道畅通情况；③业务收费公示情况；④信贷、授信审批实行公开公平公正透明情况；⑤行务公开情况；⑥其他损害消费者权益情况。

四、民主监督组织领导。成立全市金融部门民主监督评议工作领导小组，名单如下：

组　长：何　卫　市政协副主席

副组长：汪维浩　市政协秘书长

张大红　市政协常委、工商局局长

成　员：刘　鹏　市政协常委、财政局副局长

李　琳　市政协常委、政府督查室副主任

刘诗银　市政协常委、永阳防水公司董事长

梁瑞明　市政协常委、凯龙化工公司总经理

李大亮　市政协委员、行政服务中心副主任

叶国安　市政协委员、物价局工会主席

张忠海　市政协委员、检察院机关党委副书记

李　敏　市政协委员、地税局科长

吴罗生　市政协委员、广仁药业公司总经理

吴晓霞　市政协委员、南方家居总经理

胡远宝　市政协委员、鄂北米业公司总经理

刘家翠　市政协委员、单亲母亲养殖合作社理事长

庄人鸿　市政协委员、应办个协主任

冯章辉　市政协委员、骆店乡联络处主任

李亚峰　市政协委员、太平乡联络处主任

张克勇　市政协委员工作委副主任

朱蒙应　市消委会副会长兼秘书长

（另有消委会推荐生活消费监督员 7 名）

领导小组下设办公室，办公室设在市消费者委员会，朱蒙应任办公室主任，负责监督评议活动的综合协调与日常事务；张克勇负责政协组织及其委员日常履职活动的监督管理。

五、民主监督方法步骤。对被评单位采取民主监督同舆论监督相结合的办法，以消费者满意度调查评分方式为主。具体步骤如下：

（一）宣传发动阶段（8 月上旬）。召开全市金融部门民主监督评议动员会，进行安排部署，开展宣传发动。

（二）调查摸底阶段（8 月中旬至 9 月中旬）。

1．组织视察。领导小组到被评单位进行现场察看，听取各金融部门负责人情况汇报，了解各金融部门支持广水实体经济发展情况，掌握与消费者紧密相关的主要收费项目、依据、标准以及在便民消费服务方面所做的工作等。

2．问卷调查。分成 7 个调查小组，每个小组 3 人，分别由界别委员、企业界委员、生活消费监督员组成，到各金融部门营业场所向消费者发放满意度调查问卷，每个单位随机抽取 100 个调查样本，每个样本按总评价满意、基本满意、不满意三个层次进行（下同）。

3．消费体察。民主监督员进行多种形式的亲身消费体察活动，从金融部门服务一线获取现场体验。

4．网络调查。通过网络投票进行调查。

5．政协组织调查。各乡镇办事处政协联络处对指定金融部门采取走访、座谈或现场调查等形式，完成 10 份调查表。

6．座谈调查。召集全市企业法人代表、消费者代表进行座谈，听取他们关于金融部门服务的意见和建议。

（三）整改落实阶段（9 月下旬至 10 月上旬）。召开被评单位负责人见面会，对前期调查摸底阶段收集的各类问题，区分不同性质，以“整改建议书”的形式，分别进行反馈。对涉及企业服务理念、态度与质量的问题，直接反馈给各相关金融部门，督促整改；对涉及消费者具体诉求的，责成其及时解决；对严重侵害消费者合法权益、拒不改正的违法行为，移交相关部门进行查处；对众多消费者有意见、不满意并经领导小组提出合理建议整改效果仍不明显的，按照有关规定向社会公开；对个别问题严重的提交政协常委会，形成建议案，并送市委市政府和上级主管部门。

各金融部门要针对服务地方实体经济发展以及服务态度、服务方式、经营收费、“霸王条款”等各方面存在的突出问题，以“整改报告”的形式向领导小组反馈改进情况。通过本次活动，督促金融部门制定和完善企业管理、行业自律、金融服务的相关制度与措施，切实促进广水经济发展、维护消费者合法权益。

（四）会议测评阶段（10 月中旬）。召开金融部门满意度调查测评会议，首先由各金融部门负责人就本单位存在的突出问题整改情况进行述职，然后测评代表综合参评态度、认真程度、整改情况等因素，按满意、基本满意、不满意三个层次进行总体评价和打分。

（五）综合评估阶段（10 月下旬）。对调查情况进行综合评估，每个单位的评估满分为 100 分，其中向消费者发放消费调查问卷的分值占 40%，基层政协组织调查的占 10%，民主监督员调查的占 10%，通过网络投票调查的占 10%，大会测评的占 30%。以上五种调查形式的得分总和为本单位最终得分，代表消费者对该单位的满意程度。评估结果将以政协简报形式，在中国广水网、广水政协网、工商网上向社会公开，并向市委、市政府和被评单位主管部门通报。

六、有关要求。

（一）提高认识，加强领导。本次活动是在开展党的群众路线教育实践活动、扩大国内消费需求的大背景下进行的，各金融部门要站在贯彻十八大精神、加快建成小康广水的高度，做到思想重视、工作有力，成效明显、人民满意。

（二）明确责任，规范监督。由于本次民主监督评议活动涉及面广，难度大，参与监督评议的单位和民主监督员要坚持原则，明确责任，规范监督，实事求是。

（三）加强宣传，营造氛围。充分利用报纸、电视、网络等新闻媒体，及时报道活动情况，反映群众诉求，关注热点焦点问题，提高社会公众对金融服务的认知程度，加强金融服务引导，接受民主监督和舆论监督。

（四）加强沟通，及时反馈。各相关单位要及时收集报送有关材料，调查社会各界反映强烈的突出问题，确保本次活动圆满完成。

附：表一：广水市消费者满意度调查表

表二：广水市消费者满意度调查得分汇总表

表三：广水市消费者满意度调查单位联系方式表

表一

广水市消费者满意度调查表

单位名称:

<table>
<tr><td colspan="8">分类评价</td></tr>
<tr><td colspan="4">服务态度</td><td colspan="4">服务是否方便快捷</td></tr>
<tr><td>好</td><td></td><td>不好</td><td></td><td>是</td><td></td><td>不是</td><td></td></tr>
<tr><td colspan="4">收费标准</td><td colspan="4">是否滥收费</td></tr>
<tr><td>高</td><td></td><td>不高</td><td></td><td>是</td><td></td><td>不是</td><td></td></tr>
<tr><td colspan="4">有无霸王条款</td><td colspan="4" rowspan="2"></td></tr>
<tr><td>有</td><td></td><td>没有</td><td></td></tr>
<tr><td colspan="8">总评价</td></tr>
<tr><td>满意
(100分)</td><td></td><td>基本满意
(70分)</td><td></td><td colspan="3">不满意
(0分)</td><td></td></tr>
<tr><td>意见和建议</td><td colspan="7"></td></tr>
</table>

表二

广水市消费者满意度调查得分汇总表

项目 单位	问卷调查（40%）	网络调查（10%）	监督员调 查（10%）	乡镇政协组织调查（10%）	大会测评（30%）	总得分
工商银行						
农业银行						
农业发展银行						
建设银行						
中国银行						
邮储银行						
信用联社						

表三

广水市消费者满意度调查单位联系方式表

内容 单位	主要负责人联系电话	分管负责人联系电话	联络员
工商银行			
农业银行			
农业发展银行			
建设银行			
中国银行			
邮政储蓄银行			
信用联社			

关于征集市政协七届三次会议提案的通知

广协办发〔2013〕12 号

市政协委员，参加市政协各人民团体，各专门委员会、乡镇政协联络处、委员活动组：

为迎接市政协七届三次会议召开，做好本次会议提案征集工作，充分发挥提案在我市经济、政治、文化和社会生活中的作用，希望提案者以高度的政治热情，强烈的历史责任感，紧密结合我市实际，深入调研、理性思考，积极运用提案形式，为广水实现新跨越建言献策。现将有关事项通知如下：

一、提案应围绕市委中心工作，突出地方重要事务和人民群众普遍关心的民生问题等方面提出。

二、提案者应牢固树立提案质量意识，所提提案力求符合“严肃性、科学性和可行性”要求，做到“有情况、有分析、有具体的建议”。

三、提案内容应突出重点、简明扼要、一事一案，提交提案必须符合提案格式要求。

四、市政协委员可以个人名义或者联名方式提出提案；政协全体会议期间，可以界别、活动组或者联组名义提出提案；参加市政协的人民团体，可以团体名义提出提案；市政协各专门委员会，可以本专门委员会名义提出提案。委员联名提出的提案，发起人作为第一提案人签名列于首位，联名人签名在联名人栏目内；以界别、活动组或者联组名义提出的提案，须署该组织名称并由召集人或组长签名；以人民团体、政协专门委员会名义提出的提案，须由该组织负责人署名并加盖公章。

五、提案可在全体会议期间提出，也可在闭会后提出。

六、提案征集在全会期间设截止期（会议期间另行通知）。

七、提案分别采取网上提交和纸质提交两种方式。有条件的委员请登陆邮箱：gsmeihui@sina.com 进行网上提交。纸质提案请尽量同时提交电子文档。

八、提案寄送市政协提案委员会（应山办事处府前街8号，邮编：432700；电话：6232330），或在全体会议报到时交大会提案征集组。全会报到时间另行通知。

附：《提案参考提纲》

市政协办公室

2013年10月21日

提案参考提纲

1．关于以科学发展观为指导，实现广水经济社会发展新跨越的建议；

2．关于抢抓机遇，实施构建“两圈一区一镇”发展战略的建议；

3．关于大力发展高新技术产业，增强核心竞争力的建议；

4．关于加强企业管理，增强企业自主创新能力的建议；

5．关于发展节能环保高效型产业的建议；

6．关于不断转变发展方式，优化经济结构的建议；

7．关于着力培植地方支柱财源的建议；

8．关于加强公共财政投资监督管理的建议；

9．关于优化创业环境，以创业促就业的建议；

10．关于提高招商引资质量与效益的建议；

11．关于探索城乡“四化同步”、统筹发展的有效途径和方式的建议；

12．关于加强城市规划建设和管理方面的建议；

13．关于巩固提高全市省级文明城市创建活动成果的建议；

14．关于加强城市公共设施配套建设和管理的建议；

15．关于加强乡镇债务评估监管的建议；

16．关于加强社区基层组织建设，强化服务功能的建议；

17．关于规范小区物业管理的建议；

18．关于加快发展生态、高效、优质、安全农业的建议；

19．关于依法规范土地市场管理、提高土地利用效益的建议；

20．关于加快农民专业合作组织发展的建议；

21．关于加强水利基础设施建设和管理的建议；

22．关于林业生产、资源管理和林权改革的建议；

23．关于加快城乡居民养老服务体系建设的建议；

24．关于加快交通基础设施建设，加强交通运输管理的建议；

25．关于改善金融服务体系，建立投融资平台的建议；

26．关于完善促进科技创新的政策激励机制的建议；

27．关于加强城乡生态环境保护的建议；

28．关于加强和规范新能源建设的建议；

29．关于开发旅游资源，加快旅游产业发展的建议；

30．关于实施人才兴市战略的建议；

31．关于科学布局，促进教育协调发展的建议；

32．关于大力发展职业教育的建议；

33．关于加强食品卫生安全质量监管的建议；

34．关于健全医疗卫生保障体系，提高医疗卫生服务质量的建议；

35．关于加强全市文化产业发展的建议；

36．关于加强文化市场建设和管理的建议；

37．关于重视和运用地方人文历史的价值作用，宣传提升广水知名度的建议；

38．关于加强非物质文化遗产发掘保护的建议；

39．关于有效预防未成年人犯罪的建议；

40．关于推进建立社会信用制度的建议；

41．关于加强社会救助体系建设的建议；

42．关于加大城市综合执法力度的建议；

43．关于实施社区管理网格化管理，促进社会和谐稳定的建议；

44．关于加强社会治安综合治理工作的建议；

45．关于加强对本市基本建设投资风险防范的建议；

46．关于加大重点领域、重点项目审计监督力度的建议；

47．关于推进残疾人社会保障体系和服务体系建设的建议；

48．关于理顺经济开发区、工业园区管理体制的建设；

49．关于贯彻党的民族宗教政策的建议；

50．关于不断加强和改进人民政协工作和自身建设的建议。

关于印发《政协广水市委员会反映社情民意信息工作办法》的通知

广协办发〔2013〕13号

各专委会、乡镇政协联络处、委员活动组：

《政协广水市委员会反映社情民意信息工作办法》（广协办发〔2013〕13号），经政协广水市第七届委员会第十八次主席会议审议通过。现印发给你们，请认真贯彻执行。

市政协办公室

2013年10月29日

政协广水市委员会反映社情民意信息工作办法

（2013年11月28日政协广水市第七届委员会第十八次主席会议通过）

第一条　为发挥人民政协反映社情民意信息工作在履行政治协商、民主监督、参政议政职能中的重要作用，根据《中国人民政治协商会议章程》，参照全国和省政协《反映社情民意信息工作条例》，制定本办法。

第二条　反映社情民意信息工作是市政协委员、参加市政协的各党派、团体和各族各界人士，市政协各专委会、各乡镇办事处政协联络处和市直委员活动组，通过市政协办公室向省、随州市政协和广水市委、市政府及其工作部门反映重要情况，提出意见建议。

第三条　反映社情民意信息工作以中国特色社会主义理论体系为指导，坚持围绕中心，服务大局。信息内容重点是：对国家、省、市大政方针执行过程中的意见和建议，全市政治、经济、文化和社会生活中的重要问题以及人民群众普遍关心的热点、难点问题。信息撰写要一事一议，内容真实，简明扼要，做到有情况、有分析、有建议，注重实效性。

第四条　反映社情民意信息工作是市政协委员、乡镇办事处政协联络处、市直委员活动组、市政协办公室和各专门委员会的重要职责，纳入市政协“四百工程”和委员“五个一”活动的重要内容，纳入全市政协组织和政协委员年度量化考核记分项目。

第五条　建立健全反映社情民意信息工作机制，规范反映社情民意工作流程。

1．各联络处、活动组负责本处组委员反映社情民意信息的撰写指导、收集和集中向对口联系的专委会报送，委员也可通过提交社情民意信息征集表或电子文档向市政协办公室直接报送。

2．各专委会负责所联系的处组委员反映社情民意信息工作的督促指导，加强与对口处组委员的联系，协助其围绕反映信息的内容搞好调查研究，收集并向办公室转报所联系处组委员提交的社情民意信息。

3．市政协办公室负责反映社情民意信息的收集、汇总、编辑、报送、反馈和通报，加强反映社情民意信息工作的组织、协调、服务工作。

4．市政协办公室对收到的社情民意信息要编号登记，拿出初审意见，提请领导批示。对事实清楚、论证充分、意见具体的信息，属于本市事权范围内的，以政协信息简报的形式印送至市委政府领导参阅；属于国家、省、随州市事权范围内的，报送至省、随州市政协信息工作部门；属于部门改进工作范围内的，转报转送有关单位参考办理。对涉及本市政治、经济、社会重要问题的意见建议，符合提案要求的，由提案委员会指导提交人继续深入调研，转作提案提出。

第六条　市政协建立特邀信息员制度，每届聘请若干市政协委员、政协工作者为特邀信息员，特邀信息员每两个月至少报送一篇可刊用或上报的高质量社情民意信息。

第七条　市政协办公室主办的《建议与参考》是反映社情民意信息的专门刊物，刊登市政协委员、各联络处、活动组、专委会反映的社情民意信息。

第八条　市政协办公室年底对反映社情民意信息工作进行通报，按照综合量化考核办法对反映社情民意信息工作进行考核，按照宣传信息奖励办法对采用信息稿件进行奖励。

第九条　本办法自主席会议通过之日起实行，由政协广水市委员会办公室负责解释。

关于印发《广水市政协2013年度量化考核实施方案》的通知

广协办发〔2013〕14号

各专委会、乡镇政协联络处、委员活动组：

现将《广水市政协2013年度量化考核实施方案》予以印发，望遵照执行。

市政协办公室

2013年11月6日

广水市政协2013年度量化考核实施方案

根据《广水市政协2013年度量化考核意见》规定和市政协七届十八次主席会议研究，决定11月份完成对市政协委员和政协组织年度量化考核工作。具体实施方案如下：

一、指导思想

强化年度量化考核，增强市政协委员、市政协机关及基层政协组织干事创业、履行职责的积极性和主动性，推动政协工作再上新水平，为我市经济社会又好又快发展作出更大贡献。

二、考核对象

市政协“一办六委”、各乡镇办事处政协联络处及市直委员活动组、政协常委和全体委员。

三、考核内容

严格按照《广水市政协 2013 年度量化考核意见》（广协发〔2013〕9 号）文件规定的相关内容进行考核。

四、考核原则

坚持客观、真实、公平、公正、公开的原则。

五、时间安排

（一）11 月 15 日前，召开考核组及各联络处（活动组）负责人会议，动员部署考核工作，提出具体要求。

（二）11 月 16 日至 20 日，各联络处（活动组）在考核组的指导下负责完成对本处组委员（不含政协常委会议组成人员）的考核工作。

（三）11 月 21 日至 27 日，各考核组完成对政协常委、各联络处（活动组）述职考核工作。对政协常委的量化考核按照《政协常委履职述职考核表》（附表 5）规定的内容进行考核。

（四）11 月 28 日至 29 日，由各考核组被抽调的委员（市政协机关的委员除外）组成综合考核小组，完成对市政协机关“一办六委”的考核工作。

六、方法步骤

考核工作采取分层考核的办法进行。

（一）政协委员由各联络处（活动组）在考核组的指导下组织考核，严格按照《政协委员履职情况考核表》（附表 2）中规定内容进行考核打分，并报市政协委员工作委员会备案。

（二）对政协常委的考核，采取述职评议与量化考核相结合的办法进行。其中，常委兼任联络处主任（活动组组长）的，按照常委考核办法考核。常委在本联络处（活动组）述职，由本处（组）委员和参加考核的主席会议成员进行评议（附表 6）。采取加权记分法，述职评议权重 30%，量化考核权重 70%，综合得分为个人年度考核得分。

（三）对乡镇办事处政协联络处和市直委员活动组的考核，一是听取工作总结汇报；二是进行量化打分（附表 3、4），不进行评议。

（四）对市政协“一办六委”的考核，由被抽调参与考核组的委员（市政协机关的委员除外）集中进行考核。

七、评选表彰

委员考核评定为优秀（90 分含以上）、称职（80 ~ 89 分）、基本称职（60 ~ 79 分）、不称职（60 分以下或不参加考核的委员）四个等次。各联络处（活动组）原则上按照委员人数不超过 10 %比例，推荐在政协全会上受表彰人选。

市政协机关“一办六委”、联络处（活动组）考核评定为满意（90 分含以上）、比较满意（80 ~ 89 分）、基本满意（60 ~ 79 分）、不满意（60 分以下）四个等次。

按照有关规定考核将取前 30 名的政协委员和前 10 名的政协组织（市政协机关“一办六委”、各联络处及活动组），在市政协七届三次全会上予以表彰奖励；对年度考核不称职的委员予以劝辞。

八、组织领导

为认真搞好年度述职考核工作，市政协成立 6 个考核组，在主席会议成员带领下进行考核。各联络处（活动组）协助搞好述职考核的组织筹备工作。

考核一组

组　　长：张克林　　市政协副秘书长

成　　员：张　斌　　审计局经济责任审计局副局长

　　　　　熊红莲　　质监局科长

考核对象：党群活动组、经济活动组、
应办政协联络处、城郊政协联络处

考核二组

组　　长：何建中　　市政协提案委员会主任
成　　员：李　娅　　市政协提案委员会副主任
魏发超　　十里办事处党委委员
余阳萍　　林业局科长
考核对象：文教卫体活动组、广办政协联络处、
武胜关政协联络处、杨寨政协联络处

考核三组

组　　长：张孝贵　　市政协科教文卫委员会主任
成　　员：庄人鸿　　应办个私协会主任
蔡慧莲　　卫生局干部
考核对象：社科科技活动组、长岭政协联络处、
余店政协联络处、关庙政协联络处

考核四组

组　　长：韩四强　　市政协经济委员会副主任
成　　员：王子寒　　太平乡党委委员
向惟勇　　市信用联社信贷管理部副经理
考核对象：社保民宗活动组、马坪政协联络处、

陈巷政协联络处、骆店政协联络处

考核五组

组　　长：秦传本　　市政协团结联谊委员会副主任

成　　员：何　成　　市台办副主任

李　凌　　房管局应山房地产交易所副所长

考核对象：工商联活动组、十里政协联络处、

太平政协联络处、李店政协联络处

考核六组

组　　长：张克勇　　市政协委员工作委员会副主任

成　　员：叶国安　　物价局工会主席

刘容岑　　印台医院医务科主任

考核对象：农业活动组、蔡河政协联络处、

郝店政协联络处、吴店政协联络处

九、有关要求

1．严肃考核纪律。考核工作要坚持实事求是，高标准、严要求，认认真真，不走过场。

2．各联络处（活动组）提交提案、反映社情民意、收集文史资料、新闻上稿、报送视察调研报告等情况，由市政协办公室、相关专委会负责登记汇总，提供给各考核组，并于 11 月 15 日前在广水政协网“公告栏”中进行公示，作为年度量化考核的依据。

3．市政协常委必须按时参加所在联络处（活动组）述职考评会，不得无故缺席。确因事、因病不能参加述职考评会的，本人必须事先向所在市

政协考核组带队领导请假，并向考核组报送述职报告。

4．对委员加分因素要有相关原件依据。

5．年度考核情况，由市政协委员工作委员会备案，并在市政协七届三次全会上进行通报。政协常委、委员考核结果还要向市委组织部、统战部及其所在单位反馈。

6．各考核组组长负责组织、协调和联系考核事宜，并收集相关材料等。考核结束后，将召开各组长考核情况汇报会。市政协办公室、委员工作委员会对考核情况进行汇总，报主席会议审议确定。

7．车辆保障由各考核组组长负责协调，原则上请被考核单位帮助解决。

附表一：市政协 2013 年度量化考核时间安排表

附表二：政协委员履职情况考核表

附表三：乡镇办事处政协联络处年度考核表

附表四：市直委员活动组年度考核表

附表五：政协常委履职述职考核表

附表六：政协常委述职评议表

附表一

市政协 2013 年度量化考核时间安排表

序号	考核对象（处组）	考核时间	带队领导	考核组组长
1	应办政协联络处	11 月 21 日（星期四）	傅本华	张克林
2	武胜关政协联络处		何　卫	何建中
3	马坪政协联络处		胡亚明	韩四强
4	蔡河政协联络处		梅思卫	张克勇
5	城郊政协联络处	11 月 22 日（星期五）	傅本华	张克林
6	骆店政协联络处		汪维浩	韩四强
7	杨寨政协联络处		何　卫	何建中
8	余店政协联络处		胡亚明	张孝贵
9	郝店政协联络处		梅思卫	张克勇
10	长岭政协联络处	11 月 25 日（星期一）	胡亚明	张孝贵
11	陈巷政协联络处		汪维浩	何建中
12	工商联活动组		何　卫	韩四强
13	十里政协联络处		傅本华	秦传本
14	农业活动组		梅思卫	张克勇
15	文教卫体活动组	11 月 26 日（星期二）	傅本华	何建中
16	经济活动组		何　卫	张克林
17	社科科技活动组		梅思卫	张孝贵
18	社保民宗活动组		胡亚明	韩四强
19	关庙政协联络处	11 月 27 日（星期三）	胡亚明	张孝贵
20	吴店政协联络处		梅思卫	张克勇
21	党群活动组		李健强	张克林
22	广办政协联络处		汪维浩	何建中
23	李店政协联络处		何　卫	秦传本
24	太平政协联络处			

说明：各处（组）要认真做好考核准备工作，并提前与带队领导取得联系，确定考核具体时间，各考核组用车由被考核单位提供。

附表二

政协委员履职情况考核表

（2013 年度）

<table>
<tr><td colspan="2">姓名</td><td></td><td>单位</td><td colspan="2"></td></tr>
<tr><td colspan="2">处组</td><td></td><td>界别</td><td colspan="2"></td></tr>
<tr><td colspan="2">目标</td><td>内容</td><td>分值</td><td>评分说明</td><td>考核得分</td></tr>
<tr><td rowspan="5">开展五个一活动（75分）</td><td>读一本好书</td><td></td><td>15 分</td><td>有书目及读书笔记 15 分</td><td></td></tr>
<tr><td>招引服务一家企业项目</td><td></td><td>15 分</td><td>提供一条有价值的招引信息 5 分；联系一家企业项目，帮助解决实际问题 10 分</td><td></td></tr>
<tr><td>提出一件提案建议</td><td></td><td>15 分</td><td>第一提案人 15 分，联名提案人 12 分</td><td></td></tr>
<tr><td>收集一篇文史资料</td><td></td><td>15 分</td><td>收集一篇符合要求的文史资料 15 分</td><td></td></tr>
<tr><td>反映一条社情民意</td><td></td><td>15 分</td><td>反映一条社情民意 15 分</td><td></td></tr>
<tr><td rowspan="3">考勤（25分）</td><td>全委会</td><td>应参加　次，其中请假　次，缺席　次</td><td rowspan="3">25 分</td><td rowspan="3">（1）参加全委会每迟到、早退 1 次扣 2 分，无故缺席 1 次小组讨论会议扣 2 分
（2）参加常委会每迟到、早退 1 次扣 2 分，无故缺席每次扣 3 分
（3）参加其他会议活动迟到、早退 1 次扣 1 分，无故缺席 1 次扣 2 分</td><td rowspan="3"></td></tr>
<tr><td>常委会</td><td>应参加　次，其中请假　次，缺席　次</td></tr>
<tr><td>其他</td><td>应参加　次，其中请假　次，缺席　次</td></tr>
<tr><td>加分因素（10分）</td><td>获得奖励</td><td></td><td>10 分</td><td>2012 年度工作获得广水市、随州市、省、国家级表彰的分别加 5 分、6 分、8 分、10 分</td><td></td></tr>
<tr><td>考核等次</td><td colspan="2"></td><td>总得分</td><td colspan="2"></td></tr>
</table>

<table>
<tr><td colspan="9">本年度政协委员履职情况总结</td></tr>
<tr><td>自我评价</td><td>优秀</td><td></td><td>称职</td><td></td><td>基本职称</td><td></td><td>不称职</td><td></td></tr>
<tr><td>委员处组意见</td><td colspan="8">考核等级__________考核得分___________
委员处（组）负责人签名：
年　月　日</td></tr>
<tr><td>被考核委员意见</td><td colspan="8">签　名：
年　月　日</td></tr>
<tr><td>市政协考核工作领导小组复核意见</td><td colspan="8">年　月　日</td></tr>
</table>

附表三

乡镇办事处政协联络处年度考核表

（2013 度）

联络处名称		主任姓名		联络处委员人数	
考核内容		分值	评分说明		考核得分
自身建设（20 分）	有年度工作计划	5 分	有年度工作计划、总结及本级财政经费预算 5 分		
	完善履职档案掌握基本信息	5 分	完善委员履职档案、掌握委员基本情况 5 分		
	宣传政协工作	10 分	本处委员在广水政协网站宣传政协工作上稿 10 篇 10 分		
四百工程（45 分）	招引服务企业项目	15 分	督促本处委员人均提供 1 条有价值的招引信息 5 分；联系服务对象不少于 2 家，定期服务帮办 5 分（以台帐记录为准）；独立引进一个 3000 万元以上可核实的项目 5 分		
	提交督办提案建议	10 分	组织本处委员依据市政协提案征集要点开展提案调研活动，督促指导本处委员撰写提案 5 分；积极开展提案办理协商活动 5 分		
	征集报送文史资料	10 分	按照市政协文史资料征集方案规定，积极完成本处 5 篇文史资料任务 10 分（以学习与文史资料委员会统计为准）		
	收集反映社情民意	10 分	督促本处委员人均收集反映 1 条社情民意信息 10 分（以团结联谊委员会统计为准）		
经常性活动（25 分）	组织委员学习交流	4 分	组织 4 次以上集中学习（每季不少于 1 次）4 分		
	走访联络	3 分	对本处常委、委员走访联络不少于 6 次 3 分		
	视察调研	18 分	组织不少于 2 次视察并及时向市政协办公室报送视察报告 8 分，开展不少于 1 次调研并及时向市政协办公室报送调研报告 10 分		
工作创新（10 分）	专题协商	3 分	探索与党委政府进行专题协商有成效 3 分（有会议记录、纪要）		
	探索实践	5 分	探索社会化养老、留守妇女儿童生活安置有效果 5 分（有相关材料）		
	公益活动	2 分	在公益、慈善、联谊活动等方面有成绩 2 分（有相关材料）		
考核等次		总得分			

<table>
<tr><td colspan="9">本年度联络处工作总结</td></tr>
<tr><td>自我评价</td><td>满意</td><td></td><td>比较
满意</td><td></td><td>基本
满意</td><td></td><td>不满意</td><td></td></tr>
<tr><td>被考核
联络处
意见</td><td colspan="8">考核等级________考核得分________
联络处负责人签名：
年　月　日</td></tr>
<tr><td>市政协考
核工作领
导小组复
核意见</td><td colspan="8">年　月　日</td></tr>
</table>

附表四

市直委员活动组年度考核表

（2013 年度）

<table>
<tr><td>活动组名称</td><td></td><td>组长姓名</td><td></td><td>活 动 组
委员人数</td><td></td></tr>
<tr><td colspan="2">考 核 内 容</td><td>分值</td><td colspan="2">评 分 说 明</td><td>考核得分</td></tr>
<tr><td rowspan="3">自身建设（20 分）</td><td>有年度工作计划</td><td>5 分</td><td colspan="2">本组有年度工作计划 3 分；有书面的年度工作总结 2 分</td><td></td></tr>
<tr><td>掌握委员基本情况台账记录及时规范</td><td>5 分</td><td colspan="2">熟悉本组委员基本情况 1 分；委员活动台账记录及时规范齐全 4 分</td><td></td></tr>
<tr><td>宣传政协工作</td><td>10 分</td><td colspan="2">本组委员在广水政协网站宣传政协工作上稿 10 篇 10 分</td><td></td></tr>
<tr><td rowspan="4">四百工程（45 分）</td><td>招引服务企业项目</td><td>15 分</td><td colspan="2">督促本组委员人均提供 1 条有价值的招引信息 5 分；联系服务对象不少于 2 家，定期服务帮办 5 分（以台帐记录为准）；独立引进一个 3000 万元以上可核实的项目 5 分</td><td></td></tr>
<tr><td>提交督办提案建议</td><td>10 分</td><td colspan="2">组织本组委员依据市政协提案征集要点开展提案调研活动，督促指导本组委员撰写提案 5 分；积极开展提案办理协商活动 5 分</td><td></td></tr>
<tr><td>征集报送文史资料</td><td>10 分</td><td colspan="2">按照市政协文史资料征集方案中规定，积极完成本组 5 篇文史资料任务 10 分（以学习与文史资料委员会统计为准）</td><td></td></tr>
<tr><td>收集反映社情民意</td><td>10 分</td><td colspan="2">督促本组委员人均收集反映 1 条社情民意信息 10 分（以团结联谊委员会统计为准）</td><td></td></tr>
<tr><td rowspan="3">经常性活动（25 分）</td><td>组织委员学习交流</td><td>4 分</td><td colspan="2">组织 4 次以上集中学习（每季不少于 1 次）4 分</td><td></td></tr>
<tr><td>走访联络</td><td>3 分</td><td colspan="2">对本处常委、委员走访联络不少于 6 次 3 分</td><td></td></tr>
<tr><td>视察调研</td><td>18 分</td><td colspan="2">组织不少于 2 次视察并及时向市政协办公室报送视察报告 8 分；开展不少于 1 次调研并及时向市政协办公室报送调研报告 10 分</td><td></td></tr>
<tr><td rowspan="2">工作创新（10 分）</td><td>界别协商</td><td>5 分</td><td colspan="2">探索与党政有关部门开展界别协商有成效 5 分（有会议记录）</td><td></td></tr>
<tr><td>公益活动</td><td>5 分</td><td colspan="2">在公益、慈善、联谊活动等方面有成绩 5 分（有相关材料）</td><td></td></tr>
<tr><td>考核等次</td><td></td><td>总得分</td><td colspan="3"></td></tr>
</table>

<table>
<tr><td colspan="9">本年度活动组工作总结</td></tr>
<tr><td>自我评价</td><td>满意</td><td></td><td>比较
满意</td><td></td><td>基本
满意</td><td></td><td>不满意</td><td></td></tr>
<tr><td>被考核活动组意见</td><td colspan="8">考核等级__________考核得分__________
活动组负责人签名：
年　月　日</td></tr>
<tr><td>市政协考核工作领导小组复核意见</td><td colspan="8">年　月　日</td></tr>
</table>

附表五

政协常委履职述职考核表

（2013年度）

<table>
<tr><td colspan="2">姓名</td><td colspan="2"></td><td>单位</td><td></td></tr>
<tr><td colspan="2">处组</td><td colspan="2"></td><td>界别</td><td></td></tr>
<tr><td colspan="2">目标</td><td>内容</td><td>分值</td><td>评分说明</td><td>得分</td></tr>
<tr><td rowspan="5">开展五个一活动（75分）</td><td>读一本好书</td><td></td><td>15分</td><td>有书目及读书笔记15分</td><td></td></tr>
<tr><td>招引服务一家企业项目</td><td></td><td>15分</td><td>提供一条有价值的招引信息5分；联系一家企业项目，帮助解决实际问题10分</td><td></td></tr>
<tr><td>提出一件提案建议</td><td></td><td>15分</td><td>第一提案人15分，联名提案人12分</td><td></td></tr>
<tr><td>收集一篇文史资料</td><td></td><td>15分</td><td>收集一篇符合要求的文史资料15分</td><td></td></tr>
<tr><td>反映一条社情民意</td><td></td><td>15分</td><td>反映一条社情民意15分</td><td></td></tr>
<tr><td rowspan="3">考勤（25分）</td><td>全委会</td><td>应参加 次，其中请假 次，缺席 次</td><td rowspan="3">25分</td><td rowspan="3">（1）参加全委会每迟到、早退1次扣2分，无故缺席1次小组讨论会议扣2分
（2）参加常委会每迟到、早退1次扣2分，无故缺席每次扣3分
（3）参加其他会议活动迟到、早退1次扣1分，无故缺席1次扣2分</td><td rowspan="3"></td></tr>
<tr><td>常委会</td><td>应参加 次，其中请假 次，缺席 次</td></tr>
<tr><td>其他</td><td>应参加 次，其中请假 次，缺席 次</td></tr>
<tr><td>加分因素（10分）</td><td>获得奖励</td><td></td><td>10分</td><td>2012年度工作获得广水市、随州市、省、国家级表彰的分别加5分、6分、8分、10分</td><td></td></tr>
<tr><td colspan="2">述职评议得分</td><td></td><td colspan="2">履职情况得分</td><td></td></tr>
<tr><td colspan="2">考核等次</td><td></td><td colspan="2">总得分</td><td></td></tr>
</table>

<table>
<tr><td colspan="9">本年度政协常委履职情况总结</td></tr>
<tr><td>自我评价</td><td>优秀</td><td></td><td>称职</td><td></td><td>基本称职</td><td></td><td>不称职</td><td></td></tr>
<tr><td>被考核常委意见</td><td colspan="8">考核等级_____考核得分______
签　名：
年　月　日</td></tr>
<tr><td>市政协考核工作领导小组复核意见</td><td colspan="8">年　月　日</td></tr>
</table>

附表六

政协常委述职测评表

（2013 年度）

处（组）名称：　　　　　　　　　　　　　　　　时间：2013 年 11 月

<table>
<tr><td rowspan="2">姓名</td><td colspan="4">评议内容</td><td rowspan="2">得分</td></tr>
<tr><td>示范带动作用（20 分）</td><td>完成四百工程任务（40 分）</td><td>参加经常性活动（20 分）</td><td>联系走访委员（20 分）</td></tr>
<tr><td></td><td></td><td></td><td></td><td></td><td></td></tr>
<tr><td></td><td></td><td></td><td></td><td></td><td></td></tr>
<tr><td></td><td></td><td></td><td></td><td></td><td></td></tr>
<tr><td></td><td></td><td></td><td></td><td></td><td></td></tr>
<tr><td></td><td></td><td></td><td></td><td></td><td></td></tr>
</table>

关于政协委员学习社会主义协商民主理论测试情况的通报

广协办文〔2013〕1号

各专委会、乡镇政协联络处、委员活动组：

7月30日上午，市委中心组召开集中学习（扩大）会，专题学习社会主义协商民主理论。省政协副秘书长、政策研究室主任熊维明作了题为《贯彻落实党的十八大精神 发展社会主义协商民主》的辅导报告，七届政协全体委员参加了学习。为保证学习效果，市政协办公室专门将相关协商民主理论汇编成册并连同学习测试卷一起印发给参会人员。现将测试情况通报如下：

一、学习成绩与特点

1. 参学积极性高。281名政协委员除8名有特殊情况经批准请假、1人调走外，其余全部到会参加了学习。会上及会后以活动组为单位下发测试卷272份，截止8月31日，收回252份，回收率93%。

2. 学习成绩好。试卷回收后，工作人员认真评卷打分，测试及格率为100%，最高分为满分，最低分为60分。其中：100分的有23人，90分以上的有176人，80分以上的有32人，70分以上的有20人，60分以上的有1人。

二、存在的问题和希望

从测评效果来看，广大政协委员初步掌握了社会主义协商民主理论知识，达到了预期效果。但也存在一些问题：一是少数委员学习态度不端正，对测试认识不明确，出现请别人填卷、敷衍应付现象；二是有个别活动组和委员对测试不够重视，在工作人员多次电话催促的情况下，至今仍未交卷，影响了此次理论学习的整体效果。总体到会、交卷和测试情况乡镇联络处好于市直活动组。

为打造学习型政协组织，提升委员履职能力，新一届市政协委员会建立健全了委员学习长效机制，委员每次学习记入了《政协委员履职档案》，作为对委员综合考评的重要依据。希望广大政协委员以此次理论学习为起点，切实加强协商民主理论与实践的研究探索，主动开展多形式实践创新，锤炼履职内功，凝聚发展共识，建睿智之言、献务实之策，形成推动我市协商民主发展合力，汇集加快建成小康广水的正能量。

附一：各处、组社会主义协商民主理论测试交卷情况统计

附二：各处、组社会主义协商民主理论测试成绩通报

市政协办公室

2013 年 9 月 2 日

附一

各处、组社会主义协商民主理论测试交卷情况

党群活动组

应交：20 份　实交：19 份（请假 1 人）

工商联活动组

应交：18 份　实交：11 份　未交：5 人（请假 2 人）

社科、科技活动组

应交：23 份　实交：20 份　未交：1 人（请假 2 人）

经济活动组

应交：19 份　实交：15 份　未交 :3 人（请假 1 人）

农业活动组

应交：12 份　实交：12 份

文教卫体活动组

应交：19 份　实交：19 份

社保、民宗活动组

应交：19 份　实交：18 份（请假 1 人）

应办联络处

应交：15 份　实交：12 份　未交：3 人

广办联络处

应交：24 份　实交：24 份

十里联络处

应交：7 份　实交：7 份

武胜关联络处

应交：12 份　实交：12 份

杨寨联络处

应交：7份　实交：　7 份

城郊联络处

应交：8份　实交：　8 份

长岭联络处

应交：8份　实交：　8 份

马坪联络处

应交：7份　实交：　6 份　（调走1人）

李店联络处

应交：7份　实交：　7 份

太平联络处

应交：5份　实交：　5 份

陈巷联络处

应交：7份　实交：　7 份

骆店联络处

应交：5份　实交　：　5份

余店联络处

应交：6 份　实交：6 份

关庙联络处

应交：6 份　实交：6 份

蔡河联络处

应交：7 份　实交：7 份

郝店联络处

应交：6 份　实交：6 份

吴店联络处

应交：5 份　实交：5 份

附二

各处组社会主义协商民主理论测试成绩统计表

单位	姓 名	分 数	姓 名	分 数
党群	熊红莲	97	余 华	98
	李 敏	86	石祖斌	99
	秦 玲	94	李晓玲	100
	张国树	100	熊 玲	100
	李媛媛	96	牛 雨	96
	张大高	98	何 成	92
	刘 坚	请假	黄旭玲	97.5
	严茂松	99	李 卫	82
	易晓辉	96.5	刘 焕	96
	李 琳	92	张国强	75
工商联	刘诗银	100	段其寿	95
	闵大红	95	冯先春	95
	李 波	未交卷	杨 林	未交卷
	李勇刚	未交卷	徐光权	未交卷
	王明礼	98	刘泽卫	98
	吴罗生	请假	闵 欢	86
	吴晓霞	未交卷	杨维忠	95
	易心元	91	孙元发	98
	徐世和	请假	夏华清	97
社科科技	金 希	98.5	廖建林	89
	孙阳春	91	熊海东	87
	张忠海	90	闵文杰	97
	陈 均	89	程癸菱	87
	王伯安	未交卷	华运鹏	84
	李大亮	97	严翠萍	95

单位	姓 名	分 数	姓 名	分 数
社科科技	朱 琼	95	刘 咏	90
	陈 敏	87	张 斌	请假
	张慧玲	93	彭秀珍	请假
	刘心田	94	吴庭煦	96
	王 琴	96	李 凌	93
	何建中	98		
经济	何 琴	99.5	刘 鹏	96
	李全国	98	刘全文	96
	郑爱书	99	刘德群	96
	杨 华	97	张四林	92
	沈宝栋	97	王阿娜	94
	王文俊	70	李 辉	89
	张大红	94	刘章贵	请假
	张保华	未交卷	向惟勇	未交卷
	刘平禄	96	龙 广	未交卷
	叶 珍	100		
农业	黄 锋	87	余巧珍	90
	唐建军	91	苏国平	76
	熊文浩	84	余昌金	93
	伍卫中	99.5	陈文杰	99
	孙俊华	91	刘菊梅	91.5
	余阳萍	100	余亮生	93
文教卫体	徐德峰	85	吴瑶成	98
	刘先钊	98	徐兆意	92
	闵奉林	92	徐书玲	97

单位	姓 名	分 数	姓 名	分 数
文教卫体	高群香	95	付志安	96
	左继东	97	曹意春	97
	熊朝辉	94	杨 超	97
	熊 雄	85	蔡慧莲	97
	刘亚妮	98	曹伯平	91
	熊复名	96	郑传明	97
	张家金	98		
社保民宗	程全国	91	陈亚民	98
	叶由军	88	夏 刚	87
	李新平	97	叶国安	请假
	熊敬桥	96	李新国	97
	袁春丽	94	韩家彬	97
	汤永红	72	余波林	96
	张志才	97	王向庭	96
	周 宝	97	方义林	74
	周晓火	90	释界文	93
	张孝贵	98		
应办	李远辉	78.5	熊忠华	未交卷
	闵向东	60	蔡立桂	未交卷
	柯慧云	100	庄人鸿	97
	易良德	85	裴东兵	89
	代立红	未交卷	刘容岑	100
	吴宜秀	99.5	韩楚强	100
	王 虎	96	王 伟	97
	吴静波	97		

单位	姓 名	分 数	姓 名	分 数
广办	刘汉东	97	刘小平	98
	张孝生	77	吴建明	92
	邱先晋	97	蔡 洁	89
	李 芸	97	李安定	96
	朱光顺	99	胡 洋	98
	赵淑英	95	沈云英	97
	陈朝晖	100	彭立坤	94
	柯光惠	77	吴国权	99
	彭 良	86	程 军	95
	何 丽	98	卢永强	97
	丁继玲	82	胡秀红	96
	付光东	96	梅其永	97
十里	黄 宪	92	刘绍平	100
	梁瑞明	99.5	魏以钊	100
	魏发超	89	连九玲	94
	蔡诗改	76		
武胜关	胡远宝	85	余 川	89
	张臣心	95	马国文	99
	付 胜	92	程亮元	98
	付国成	100	彭会会	95
	秦晓玲	86	黄亚萍	93
	张一君	97	陈 三	98
杨寨	朱凤菊	98	陈 珍	98
	杨文东	98	陈 锋	95
	卢汉良	98	吴军林	97

单位	姓 名	分 数	姓 名	分 数
杨寨	邓海鸿	97		
城郊	刘明清	76	李国慎	75
	张　勇	97	张海涛	79
	刘家翠	97	黄启峰	78
	程艳国	78	熊庆全	96
长岭	彭　桥	100	胡明翠	100
	宋艳萍	100	杨松青	97
	陈希强	90	李响声	79
	沈顺钧	80	何　辉	89
马坪	周春梅	调走	王　红	99
	李　介	99	李胜勇	98
	杨爱平	98	张其务	97
	聂文元	98		
李店	李竹青	98	卢宏权	97
	李山青	97	左孝鸿	74
	潘建英	98	龙春华	98
	卢爱民	86		
太平	王子寒	99	李亚峰	95
	万俊媛	93	梅思清	97
	戈建成	85		
陈巷	陈家保	96	陈　娇	99
	章国强	99	陈　斌	99
	王冬梅	99	杨俊林	98
	付大国	100		
骆店	冯章辉	97.5	郑家清	98

单位	姓 名	分 数	姓 名	分 数
骆店	左世贵	99	李祖亮	99
	徐以国	99		
余店	杜鸿雁	98	严春才	98
	王寿行	100	余育菊	98
	程开宇	89	李 琳	97
关庙	刘明勇	75.5	杨从武	80.5
	张 玲	94	吕忠仙	73.5
	孙成斌	73	朱大银	82.5
蔡河	应传明	98	汪心平	100
	曾 毛	100	郝小华	100
	孟 久	100	蔡诗国	100
	梅思军	90		
郝店	匡光全	98	黄 俊	93
	冷利堂	92	代国友	99
	邓亮艳	97	王 勇	99
吴店	杨纯权	99	胡艳菊	99.5
	刘 鹏	98.5	杨保菊	76
	蔡诗宏	94		

市政协七届十一次主席会议
关于给予徐世和警告处分的决定

广协发〔2013〕1号

徐世和（工商联界），男，现年50岁，汉族，广水市人，大专学历，1986年参加工作，非党。广东广博利包装有限公司总经理。一年来仅参加了市政协七届一次全会，没有参加市政协工商联活动组的任何活动，年度履职考核也没有参加，根据《政协章程》第二十九条之规定，经市政协七届十一次主席会议研究，决定给予徐世和警告处分，报市政协七届常委会备案。

政协广水市委员会

2013年1月10日

关于免去黄国安广水市政协委员职务的决定

广协发 [2013] 2 号

（2013 年 1 月 10 日政协广水市第七届委员会常务委员会第 5 次会议表决通过）

根据政协章程的有关规定，经政协广水市第七届委员会常务委员会第 5 次会议表决，决定免去黄国安第七届市政协委员职务。

政协广水市委员会

2013 年 1 月 10 日

中国人民政治协商会议
广水市第七届委员会第二次会议政治决议

广协发〔2013〕3号
(2013年1月17 日政协广水市第七届委员会第二次会议通过)

中国人民政治协商会议广水市第七届委员会第二次会议，于2013年1月15日至17日隆重召开。

会议听取和审议了傅本华副主席所作的常委会工作报告和梅思卫副主席所作的提案工作报告。会议听取并赞同黄继军同志所作的政府工作报告，赞同市人民法院工作报告、市人民检察院工作报告以及计划、财政工作报告。

会议期间，中共广水市委书记吴超明同志到会作了重要讲话，市委、市政府领导分别参加小组讨论，与政协委员交换意见、共商广水发展大计，充分体现了市委、市政府对政协工作的重视。会议还对2012年度先进政协组织、优秀政协委员、先进政协工作者和优秀提案进行了表彰。全体委员本着对人民高度负责的精神，积极围绕广水经济社会发展中的重大问题议政建言。会议开得热烈隆重，富有成效，是一次团结、民主、务实、奋进的大会。

会议审议并同意傅本华副主席所作的常委会工作报告，认为报告内容翔实，实事求是。过去的一年，市政协在市委的坚强领导下，高举团结民主大旗，紧紧围绕市委七届一次党代会确立的发展目标，充分发挥政协委员主体作用，着力实施以“招引服务100个项目、支持带动100人创业就业、撰写督办100件提案建议、收集编发100条社情民意信息和文史资料”为主要内容的“四百工程”，全面完成了市政协七届一次会议确定的工作任务，为全市应对经济下行压力、抗御特大持续干旱、实现跨越发展作出了积极贡献。会议同意政协常委会提出的2013年工作的总体要求和主要任务。市政协常委会要在新的一年里，以党的十八大精神为指导，紧紧瞄准市委重大决策部署和全面建成小康广水目标，着力加强思想政治、“四百工程”、协商民主、政协队伍四个建设，不断推进政协工作科学发展、创新发展，为促使广水经济社会新一轮大跨越做出更大成绩。这一思路紧贴时代精神，符合广水实际，重点突出，切实可行。要求常委会认真组织实施，确保年度目标圆满完成。

会议审议并同意梅思卫副主席所作的提案工作报告。会议认为，过去的一年，市政协坚持“围绕中心、服务大局、提高质量、讲求实效”的提案工作方针，充分发挥团队作用、拓宽征集渠道、创新督办方式，提案办理效果明显，提案工作质量和水平有了新的提高，社会各界给予了较好的评价。会议要求，新的一年，政协组织要把人民群众最关心、最直接、最现实的利益问题作为提案工作的出发点和落脚点，以提高提案质量为基础，以增强办理实效为目标，以提高服务水平为手段，以完善工作机制为保障，进一步加大提案办理工作力度，改进工作措施，创新工作方法，致力将委员的好建议转化为政府及部门的决策和措施，更好地发挥提案工作在履行政协职能中的重要作用。

会议强调，新的一年，是我市深入贯彻落实党的十八大精神、全面建成小康社会、加快建设县域经济强市的关键之年。市政协要以党的十八大精神为指导，始终高举团结民主大旗，坚持以科学发展观统领政协工作，充分发挥委员主体作用，继续实施“四百工程”，围绕市委政府全面建成小康社会总目标，牢牢把握“竞进提质、跨越赶超”总要求，突出“打造中国风机名城、建设县域经济强市”总任务，认真开展专题调研、协商和视察等履职活动，为推进我市新型工业化、城镇化和农业现代化“三大进程”以及“两圈一区”建设战略的实施，为提升广水经济综合实力、社会文明程度、人民幸福指数，开创科学发展新局面而努力奋斗。

会议号召，参加人民政协的各人民团体和各族各界人士，要高举中国特色社会主义伟大旗帜，在中共广水市委的领导下，团结一切可以团结的力量，调动一切积极因素，求真务实，开拓创新，为广水经济社会发展营造出万众一心谋发展的良好环境，为加快建成小康广水作出新的更大贡献！

广水市政协委员管理规定

广协发〔2013〕4号
（2013年2月28日市政协七届六次常委会议修定）

政协委员是人民政协工作的主体，委员积极参加政协的各项活动，是政协组织有效履行职能的前提和基础。为进一步增强委员履行职责的使命感和责任感，调动委员参加政协活动的积极性，发挥委员在政协工作中的主体作用，根据《中国人民政治协商会议章程》（以下简称《章程》）和有关文件精神，结合我市政协工作实际，制定本规定。

第一条 根据《章程》规定，每届市政协委员名额和人选，经上届市政协主席会议审议同意后，由常务委员会协商决定。每届任期内，如有必要增加或变更委员名额和人选，经本届市政协主席会议审议同意后，由常务委员会协商决定。

第二条 市政协委员有遵守和履行《章程》及市政协全体会议和常务委员会决议的义务。在本会会议上有表决权、选举权和被选举权；有对本会工作提出批评和建议的权利。有通过本会会议和组织充分发表各种意见、参加讨论我市重大事务的权利，有对党政机关及其工作人员的工作提出建议和批评的权利，以及对违纪违法行为检举揭发、参与调查和检查的权利。有声明退出本会的自由。

第三条 市政协应切实保障委员履行职责的正当权益。委员因履行职责而受到阻挠、打击报复或遭受其他损失的，市政协应协同有关部门依法予以查处，并依法追究有关部门和责任人的责任。纪检监察和司法机关在对政协委员采取刑拘、逮捕、“双规”等措施前，要向政协党组通报情况；情况紧急的，可同时或事后及时通报。

第四条 市政协办公室、各专委会和各活动组（联络处）应认真安排和组织有关会议、活动，充分调动委员履行职责的积极性。委员应积极参加政协组织的会议、视察、参观和调查，每年至少提出一件提案，反映一条社情民意，参加一次调研视察活动。

第五条 委员、常委应认真履行职责，按时参加有关会议和活动。因故不能出席会议或参加活动时，应按以下程序和方式请假。全体会议，以书面形式向大会秘书长请假；常委会议，以书面或电话形式向市政协秘书长请假；办公室、专委会及联络处（活动组）开展活动时，以书面或电话形式分别向办公室、专委会、联络处（活动组）负责人请假。

第六条 市政协机关要加强对委员履行职责情况的服务和考勤考核工作。

（1）市政协委员工作委员会负责委员的日常管理工作，建立健全委员基本资料档案。

（2）市政协机关要努力提高为委员服务的意识和质量，科学安排组织各种会议、调研和视察等活动。召开全体委员会议一般要提前 1 周、其他活动一般要提前 3 天给委员发出通知，以便委员安排好本职工作，及时参加政协会议和活动。

（3）要对政协委员每年出席会议、参加活动情况进行统计。主要内容包括：委员出席全体委员会议、常务委员出席常务委员会会议的情况；委员参加调研、视察、专题协商会、学习报告会等议政活动的情况；委员参加专委会、联络处（活动组）活动的情况；委员提交提案和反映社情民意的情况等。

（4）市政协机关要将委员考勤考核结果每年进行一次书面通报，同时抄送市委组织部和市委统战部，作为委员表彰和届中调整、换届去留的重要依据。

第七条 委员要自觉遵纪守法，在认真做好本职工作的基础上，积极参与社会公益活动。对违法乱纪或严重违反政协章程，以及违反市政协全体会议或常务委员会会议决议，造成不良影响的委员，依据政协章程第 29

条规定，视其情节，由市政协常务委员会会议讨论决定，给予警告或撤销政协委员资格的处分。

第八条 委员的工作单位、职务、通讯地址及联系电话等情况发生变动时，应及时告知市政协办公室。

第九条 委员有下列情况之一的，应主动向市政协常委会辞去委员职务：因工作调动离开本行政区域，不能正常参加政协会议和活动的；因工作单位或职务变动，失去代表性的；已办理退休手续的；因身体健康原因长期无法履行政协委员职责的；其他情况需要辞去委员职务的。

第十条 届内政协委员有如下情况之一的，视为自动放弃委员资格，政协常委会议协商通过，并报市委组织部、市委统战部备案。

（1）无故缺席全体委员会议 1 次；

（2）因事请假连续 2 次缺席全体委员会议；

（3）连续 3 次无故不参加政协组织的调研、视察等活动。

（4）连续 2 年没有提出政协提案或反映社情民意。

第十一条 本规定由市政协常委会审议通过后实施，由市政协办公室负责解释。

关于进一步改进工作作风、密切联系群众的规定

广协发〔2013〕5号

根据中央和省、市委的有关精神，现就广水市政协改进工作作风、密切联系政协委员和人民群众，提高政协工作实效，作出如下规定：

一、改进调研视察

1. 政协主席会议成员到基层调研视察，要明确主题，增强目的性，多到困难集中、情况复杂的地方去，多到基层单位和界别群众中间去，要察实情、看现场，听原话、听实话，力求准确、全面、深入，防止走马观花、浮光掠影。

2. 视察时做到轻车简从、集中前往，不扰民，不用警车开道，不悬挂标语横幅，不搞超标准接待，不接受礼品；下基层不搞层层陪同，所到单位陪同人员不超过 3 人，调研随行人员限 2 人。

3. 推进主席会议成员下基层常态化，每年到基层调研不少于 60 天，结合市政协“四百工程”目标，完成市委“一驻四挂”和“三万”活动工作任务。

二、改进会风

1. 严格会议活动审批程序。除政协章程规定的例会外，由市政协组织召开的重要会议、举办的重要活动须报市委批准；由市政协办公室和专门委员会举办的会议和活动须报市政协党组审核批准。未经市政协党组批准，主席会议成员一律不出席各类剪彩、奠基、颁奖、揭幕活动和庆祝会、纪念会、研讨会、联谊会及各类论坛等。

2. 提高会议实效。能提供材料的，尽量不开会，必须开会的，尽量开

短会、讲短话、讲真话；除市政协全体会议、常委会议和学习会外，以市政协名义召开的会议一般不超过1天，有关专项性会议一般不超过1小时，特殊情况不超过2小时。市政协领导作常委会工作报告不超过45分钟，重要会议讲话不超过30分钟，一般会议讲话不超过15分钟；召开座谈会、征求意见会和领导调研等活动，不预先定调，精简流程，不超过半天时间，事前不起草领导讲话稿。

三、转变文风

1. 少发文。凡国家法律法规、政协章程、市委文件已作出明确规定的，一律不再制发文件。没有实质内容、可发可不发的文件，一律不发。简报原则上不发，确需要发的，要真实准确、简明扼要，重点反映重要动态、经验、问题和工作意见等内容，减少一般性工作情况总结汇报。领导讲话和工作动态通过政协网站对外发布。

2. 发短文。文件要严格控制篇幅，做到文风朴实、文字精炼，指导性、操作性强。市政协文件一般不超过3500字。专题调研、视察、民主评议报告和建议案等一般不超过5000字。提案一般不超过3000字，社情民意信息一般不超过1500字。

四、加强与社会各界联系

1. 市政协领导定期走访各人民团体、工商联人士，主动同党外同志多交朋友、多接触，谈心交心，虚心听取意见和建议。

2. 主席会议成员每年每人至少参加2次界别组活动，主动带领界别委员深入基层、深入群众，倾听各界呼声和诉求。

3. 坚持接待委员来访、走访委员及委员单位，加强与委员的互动交流，为委员履职创造条件。

五、厉行勤俭节约

1. 严格控制会议活动经费，严禁提高会议用餐、住宿标准，严禁组织消费性质的娱乐、健身活动，严禁以任何名义发放纪念品。会议活动现场布置要简朴，除政协全体会议、常委会议等重要会议活动外，一般性工作会议一律不摆放花草、水果、香烟和发放礼品，同城不安排吃请，中午一律不得饮酒。政协机关今年的招待费用要比去年下降 10% 以上。

2. 政协日常工作要合理使用办公用品，减少浪费；不超标配备车辆；节假日不得滥发津贴、奖金、实物，严禁用公款大吃大喝。

政协广水市委员会

2013 年 2 月 28 日

广水市改革开放以来主要事件文史资料
征 集 方 案

广协发〔2013〕6号

各专委会、乡镇政协联络处、委员活动组：

市政协党组决定，从2013年开始启动改革开放以来主要事件文史资料征集工作。现将《广水市改革开放以来主要事件文史资料征集方案》予以印发，望认真组织，贯彻落实。

政协广水市委员会

2013年2月28日

广水市改革开放以来主要事件文史资料
征 集 方 案

为充分发挥文史资料“存史、资政、团结、育人”的作用，增强为大局服务、为广水中心工作服务的功能，市政协党组决定，从2013年开始启动改革开放以来主要事件文史资料征集工作。其方案如下：

一、指导思想

组织开展改革开放以来文史资料征集活动，旨在回顾党的十一届三中全会以来，在中国共产党的领导下，广水市经济社会发展的光辉历程和取得的辉煌成就，总结历史经验教训，以史为鉴，发挥文史资料的社会功能，为建设社会主义核心价值体系和推动社会主义文化大发展大繁荣服务，为全面建成小康社会、构建和谐广水服务。

二、征稿要求

按照“三亲”（即亲身经历、亲眼所见、亲耳所闻）原则，广泛征集具有史料价值、教育意义和借鉴作用的史实。

1. 内容和体裁：稿件要求以记录性图片和叙述性、回忆性、描写性文章为主，从不同角度，不同侧面展现广水市改革开放以来的政治、经济、城乡建设、科技教育、文化艺术、医疗卫生体育以及社会事业等方面的突出业绩、主要事件、代表人物、典型事迹。内容要具有史料性、思想性、知识性、可读性。记述史实要以反映重大事件过程为主，坚持功过是非分明，做到客观公正，不溢美、不贬损，秉笔直书，不拘观点、不扣帽子。（选题附后）

2. 征稿方法：一是记述本人亲身经历、亲眼所见、亲耳所闻的回忆录；二是向历史见证人、亲身经历者调查访问的记录；三是个人或集体通过向历史见证人、亲身经历者调查访问整理的对某一人物或事件比较完整的资料；四是根据本人的经历与学识对各种文献资料或别人撰写的资料作考证、订正或补充；五是收集有史料价值的函电、日记和图书、影像资料等。对于无法书写文史资料的离退休老同志，可由本人口述，指派专人记述整理。文史稿件中的人物、事件、时间、地点要具体。所有稿件，均应标明其来历。

3. 征稿对象：全体政协委员、各级政协组织，离退休老同志、广水籍在外工作的老乡和曾在广水工作的人士、专兼职档案员、曾参与编志出书的人员、老教师和爱好文史资料工作以及熟悉广水情况的社会各界人士。

4. 征稿任务：2013 年每名政协委员完成 1 篇，每个乡镇政协联络处、活动组完成5篇，其中自选题3篇，从后面选题中完成2篇。自选题长短不限，后面的附选题每篇文章要在 3000 字以上。收集、整理的文史稿件中的事要确确实实、人要实实在在、物要原原本本，用于佐证亲历、亲见、亲闻的资料必须真实可靠。凡被采用的文史稿件，按照国家有关规定给予一定的稿酬。

三、组织领导

1. 征稿领导小组。市政协成立以政协副主席傅本华为组长，秘书长汪维浩为副组长，副秘书长、学习文史委主任张家金为成员的改革开放以来文史资料征集活动领导小组，日常工作由张家金负责，今年主要任务是组织收集文史资料。

2. 编辑工作专班。待征稿齐全后，成立编辑委员会，从政协委员、离退休老同志、曾参与编史志的人员和热爱文史工作的各界人士中抽选3至5名同志组成编辑专班，负责文史资料编辑工作。

来稿请寄：市政协学习与文史委员会

电子邮箱：gszx6232330@163.com.

电　　话：6232330

联 系 人：张家金

附：

广水市改革开放以来重要史料参考选题

1.1979年平反冤假错案、“地富反坏右”摘帽的过程。

2. 广水开展真理标准讨论、学习贯彻《历史决议》的经过。

3. 取消城镇供应粮油的经过。

4.1984年“8.18”严厉打击刑事犯罪行动。

5. 推行家庭联产承包责任制。

6.1977年高考制度的恢复。

7. 广水师范的恢复与撤销。

8. 国有企业产权制度改革及商贸事业单位职能转换。

9. 撤县建市（广水市的建立）的回顾。

10.1986 年劳动体制改革、“接班制”终结。

11. 推广杂交稻种植，粮食产量大幅提高。

12. 农资供销方式的变迁。

13.1988 年李先念为“应山革命烈士纪念碑”题字过程。

14.1980 年至 2010 年开展四次人口普查情况。

15.“三提五统”、村级提留及“村级债务”的形成与化解。

16.《广水日报社》兴办与撤销。

17. 农村“普九”教育和民办教师制度的变迁。

18. 广水创新“两票制”村级选举。

19. 村级公路建设的回顾。

20. 现代楚剧《虎将军》的创作和汇演成果回顾。

21. 广水农村各类专业经营户的兴起。

22.1994-1998 年住房制度改革。

23.18 家农村合作基金会的兴与衰。

24. 广水卷烟厂与武烟集团重组。

25. 市级及乡镇行政体制改革的回顾。

26.2004 年村级合并改革。

27. 麻竹高速广水段的建设经历。

28. 广水外出“打工族”和农民工的兴起与作用。

29. 广水开发区、工业园区、冶金工业园的发展经过。

30. 广水风机产业的发展历程。

31. 广水抗旱救灾的历程与 7•17 洪灾。

32. 全国主要劳动模范的事迹介绍。
33. 全国双拥模范城、科技县市、诗词、楹联、书法之乡等各类创建活动的经过。
34. 社会保障制度的实施与初步确立（医保、新农合、养老保险、老年农民补贴等）。
35. 广水工新街回族居民的变迁。
36. 广水火车站搬迁。
37. 主要招商引资企业项目落户的经过。
38. 几次封山育林、绿化荒山的回顾。
39. 我市实现电力村村通。
40. 财政收入的变化。
41. 应山城区居住小区兴建发展经过。
42. 主要市政工程建设的回顾。
43. 应山、广水城区自来水建设历史回顾。
44. 农村“安全饮水工程”实施经过。
45. 特教孤儿学校的兴建。
46. 养老福利院的建设与发展。

市政协常委会 2013 年工作要点

广协发〔2013〕7 号
（2013 年 2 月 28 日市政协七届六次常委会议通过）

2013 年市政协以党的十八大精神为指导，紧紧围绕市委重大决策部署和全面建成小康广水目标，牢牢把握团结和民主两大主题，切实履行政治协商、民主监督、参政议政三项职能，着力加强思想政治、协商民主、“四百工程”、政协队伍四个建设，不断推进政协工作科学发展、创新发展，为促使广水经济社会新一轮大跨越做出更大成绩。

一、推进协商民主，服务中心大局

1. 深入调查研究。精心挑选熟悉课题的委员和专业人士参与，组成精干的调研队伍，就水源地保护、社会化养老问题开展专题调研。各联络处、活动组、专委会也要结合自身实际，围绕协商民主制度建设、教育资源均衡化、城区停车场和公厕建设、居民小区物业管理、城乡一体化、乡村清洁工程、乡医接诊积极性、山林资源和古村落保护、农村危房改造、旅游文化、特色文化、产业文化等问题选取 1-2 个课题调研，打造调研精品，及时向市政协办公室和党委政府报送调查报告，向党委政府建实言、立高论。

2. 主动议政建言。围绕年度市政工程、大别山经济试验区建设、经济运行、政府 10 件实事、提案办理等问题，开展专题协商，向党委政府建言献策。每次协商要确定一个主题，会前组织视察调研，按界别确定中心发言人，会中听取情况通报，会后形成书面建议，增强协商议政实效。各联络处也要在调研基础上，与当地党委政府进行专题协商；各活动组、专委会要积极探索同政府部门界别协商、对口协商的程序、内容和方式，组织部分团体界别，着重围绕行政服务中心“三集中三到位”、金融服务环境、护城河治理、农业科技推广、宗教规范化管理等问题进行调研，拿出意见建议，同党政有关部门协商，促使工作改进，问题解决。

3．开展专题视察。组织委员对护城河改造、社会化集中养老、风机企业上市、林业资源保护、工业园区项目落户、宗教活动管理、十马线工程、一医院综合改革、城市公厕建管、教育资源整合、旅游景区创建、放心粮油店建设、物业管理和棚户区改造等方面进行专题视察。各联络处、活动组要组织2次以上视察活动，及时向政协办公室报送视察报告。

4．加强民主监督。建立派驻民主监督员制度，制定工作方案，抽调作风过硬的委员，分成若干个民主监督小组、每组3–5名委员、指定1名组长，分别派驻到经济服务部门担任民主监督员，围绕优化发展环境，开展经常性监督活动，组长要定期向常委会或主席会议汇报工作。同时，主动选派委员参与市纪委、法院、检察院等单位组织的政风行风评议、执法监督等活动。

二、落实四百工程，助推科学发展

继续实施以“招引服务百家企业项目、提交督办百件提案建议、征集编发百篇文史资料、收集反映百条社情民意”为履职目标和内容的“四百工程”。在全体委员中开展“五个一”活动，即提供一条招商信息、联系一个企业项目、提出一件提案建议、收集一篇文史资料、反映一条社情民意。

5．招引服务企业，重点要注重实效。全市政协组织和委员提供招引信息要达到百条以上，鼓励各联络处、活动组独立引进一个3000万元以上的项目。招引信息数量要与促进项目落户数量同步增加，促使招商项目早落户、落户项目早开工、开工项目早竣工、竣工项目早见效。完善联络处、活动组与企业建立联系点制度，每个联络处、活动组要结合自身特点，自主选择服务对象2家以上。

6．撰写落实提案，重点要突出质量。探索提案办理协商制度，采取政协督办与政府督办相结合、领导督办与专班督办相结合、媒体督办与行政督办相结合的办法，重点组织好提案审查会、提案交办会、提案见面会、提案视察督办会、提案评议会，充分发挥政协委员和活动组的督办作用，努力提升提案落实率。

7. 征集文史资料，重点要突出主题。坚持实事求是原则，把握亲历、亲见、亲闻特色，各联络处、活动组要动员本组委员和各界人士围绕改革开放以来广水发生的重大历史事件，挖掘、抢救出一批原创版的珍贵史料，发挥存史、资政、团结、育人作用。

8. 反映社情民意，重点要关注民生。政协常委会和各专委会、活动组要着眼于重大民生难题，加强利益相关方沟通，协调解决合理诉求；各联络处要选择 1–2 个基础条件较好的村（社区），协助政府和社会组织，积极探索农村社会化养老、留守妇女儿童生活安置的新途径。

三、加强沟通协调，促进团结和谐

9. 加强政协组织的交流。主动争取省、随州市政协的工作指导，积极配合上级组织开展相关专题调研；加强与武汉城市圈、鄂豫皖大别山等县市区政协的工作交流；学习考察全国政协工作先进县市的经验。各联络处、活动组要采取多种形式横向交流，相互学习，取长补短，共同提高。

10. 加强委员之间的联系。完善走访制度，主席会议成员年度至少走访 2 次所联系的常委和各联络处、活动组负责人，常委和专委会负责人年度至少走访 1 次所在界别委员，委员要经常走访本界别人士；坚持约谈制度，主席会议成员与常委至少约谈 4 次；坚持联络制度，各联络处、活动组负责人对本组常委、委员至少联络 6 次。通过走访、约谈、联络等途径，了解其困难和问题，收集委员意见、建议，鼓励委员建功立业。各联络处、活动组要配合常委会做好相关调研、视察活动。

11. 加强各界人士的沟通。加强与港澳台同胞、海外侨胞和各地广水商会的联系，支持工商联、人民团体、各联络处、活动组以组织名义在政协全会上作大会发言，邀请民主党派成员、工商联会员和无党派人士参加政协的视察、调研、考察活动，经常通报情况、交流信息，凝聚力量、共谋发展。

四、注重自身建设，增添履职活力

12. 认真组织委员学习。全体委员一年集中培训一次，政协常委半年学习一次，委员活动小组每季学习一次，政协机关每周学习一次。坚持学以致用原则，重点学习十八大精神、协商民主理论，日常经济常识和调研视察、社情民意信息业务知识等方面的内容。各联络处、活动组要按要求拟定学习计划，拿出具体措施，务求取得实效。

13. 切实加强委员管理。发挥委员“三个作用”，修订委员管理规定，注重道德修养，强化组织纪律，畅通进出渠道，净化政协队伍。坚持公开公平公正原则，完善量化考核办法，硬化任务指标，实行分类考核，年终抽调委员参与考评，按照述职、评议、打分、汇总、归档等程序严格考核，杜绝人情分、关系分，强化公信力，考核结果作为委员评先表模的主要依据。

14. 注重基层组织建设。为了加强对委员的联系管理，促进各处组工作平衡开展，要合理设置处组，调整处组委员，在主席总揽全局、秘书长综合协调的前提下，完善副主席分管处组委，专委会对口指导处组制度。各处组委要建立健全组织架构、工作制度、办公设施、经费保障，经常进行研讨交流，不断提高履职能力；要健全委员经常性活动台账，作为年度考核的重要依据。

附一：市政协常委会 2013 年主要工作安排

附二：2013 年政协联络处和活动组履职活动参考选题

附一

市政协常委会2013年主要工作安排

时间	主要工作内容	承办单位	责任领导
第一季度	1. 组织学习十八大精神专题讲座	办公室	
	2. 拟定政协常委会工作要点	办公室	
	3. 开展主席、常委走访委员、联络处、活动组活动，掌握情况，指导工作	各专委会	主席会议全体成员
	4. 视察护城河改造与排污治理情况；风机企业上市进展情况	经济委	何　卫
	5. 视察全市福利院集中养老及社会化养老服务情况	团联委	胡亚明
	6. 拟定向经济服务主管部门派驻民主监督员实施办法	经济委	何　卫
	7. 召开七届六次常委会：听取市政府关于2013年度市政工程建设计划安排情况的通报；审议常委会2013年工作要点；通报委员学习十八大测试成绩；学习十八大以来习近平总书记的主要讲话精神	办公室科教文卫委学习文史委	傅本华
	8. 提案整理、审查、立案、交办	提案委	梅思卫
	9. 开展社会化养老专题调研	团联委	胡亚明
	10. 启动我市改革开放以来文史资料收集工作	学习文史委	傅本华
第二季度	1. 向经济服务主管部门派驻民主监督员	委员委	胡亚明
	2. 组织开展全市水源地保护专题调研	经济委 提案委	梅思卫
	3. 视察林业资源保护、封山育林情况	提案委	梅思卫
	4. 视察工业园区项目落户情况	经济委	何　卫
	5. 视察宗教活动开展与管理情况	团联委	胡亚明
	6. 召开七届七次常委会：听取市政府关于推进大别山经济试验区建设发展情况的通报；审议市政协调查组关于社会化养老调查报告；举办十八大关于协商民主制度建设的辅导讲座	办公室 学习文史委	傅本华
	7. 督促各联络处、活动组落实四百工程计划，推进各处组与各联络点的对接服务	各专委会	主席会议全体成员

时间	主要工作内容	承办单位	责任领导
第三季度	1. 视察一医院公立医院改革进展情况；教育资源调整、优化整合情况	科教文卫委	傅本华
	2. 视察城市公厕的建管情况；十马线改扩建工程项目建设情况	经济委	何　卫
	3. 视察4A旅游景区创建进展情况	提案委	梅思卫
	4. 召开联络处主任、活动组长工作会议；总结经验，交流工作，进一步推进四百工程的落实	委员委 经济委	胡亚明 何　卫
	5. 开展提案办理评议督办活动	提案委	梅思卫
	6. 召开七届八次常委会：听取市政府经济运行情况通报；审议市政协调查组关于全市水源地保护调查报告	办公室	傅本华
第四季度	1. 视察小区物业管理和棚户区改造情况；城区停车场建设情况	经济委	何　卫
	2. 视察“放心粮油店”工作进展情况	科教文卫委	傅本华
	3. 开展走访委员活动	各专委会	主席会议全体成员
	4. 开展年度量化考核活动	委员委	胡亚明
	5. 召开七届九次常委会：听取市政府《关于七届二次会议以来委员提案办理情况》和《市政府2013年10件实事落实情况》的通报；审议政协常委会工作报告和提案工作报告。通报年度考核结果；审议表彰名单；研究七届三次会议事宜	办公室 提案委 委员委	傅本华

附二

2013年政协联络处和活动组履职活动参考选题

一、经济发展方面

（一）工业类

1. 工业项目在落户建设过程中的梗阻原因及对策。
2. 风机企业上市过程中的问题及建议。
3. 如何引导造纸包装、建筑材料、医药化工、食品加工等传统产业转型升级。
4. 如何服务好风电、光电等新型能源产业发展。
5. 擦亮做强中国风机名城品牌的思考与建议。
6. 如何加快东三镇工业聚集区发展。
7. 市场化融资建设工业园区的实践与思考。
8. 工业节能降耗、减排治污的问题分析及建议。
9. 如何支持小微企业发展（小进规）。

（二）农业类

10. 壮大生猪、王鸽、食用菌、小龙虾等特色农业的建议。
11. 如何发展避灾农业、节水农业。
12. 高产农田整理存在的问题及建议。
13. 农产品品牌创建进展及问题分析。
14. 小型水利设施管护的问题及建议。
15. 土地规模化经营的调查与对策。
16. 农机具推广使用进展情况调查。

17. 农民专业合作社发展情况。

18. 农业科技推广情况。

19. 林业、水资源的保护和利用情况。

（三）其他类

20. 如何改善金融生态环境、破解中小企业融资难题。

21. 北三镇新农村试验区建设进展情况。

22. 大别山试验区建设进展情况。

23. 提高招商质效的对策建议。

24. 土地利用创新探讨。

25. 武胜关生态文化旅游试验区建设情况。

二、社会事业方面

（一）文化教育卫生类

26. 杨涟文化、四贤文化、连氏文化、詹王文化等地方特色文化的发掘情况。

27. 如何推进教育资源均衡化。

28. 怎样搞好古村落保护。

29. 基本药物制度实施后乡医接诊积极性问题。

（二）城乡基础设施类

30. 护城河改造与排污治理情况。

31. 全市城镇客运站场布点和发展情况。

32. 洁美家园建设实践经验及问题建议。

33. 小城镇规划编制和管控情况。

34. 农村安全饮水进村入户情况。

35. 城区公厕、停车场布点及建设情况。

36. 城区天燃气入户管网建设过程中的问题及对策。

37. 小区物业管理存在的问题及对策。

38. 农村危房改造现状及问题建议。

（三）其他类

39. 马坪、长岭镇村统筹试验区建设情况。

40. 徐家河、三潭、中华山景区打造进展情况。

41. 放心粮油工程实施情况。

42. 全市公益性岗位开发情况。

43. 低保、五保及特殊人群的社会救助情况。

44. 宗教规范化管理情况。

45. 各单位人才老化、断档问题的思考与建议。

46. 农村劳动力转移培训情况。

47. 发放小额担保贷款，扶持创业带动就业进展情况。

48. 风电建设区域的生态环境保护问题。

三、行政事业方面

49. 杨寨省级经济发达镇行政管理体制改革试点进展情况。

50. 行政审批事项及收费项目清理进展情况。

51. 全市会风文风改进、作风转变情况。

52. 行政服务中心“三集中三到位”情况。

广水市政协民主监督员管理暂行办法

广协发〔2013〕8号

为贯彻落实《中共广水市委关于加强人民政协工作的意见》（广发〔2011〕2号）精神，切实加强和规范民主监督员工作，充分发挥政协委员在民主政治建设中的作用，根据《中国人民政治协商会议章程》有关规定，结合我市政协工作实际，特制定本暂行管理办法。

第一条　民主监督员的界定及条件

本办法所称民主监督员，是指受本市政府组阁部门、执法行政机关及市法院、检察院等相关部门聘请，由市政协有组织、有计划地委派并履行民主监督职能的现任市政协委员。民主监督员须政治思想素质良好，工作责任心强，热爱民主监督工作，工作作风扎实，处事公正；参政议政能力较强，对所监督部门或单位的业务内容、相关法规有一定了解。

第二条　民主监督员的推荐产生

（一）市直有关部门聘请市政协委员担任民主监督员时，须事先向市政协办公室正式发函，提出聘任政协民主监督员申请，就聘请人数、条件、任职时间和主要工作内容提出书面要求。

（二）市政协办公室根据聘请单位的聘任要求，协商有关专委会提出人选，并征求委员个人意见，报请市政协主席会议研究同意，组成市政协民主监督小组，并统一颁发聘书，派至有关聘请单位。

（三）对市政协选派的民主监督员，由市政协办公室向受聘委员所在单位通报。委员所在单位应对民主监督员开展监督活动给予积极支持。

第三条　民主监督员的职责

（一）认真学习党的政治理论和路线方针政策，学习宪法、法律及相关政策规定，不断增强民主监督的责任感，提高民主监督的能力。

（二）民主监督员应积极主动参与聘请部门或单位组织的民主监督活动，并对该部门或单位贯彻执行国家法律法规和重大方针政策的情况、党风廉政建设情况、市委政府重大决策部署执行情况、人民群众反映的强烈问题整改情况等，通过建议和批评进行监督。

（三）坚持实事求是，深入实际，联系群众，全面、客观、准确地反映情况。

（四）积极支持和宣传聘请部门或单位的工作，及时向其反映有关人民群众关心的热点、难点问题，提出改进工作的意见和建议。

（五）主动与市政协办公室保持联系，定期反映民主监督情况；对被监督单位落实政协提案、建议和社情民意的情况进行监督。

第四条　聘请部门或单位的职责义务

（一）制定相应的工作、会议、活动、联系等有关制度，并确定一名领导班子成员，具体负责民主监督工作。

（二）充分尊重和支持民主监督员的工作，在工作计划安排、工作总结、重大决策时，应邀请监督员参加，保证民主监督员享有做好监督工作相应的知情权、调查权、建议权、批评权，并为其提供必要的工作条件，定期或不定期地组织民主监督员参与监督检查活动。

（三）对监督员提出的意见和建议，认真办理，及时整改并反馈。

（四）定期向市政协通报本单位民主监督工作情况和民主监督员个人参与民主监督情况，不断改进和加强监督工作。

第五条　民主监督员的服务管理

（一）市政协常委会负责组织领导开展民主监督工作，市政协委员工作委员会负责民主监督员的选聘、人事档案管理和联络工作，保持与聘请部门或单位的联系，做好协调、组织和服务工作。

（二）市政协各专门工作委员会应经常向民主监督员提供对有关被监督单位的批评意见和社情民意。

（三）将民主监督工作纳入市政协委员考核考评办法。建立民主监督员履职档案。每年年底，民主监督员要如实填报《民主监督员履职情况登记表》，记入委员履职档案，作为对市政协委员的重要考核依据。

（四）民主监督员要正确行使权利，依法、依纪、依章参与监督工作。对借机谋取私利和有严重违法、违纪、违章行为的，取消其民主监督员资格，并严格依规处理。

（五）民主监督员的任期，由市政协与聘请单位协商确定，一般不跨届。被选聘的政协委员，在任期内一般只受聘于一个部门或单位。

（六）本暂行管理办法由市政协办公室负责解释。

政协广水市委员会

2013 年 3 月 21 日

关于印发《广水市政协2013年度量化考核意见》的通知

广协发〔2013〕9号

各专委会、乡镇政协联络处、委员活动组及办公室：

《广水市政协2013年度量化考核意见》已于4月24日市政协七届十四次主席会议审议通过，现予以印发，望遵照执行。

政协广水市委员会

2013年4月26日

广水市政协2013年度量化考核意见

为了贯彻落实市政协七届二次会议和常委会工作要点提出的目标任务，充分激发政协组织、委员履行职责的积极性、主动性、创造性，特提出本考核意见。

一、政协委员考核内容

（一）“五个一活动”（50分）：

1. 提供一条招引信息（10分）：提供1条以上有价值的招引信息5分，每成功落户一家加5分。

2. 联系一家企业项目（10分）：联系1家以上企业项目5分，帮助解决2个以上实际问题5分。

3. 提交一件提案建议（10分）：提交1件以上提案的第一提案人5分、

联名提案人 3 分，落实效果好的提案第一提案人加 5 分。

4. 征集一篇文史资料（10 分）：征集 1 篇以上符合要求的原创版文史资料 5 分，每被选用 1 篇加 5 分。

5. 报送一条社情民意（10 分）：报送 1 条以上社情民意信息 5 分，每被市政协采用 1 条加 5 分。

（二）本职工作（20 分）：公职身份的委员年度工作被评为不称职 0 分、基本称职 15 分、称职 20 分、优秀 25 分，考虑到各单位考评滞后于政协年度考核，应以上一年度考评结果为依据，非公职身份的委员以本人对社会所作的贡献和社会评价为依据（考核办法另定，一般不超过 20 分，达到 25 分的不超过 12%）；委员被市、地、省、国家级表彰的，分别加 2、3、5、10 分，同时获得多个表彰的就高不就低。

（三）道德修养（20 分）：采取以联络处（活动组）委员互评打分的办法，分社会公德、职业道德、家庭美德、个人品德 4 个方面，总分不超过 20 分；获得市、地、省、国家级道德模范的，分别加 2、3、5、10 分。

（四）参加活动（10 分）：市政协、各联络处（活动组）组织的会议活动，以考勤签到为依据，每请假 1 次扣 1 分，无故缺席 1 次扣 2 分，本项扣完为止。

二、联络处、活动组考核内容

（一）自身建设（20 分）：年初有计划，年终有总结 2 分；掌握本联络处、活动组（以下简称处组）委员基本情况 2 分；活动台账记录及时规范 4 分；保障活动正常开展（联络处专项经费不低于 2 万元）2 分；本处组委员（不含政协机关）宣传政协工作，市级以上官方媒体（包括广水政协网）上稿 5 篇 10 分，每增加 1 篇加 2 分。

（二）四百工程（40 分）：

1. 招引服务企业项目（10 分）：本处组委员人均提供有价值的招引信息的条数乘以 5 即为招引得分；定期服务联系对象 6 次以上（每少 1 次扣 1 分），帮助解决实事 5 件以上 5 分；独立引进 1 个 3000 万元以上已落户项目加5分。

2. 提交督办提案建议（10分）：本处组委员人均提交提案的件数乘以5即为提交提案得分；督办本组委员提出提案的落实率乘以5即为督办提案得分。

3. 征集编发文史资料（10分）：本处组委员人均征集史料篇数乘以5即为征集史料得分；征集史料的采用率乘以5即为史料质量得分。

4. 收集反映社情民意（10分）：本处组委员人均报送信息的条数乘以5即为反映信息得分；反映信息的采用率乘以5即为信息质量得分；被市、地、省级领导批示每条另加2、3、5分。

（三）经常性活动（30分）：组织4次以上集中学习10分；组织2次以上视察并及时向政协办报送视察报告10分，开展1次以上调研并及时向政协办报送调查报告10分（不及时报送视察、调查报告的不得分）；视察、调查报告被市政协采用的每篇加5分，被党委政府采纳并实施的每篇加3分。

（四）活动创新（10分）：联络处探索社会化养老有效果5分，活动组帮助解决信访案件有成效5分；各处组在公益、慈善、联谊活动等方面有突出成绩5分。

三、“一办六委”考核内容

（一）办公室

1. 综合协调（20分）：正确处理办公室、专委会相互之间的关系，确保密切配合、通力协作5分；协助专委会搞好各类会议和活动5分；统筹常委会和政协机关工作，做到每月有安排5分；及时与党政部门加强联系和沟通，准时协调有关领导出席各类会议和活动5分。

2. 后勤保障（20分）：做好车辆管理、来客接待、财产水电管理、财务、值班安排、机关卫生、报刊征订等工作10分，做好机关老干、人事、计划生育、社会管理综合治理和“三万”等工作10分。

3. 精心办会（15分）：组织政协全会、常委会、主席会等会务工作，做到不出问题15分。

4. 照章办事(15分)：做好各项制度的制定、完善、督办和落实工作5分；制度有文件、有汇编5分；机关考勤每月一汇总、每季一公开、每年一评比5分。

5. 规范办文（15分）：做好机要档案、文电处理、公文印发、公文交换5分；搞好文件资料的收集、整理、借阅、保管5分；制发“广水政协”8期以上5分。

6. 开放办网（15分）：管理维护政协网站，不断提高社会各界的关注度5分；及时采用各类稿件5分；主动向各界人士(包括各处组、专委会负责人)约稿5分。

（二）专委会

1. 共性目标（90分）：

（1）四百工程（40分）：督导对口联系的处组提供招引信息20条以上5分，每个处组联系服务对象5家以上5分；指导对口联系的处组提高提案质量5分，督办提案20件以上5分；督促对口联系的处组征集符合要求的原创版文史资料20篇以上5分，被采用15篇以上5分；指导对口联系的处组报送社情民意信息20条以上5分，本专委会反映信息5条以上5分。

（2）经常性活动(30分)：参加机关集中学习20次以上5分；根据常委会工作要点安排的视察调研内容，结合自身特点，主动承担2次以上视察10分，接受、自主选择或同对口联系的处组合作调研1次以上10分；走访对口联系的处组委员10次以上5分。

（3）其它方面（20分）：选好配齐本专委会委员5分；对口组织或接待市政协与各级各地政协组织相互之间的各类活动5分；在广水政协网上稿10篇以上10分。

2. 个性目标（10分）

（1）提案委员会：负责“提交督办百件提案建议”的综合协调，搞好提案的审查、立案、交办 3 分，开展提案办理协商和优秀提案评选 4 分，完成年度提案工作报告 3 分。

（2）经济委员会：负责“招引服务百家企业项目”的综合协调，掌握招引信息和联系对象的动态和汇总 5 分，服务机关帮办企业 5 分。

（3）学习文史委员会：负责“征集编发百篇文史资料”的综合协调，策划政协组织集中学习 20 次以上 5 分，搞好文史资料的汇总、筛选、编辑 5 分。

（4）科教文卫委员会：搞好理论测试卷的收集、打分、通报 5 分，做好领导分配的其它工作 5 分。

（5）委员工作委员会：负责委员履职档案日常动态管理 4 分，协助搞好委员届中调整 3 分，汇总先进政协组织和个人建议名单 3 分。

（6）团结联谊委员会：负责“收集反映百条社情民意”的综合协调，搞好信息的汇总、筛选、编报 5 分，编辑“建议与参考”8 期以上 5 分。

未尽事宜，根据专委会工作量，经主席会议研究加分。

四、考核程序及成果运用

（一）年度考核工作由分管主席负责，委员工作委员会组织实施。

（二）坚持公开、公平、公正原则，委员由各处组在相关专委会的指导下组织考核，报委员工作委员会备案；政协常委、各处组、“一办六委”由委员工作委员会统一抽调作风过硬的委员进行交叉考核。

（三）为了激发各处组和委员干事创业，考核分数上不封顶、下不保底；改公布委员考核分数为公布考核等次，分优秀、称职、基本称职、不称职四个等次，60 分以下或不参加考核的委员直接定为不称职。

（四）对量化考核排名为前 10 名的政协组织和前 30 名的委员，在政协全会上予以表彰奖励；对考核不称职的委员予以劝辞。

关于学习贯彻中共十八届三中全会精神的通知

广协发〔2013〕11号

各专委会、乡镇政协联络处、委员活动组：

中共十八届三中全会是在我国改革开放新的重要关头召开的一次重要会议。全会听取和讨论了习近平总书记受中央政治局委托作的工作报告，审议通过了《中共中央关于全面深化改革若干重大问题的决定》（以下简称《决定》），吹响了全面深化改革的聚集号，描绘了全面深化改革的新蓝图、新愿景、新目标。深入学习宣传贯彻中共十八届三中全会精神，是当前和今后一个时期政协组织首要的政治任务。为深刻领会全会精神，用全会精神指导推进我市政协工作，根据主席会议研究的意见，现将有关事项通知如下。

一、充分认识中共十八届三中全会的重大意义

中共十八届三中全会是中国共产党坚持以邓小平理论、"三个代表"重要思想、科学发展观为指导，在新形势下坚定不移贯彻党的基本路线、基本纲领、基本经验、基本要求，坚定不移高举改革开放大旗的重要宣示和重要体现，是全面深化改革的又一次总部署、总动员，必将对推动中国特色社会主义事业产生重大而深远的影响。

全会以全面深化改革为主题，深刻阐述了我国全面深化改革的重大意义，提出了全面深化改革的指导思想、目标任务和重大原则，汇集了全面深化改革的新思想、新论断、新举措，反映了社会的呼声和人民的期盼，形成了改革理论和政策的一系列新的重大突破。全会通过的《决定》是中国共产党在新的历史起点上全面深化改革的科学指南和行动纲领，是开启新一轮改革开放伟大征程的政治宣言，是指导新形势下全面深化改革的纲领性文件。全市政协组织和政协委员一定要充分认识中共十八届三中全会

的历史地位，深刻理解全面深化改革的重大意义，深刻领会全会对人民政协工作的新部署、新要求，深刻认识全面履行政协职能的新形势、新任务，切实把思想和行动统一到全会精神和中央要求上来，把智慧和力量凝聚到实现中共十八届三中全会确定的各项改革任务上来，牢固树立进取意识、机遇意识、责任意识，坚定信心，凝聚共识，形成合力，为推进改革汇聚强大正能量。

二、迅速掀起学习贯彻中共十八届三中全会精神的热潮

全市政协组织和政协委员要发挥善于学习的优良传统，以高度的政治自觉性和政治敏锐力，迅速行动起来，组织开展全会精神专题学习活动。要通过形式多样、生动活泼的学习宣传贯彻活动，形成学习十八届三中全会精神的热潮，做学习贯彻中共十八届三中全会精神的带头人，做全面深化改革开放的推动者、促进者、实践者。

1. 各联络处、活动组和市政协机关要把中共十八届三中全会文件作为当前和今后一个时期集中学习的首要内容，组织处组全体政协委员和机关干部认真学习中共十八届三中全会公报、《决定》和习近平总书记重要讲话。

2. 市政协办公室将适时邀请有关专家、领导对全体委员进行辅导学习。

3. 将中共十八届三中全会文件作为 2014 年度委员重点学习考核内容进行安排。

三、牢牢把握中共十八届三中全会精神学习重点，深刻领会其精神实质

三中全会精神内容十分丰富，《决定》涵盖了深化改革开放的 15 大领域 60 项具体任务。政协组织和委员在学习中要切实把握以下重点：

1. 关于全面深化改革的指导思想、总目标、改革重点、主要任务、改革时间表。

2. 关于坚持和完善基本经济制度、加快现代市场体系、加快转变政府职能、深化财税体制改革、健全城乡发展一体化体制机制、构建开放性经

济新体制、加强社会主义民主政治建设、推进法治中国建设、强化权力运行制约和监督体系、推进文化体制机制创新、推进社会事业改革创新、创新社会治理体制、加快生态文明建设、深化国防和军队建设、加强党对全面深化改革的领导等重点领域全面深化改革的要求。

3. 关于民主政治建设、推进协商民主广泛多层制度化发展的论述。

政协委员和政协工作者要原原本本研读全会文件，认真参加学习讨论。要通过学习，深刻领会推进国家治理体系和治理能力现代化、使市场在资源配置中起决定性作用、公有制经济和非公有制经济都是社会主义市场经济的重要组成部分、都是我国经济社会发展的重要基础等新理论、新提法、新论断；深刻领会和提升对协商民主的认识。要通过学习，增强政协组织和政协委员在深化改革中发挥协商民主主渠道作用的紧迫感和责任感，切实提升协商议政、建言献策的能力。

四、紧密联系实际，用中共十八届三中全会精神指导政协工作

学习十八届三中全会精神，关键是要联系政协工作实际，把学习活动落实到推动促进谋划好政协工作上，不断开创政协工作新局面，以良好的工作业绩来检验学习效果。近期，市政协结合学习十八届三中全会精神，要重点抓好以下几项工作：

1. 按时完成年度量化考核。按照《广水市政协 2013 年度量化考核实施意见》和《量化考核实施方案》，各处组要迅速对本处组委员进行考核，本月下旬，市政协考核组将对常委、处组委进行考核。

2. 深入开展委员间的走访联络和委员联系调研界别群众活动。坚持市政协主席会议成员走访联系政协常委、常委走访委员制度，多途径组织委员深入到本界别、本单位、本行业群众中，宣传中共十八届三中全会精神，征询群众意见，收集社情民意，整理撰写提案，不断提高政协组织和委员的履职能力和水平。

3. 认真总结全年工作，思考拟定明年工作计划。各处组委要对全年度工作进行书面总结，思考谋划明年工作计划，根据全面深化改革的部署要求对市政协常委会明年工作提出书面意见建议。

4. 着手做好市政协七届三次全会筹备工作。办公室要制定全会筹备方案，倒排日历进度，抓紧材料、后勤服务等各项筹备工作。全体委员要主动深入开展调研、撰写提案，做好市政协七届三次全会参会准备。

政协广水市委员会

2013 年 11 月 26 日

关于征集广水市改革开放以来主要事件文史资料的函

广协函〔2013〕2号

________同志：

崇文重史，是中华民族的优良传统，也是中华文明薪火相传、亘古绵延的关键。十一届三中全会以来，伴随着改革开放的大潮，多苦多难的中华民族创造了前无古人的辉煌成就，在民族伟大复兴征程中迈出了坚实步伐，广水经济社会也发生了翻天覆地变化。为展示见证这一伟大历程，真实地回顾广水改革开放的历史，充分发挥文史资料“存史、资政、团结、育人”的作用，市政协于今年始启动改革开放以来广水主要事件文史资料征集编纂工作。

以史为鉴，可以知兴替。30多年来，您以广水发展振兴为己任，是这轮改革开放的实践者，是民族复兴的见证者，是广水建设和社会发展的推动者。回顾奋斗历程，总结光辉实践和经验教训，对于推进我市改革开放健康跨越发展，不断开创全市工作新局面具有重要意义。因此今专门向您征求文史资料选题并约稿，希望您在百忙之中抽出时间，将您主持或参与过的重要决策，或就经济社会发展，执行落实党委、政府决策，以及您当初的经历与往事及所见所闻以回忆录等形式真实地纪录下来，让人们更多更全面更真实地了解广水的历史，激发热爱广水、建设广水的热情。我们在此深表谢意！

来稿可以第一人称自己撰写，也可由当事人口述，别人整理；来稿所述事件、人物要真实、具体，最好配有图片；来稿要主题鲜明、有过程、有深度，能够抓住有代表性、有史料价值的人物或事件，也可以反映人和事的侧面或片段；来稿希望能附电子文档，并清楚注明作者身份，包括工作单位、职务、联系方式等。如来稿在报刊杂志上发表过，请加以说明。凡被采用的文史稿件，按照国家有关规定给予一定的稿酬。

来稿请与市政协办公室或学习和文史委员会联系；

电话：6232330

邮箱：gszx6232330@163.com

政协广水市委员会

2013 年 5 月 6 日

关于改革开放以来主要事件文史资料征集进展情况的通报

广协文〔2013〕3号

自4月25日文史资料征集工作会后，政协各联络处、活动组和市直各部门按照《广水市改革开放以来主要事件文史资料征集方案》广协发〔2013〕6号文件的要求，广泛发动社会各界人士和政协委员，开展文史资料征集工作，现将有关情况通报如下：

一、工作进展情况。

1. 市直相关单位任务111篇，落实选题100篇，交初稿31篇。其中党群系统落实选题12篇，交初稿3篇；政府综合口落实选题34篇，交初稿7篇；农业系统落实选题22篇，交初稿11篇；经贸系统落实选题20篇，交初稿8篇；政法系统落实选题7篇，交初稿2篇；宣传及建设系统落实选题5篇。

2. 乡镇联络处任务85篇，交初稿38篇。其中应办5篇，长岭6篇，广办5篇，骆店5篇，十里4篇，城郊3篇，武胜关3篇，马坪2篇，李店2篇，陈巷2篇，杨寨1篇。

二、主要工作经验

1. 及时宣传动员，贯彻会议精神。一是工作早汇报。市政协宣传和文史资料征集工作会议召开后，市财政局、农办及时在党政班子成员会上通报了会议精神，将文史资料征集工作纳入议事日程，成立了三人工作专班。十里政协联络处争取以党委文件形式下发《十里政协联络处文史资料征集方案》。二是精神早传达。武胜关、广办、杨寨、李店、城郊、关庙、马坪等政协联络处及时传达了市政协宣传和文史资料征集工作会议精神，组织委员认真学习了《广水市改革开放以来主要事件文史资料征集方案》广协发〔2013〕6 号文件。三是任务早分解。文体局及长岭、十里等联络处在全市政协文史工作会后一周内将任务分解到相关责任人。财政局、鑫源投资公司、物资公司、水利局、供水办、党史办、粮食局、发改局等单位主要负责人和班子成员主动承担任务，亲自撰稿或写回忆录。

2. 广泛搜集资料，科学确定选题。一是主动征求意见。文体局、农业局召开座谈会，邀请老干部讨论选题，抢救出一批原创版的文史资料。财政局、供销联社、粮食局和杨寨、长岭、应办、骆店政协联络处主动到政协向领导汇报、与学习文史委员会联系，共同协商选题；二是广泛搜集资料。科技局、安监局、经管局、党史办、长岭联络处依照市政协印发的《我市改革开放以来重大事件文史资料选题》，联络有社会阅历，有工作热情，有爱好文史的人士收集资料。三是因地制宜确定选题。组织部、检察院、财政局、教育局、林业局和长岭镇将改革开放以来发生在本地、本部门有一定影响的事件逐一进行梳理，反复讨论，在市政协原有选题的基础上主动调整并增加了部分选题。

3. 明确工作责任，注重督办落实。一是强化责任抓落实。政法委、教育局和骆店联络处等单位召开文史资料征集专题工作会，对照市政协文史委参考选题，结合科室及个人的工作性质和经历，把任务分解到岗，责任落实到人。二是注重培训保质量。市委办、政府办、政法委、宣传部、农办、经信局、教育局、财政局等单位邀请市政协文史委负责人授课，印发文史知识和写作范文 200 册，开展了 30 期业务讲座和互动交流活动。三是及时督办促进度。在宣传发动、任务分解、选题落实、撰写初稿等阶段，市农办主要领导分别采取召开督办会、到二级单位督办检查、稿件质量专班验收等措施，确保了文史资料征集每个环节顺利进行。

三、存在的问题和要求

前段时间，通过大家共同努力，文史资料征集取得阶段性成果，同时也暴露了不可忽视的问题：一是少数单位领导重视不够。有的单位会后忘记了文史征集任务，有的在政协确定的选题落实上相互推诿，有的工作敷衍塞责，应付了事，客观原因一大堆。二是稿件质量不高。从已上报的稿件看，能直接刊用的精品不多。有的随便在网上下载或摘抄相关政策充数，稿件无事实无经历无过程，缺乏“三亲”实质内容。有的将本单位原有上报广水年鉴、组织史、广水市志资料作为文史资料上报，内容和写作体裁等不符合本次征稿要求。探求其原因是认识和态度问题所致。希望有关单位能够“对号与座”，以此次通报为契机，尽快“补火”。

一要进一步提高认识。明确历史不能去而复生，“三亲”史料不能隔代相求，抢救征集并利用好文史资料，是时代赋予我们的使命和责任。坚决克服畏难情绪和应付思想。

二要明确工作任务。已确定了选题的责任单位，要加强领导，明确责任，制定工作计划，认真抓好落实。对于无选题任务的单位，要结合自身实际，至少确定一个选题，上报市政协学习文史委，确保 9 月 30 日前完成文史资料征集工作。

三要确保征稿质量。文史资料内容要做到“三亲”，所述事件、人物要真实、具体，主题鲜明。写法上要注意与党史、地方志书、文献资料及公文写作的区别，文稿以回忆录式的叙述、记叙文为主，要有过程、有经历、有细节、有事例，有深度，以事实说话，不歌颂，不贬损，不评论。来稿最好配有图片，需附电子文档（投稿邮箱 gszx6232330 @ 163.com），注明作者身份，包括工作单位、职务、联系方式等。

附一：乡镇联络处文史资料征集情况统计表

附二：市直活动组及相关单位文史资料征集情况统计表

政协广水市委员会

2013 年 8 月 30 日

附一

乡镇联络处文史资料征集情况统计表

<table>
<tr><th rowspan="2">乡镇</th><th rowspan="2">征稿任务</th><th colspan="2">进展情况</th><th rowspan="2">联系
专委会</th><th rowspan="2">责任
领导</th></tr>
<tr><th>上报初稿</th><th>基本合格</th></tr>
<tr><td>应办</td><td>5</td><td>5</td><td></td><td rowspan="3">科教文卫委
学习文史委</td><td rowspan="3">傅本华</td></tr>
<tr><td>十里</td><td>5</td><td>4</td><td></td></tr>
<tr><td>城郊</td><td>5</td><td>3</td><td></td></tr>
<tr><td>武胜关</td><td>5</td><td>3</td><td>1</td><td rowspan="4">经济委</td><td rowspan="4">何　卫</td></tr>
<tr><td>杨寨</td><td>5</td><td>1</td><td></td></tr>
<tr><td>太平</td><td>5</td><td></td><td></td></tr>
<tr><td>李店</td><td>5</td><td>2</td><td></td></tr>
<tr><td>关庙</td><td>5</td><td></td><td></td><td rowspan="4">委员委
团联委</td><td rowspan="4">胡亚明</td></tr>
<tr><td>余店</td><td>5</td><td></td><td></td></tr>
<tr><td>马坪</td><td>5</td><td>2</td><td>1</td></tr>
<tr><td>长岭</td><td>5</td><td>6</td><td>2</td></tr>
<tr><td>郝店</td><td>5</td><td></td><td></td><td rowspan="3">提案委</td><td rowspan="3">梅思卫</td></tr>
<tr><td>吴店</td><td>5</td><td></td><td></td></tr>
<tr><td>蔡河</td><td>5</td><td></td><td></td></tr>
<tr><td>广办</td><td>5</td><td>5</td><td></td><td rowspan="3">办公室</td><td rowspan="3">汪维浩</td></tr>
<tr><td>陈巷</td><td>5</td><td>2</td><td></td></tr>
<tr><td>骆店</td><td>5</td><td>5</td><td>1</td></tr>
<tr><td>合计</td><td>85</td><td>38</td><td>5</td><td colspan="2"></td></tr>
</table>

附二

市直活动组及相关单位文史资料征集情况统计表

单位＼项目		征稿任务	确定选题	上报初稿	基本合格	单位	征稿任务	确定选题	上报初稿	基本合格	联系专委会	责任领导
党群组	人大办	1				党史办	1	2	2	2	科教文卫委 学习文史委	傅本华
	组织部	3	3			团　委	1					
	纪　委	1	1			台　办	1					
	工业基地	1	1			610办	1					
	档案局	1				编　办	1	1				
	信访局	1				科　协	1					
	工商联	1				帮　办	1					
	妇　联	1				残　联	1	1				
	党　校	1				总工会	1	3	1	1		
社科组	政府办	1	1			科技局	3	3	1	1	委员委 团联委	胡亚明
	人防办	1				药监局	1					
	民政局	5	5	2		发改局	1	1				
	老龄办	1				统计局	1	1				
	人社局	3	3	2		物价局	1					
民宗组	医保局	1	1			安监局	1	1				
	审计局	1				旅游局	1	1				
	国土局	1				招商局	1	1				
	行管局	1				民宗局	1	1				

单位	项目	征稿任务	确定选题	上报初稿	基本合格	单位	征稿任务	确定选题	上报初稿	基本合格	联系专委会	责任领导
	计生局	1	1			行政服务中心	1	1				
	环保局	1				招投标局	1	1				
	城管局	1				投资公司	1	1	1	1		
	三　潭	1	1									
文教卫体组	文体局	3	3			广电局	1				科教文卫委 学习文史委	傅本华
	文　联	1				网络公司	1					
	教育局	5	5			卫生局	1	1				
	一　中	1	1			一医院	1	1				
	实验高中	1	1	1		二医院	1	1				
社科组	法　院	1	1			公安局	1	1			委员委 团联委	胡亚明
	检察院	1	4	2	2	司法局	1	1				
	建设局	1	1			房管局	1	1				
农业组	水产局	1	1			供销社	1	1			提案委	梅思卫
	农机局	1	1			水利局	3	4	3	1		
	农业局	2	2	2	2	林业局	5	7	4	2		
	气象局	1	1			经管局	3	3	1			
	畜牧局	1	1			中华山	1	1	1			

单位＼项目		征稿任务	确定选题	上报初稿	基本合格	单位	征稿任务	确定选题	上报初稿	基本合格	联系专委会	责任领导
经济组	经信局	2	2	2		电信公司	1	1			经济委	何　卫
	烟　厂	1	1	1		移动公司	1	1				
	商务局	1	1			联通公司	1	1				
工商联组	物资总公司	1	1	1		工商局	1	1				
	招商局	1	1			质监局	1	1				
	交通局	1	1			邮政局	1	1				
	供电公司	1	1			粮食局	1	1	1			
	财政局	1	5	3	1							
合　计		111	100	31	13							

关于民主监督评议金融部门情况的通报

广协文〔2013〕6号

根据政协章程和《中共广水市委关于加强政协协商民主工作的意见》精神，从今年8月1日开始，广水市政协抽调21名政协委员和6名消费者维权监督员组成7个评议小组，对辖内工商银行广水支行、农业银行广水市支行、农业发展银行广水市支行、中国银行广水支行、建设银行广水支行、邮政储蓄银行广水支行、广水市信用合作联社等7家金融机构全面开展了民主监督评议工作。

市政协先后两次召开主席会议，听取各民主评议小组情况汇报，专题研究民主监督评议金融机构工作。整个评议活动经过了宣传发动、银行自查、摸底调查、提出建议、整改落实、会议测评6个步骤，评议小组通过查资料、看现场、听意见、访客户等方式，分别组织视察7次，对7家银行的53个营业网点进行拉网式调查。走访、座谈授信企业的法人代表和财务人员、金融消费个人客户、银行工作人员等260人，发放并收回调查问卷925份，接到投诉电话23起，参与网络调查投票帖的点击量12700多次，收集意见建议217条，向各被评议单位递交《评议整改建议书》7份。

此次民主监督评议，采取百分制分段累计计分办法，即评议小组调查40分、乡镇政协联络处调查10分、消费者维权监督员消费体察10分、网络民意调查10分、会议测评30分。11月7日，市政协主席会议成员、政协常委、评议调查小组成员、乡镇办事处政协联络处主任和市直政协委员活动组组长、企业法人代表、市政协和专委会负责人等91人在测评会上现场给7家银行评议打分。市委书记吴超明、市长黄继军、常务副市长何庆海、市委办主任吴巴金、市纪委书记石守超、副市长谢冠林等参加了测评会。会议认为，整个评议活动取得了阶段性成果，促使金融部门提高服务质量，增强社会责任，为广水企业、项目融资争取支持，提供便利，对改善广水金融生态环境起到了积极地推动作用。会议要求，各金融单位要以这次政协民主监督评议为契机，切实加大整改力度，提升服务企业，服务消费者，服务广水经济发展的水平，切实改变我市金融信贷比长期低下的问题，为广水经济社会发展作出新贡献。

附：各金融机构评议得分排名情况

政协广水市委员会

2013 年 11 月 8 日

附

各金融机构评议得分排名情况

被评银行	调查小组调查（40 分）	基层政协组织调查（10 分）	民主监督员体察（10 分）	网络调查（10 分）	会议测评（30分）	合 计（100 分）	名次
广水市信用联社	39.2	8.5	9	10	25.8	92.5	1
中国银行广水支行	39.5	10	9	6.0	25	89.5	2
工商银行广水支行	37.1	7.5	9.5	8.1	26.7	88.9	3
建设银行广水支行	36.4	9.5	9	4.1	28.7	87.7	4
邮政储蓄银行广水支行	35.8	8.2	9	8.9	25.6	87.5	5
农业发展银行广水市支行	38.2	8.8	9	4.0	24.6	84.6	6
农业银行广水市支行	33.0	9.0	9	7.5	24.9	83.4	7

政协广水市第七届委员会常务委员会
公　告

（2013 年 1 月 11 日）

一、同意姚绣丽、蒋国金、黄争光三人辞去广水市第七届政协委员职务。

二、根据政协章程有关规定，经政协广水市第七届委员会常务委员会第五次会议表决决定，免去黄国安政协广水市第七届委员会委员职务。

三、易用威、孟国明因病去世，其政协广水市第七届委员会委员职务自行终止。

政协广水市委员会
关于同意杜向阳等5名同志辞去政协第七届广水市委员会委员职务的决定

（2013年12月25日广水市政协七届九次常委会议通过）

广水市政协七届九次常委会议决定：同意杜向阳、周春梅、汪小溪、李介、张其务等5名同志辞去政协第七届广水市委员会委员职务。

市政协七届十二次主席会议关于某某某提请复议撤销免去其市七届政协委员资格决定的答复函

某某某：

你向市政协提出的请求撤销免去你七届市政协委员资格决定的申请已于 2013 年 1 月 21 日收悉。市政协召开七届 12 次主席会议认真研究了你的复议申请。现将主席会议意见告知如下：

一、你的违法事实清楚，市政协常委会免去你市七届政协委员资格的决定适用法条明确

2012 年 12 月初，市政协领导接到群众举报你因违反《治安管理处罚法》，受到公安机关行政拘留和处罚，指派工作人员到市公安局应山分局对你的违法事实进行了调查核实。经调查，你的事实已经公安机关确认。2012 年 8 月 15 日，公安机关对你下达《湖北省广水市公安局公安行政处罚决定书》（广公应行决定 [2012] 第 646 号），作出行政拘留十五日，并处罚款伍仟元的处罚。在规定期限内，你并未向随州市公安局或广水市人民政府申请行政复议或者依法向广水市人民法院提起行政诉讼。因此，你的违法事实确凿，且在社会上造成比较恶劣的影响。

《中国人民政协章程》第二十四条、第二十九条分别规定：政协委员应“遵守国家的宪法和法律”、“参加中国人民政治协商会议全国委员会和地方委员会的单位和个人，如果严重违反中国人民政治协商会议章程和常务委员会的决议，由全国委员会常务委员会或地方委员会常务委员分别根据情节给予警告处分，或撤销其参加中国人民政治协商会议全国委员会或地方委员会的资格。”

从上述条款可以看出，对委员作出警告或撤销处分，没有行政违法和刑事犯罪的区别。至于你提出的“对于委员的一般违法行为，政协机关通常的做法是通报批评和警告处分，只有撤销党籍、开除公职或构成刑事犯罪才撤销委员资格”的说法，是没有依据的。鉴于你已违反了《治安管理处罚法》，违背了《章程》第二十四条、第二十九条之规定，造成了恶劣的社会影响，损害了政协组织的形象，失去了政协委员的先进性和代表性，丧失了担任政协委员的基本条件，按规定应该给予你撤销委员资格处分，但考虑到你过去给社会作出过一定贡献，为尽可能保全你的声誉，使这一负面影响不扩大化，对你作出比较中性的免职处分是合法合情合理的。

二、市政协常委会是严格按程序免去你市七届政协委员资格的

根据全国政协办公厅编印的《政协委员手册》第 107 条规定，撤销政协委员资格，一般经过以下程序：①有关方面提出书面建议。②政协主席会议审议后提交常务委员会会议审议。③政协常务委员会会议审议通过，并通过新闻媒体向社会公布。市政协常委会作出对你的免职处理是严格遵循上述程序的。

1.2012 年 12 月 31 日，受市委统战部部长周峰委托，市委统战部常务副部长严茂松主持召开了部长办公会议，会议根据市政协委员工作委员会的建议，听取了严茂松同志组织调查的情况介绍，进行了充分讨论，形成了给予你警告处分的集体意见。

2.2013 年 1 月 8 日，市政协专门召开七届 11 次主席会议，听取了调查人员的情况汇报，提出了免去你的七届政协委员职务的建议。主席会议审议后，同意提交市政协七届 5 次常委会对你的免职处分建议进行票决。

3.2013 年 1 月 10 日，市政协召开了七届 5 次常委会会议，主席会议将此建议提交常委会审议，经过票决，通过了对你的免职决定，并在新闻媒体上进行了公布。公布并不影响你的申请复议，如复议作出了撤销对你的处分决定，市政协将再向新闻媒体公布。

4.2013 年 1 月 11 日，市政协委托你的原推荐单位——市住建局向你送达了市政协常委会关于免去你政协委员职务的决定书。因此，市政协对你的处分程序完备合规。

对于你提出的“我是中共党员、人大代表，对我的处分，市组织部、统战部应该有书面的建议或同意处分的书面材料。对我的处分，政协机关还应该与随州人大沟通联系，毕竟我是随州人大代表”问题。第一、市委统战部对你的处分向市政协提交了书面意见；第二、党组织是否给予处分，市政协只有建议权，且保留建议权；第三、广水市政协对本会违法委员作出处分，是依据《政协章程》之规定，没有必要以其他社会组织是否处理或处理结果作为本组织处罚依据。因此，对你予以处分，政协机关还应该与随州人大沟通联系是毫无道理的。

三、关于你提出的犯错误后有立功表现问题

主席会议认为应功过分明，功不抵过。作为一个有良知的中国公民，通过合法经营，积累了一定财富，应该懂得感恩、回馈社会。对你救助贫弱、热心公益、回报社会的行为，应给予肯定，但不能作为从轻处罚的理由。

对于你提出有的委员年度履职考评得分比你低没有处分的问题。对你作出免职处分是基于你违反了《治安管理处罚法》，这与年度履职考核得分较低的性质截然不同，没有可比性。

四、市政协对你提出的复议申请非常重视

接到你的复议申请后，市政协派员专程赴省政协就此问题咨询了有关专家和领导。省政协认为，对你的最终复议不应该再由市政协常委会进行复议，只能召开广水市政协全体会议进行复议，且拟将此复议案例作为全省典型予以总结推广。

主席会议的意见是维持市政协常委会对你作出的免去市政协委员资格的决定。如你不服，我们将召开市政协全体会议对常委会关于免去你的委员资格决定进行复议，届时你的违法事实将向全体委员通报。为了尽量保全你的名誉，在常委会作出免去你的政协委员资格决定后，市政协办公室将你的违法事实说明材料在会上已及时收回。是否召开市政协全体会议对你的处分决定进行复议，请你斟酌。如果你确定要在市政协全体会议上对你的处分决定进行复议，请重新递交一份复议申请，将复议申请书中被申请人栏中内容更正为“政协广水市七届委员会全体委员会会议”。

专此函告。

市政协办公室

2013 年 1 月 30 日

关于表彰2013年度先进政协组织、优秀政协委员、先进政协工作者和优秀提案的决定

（2013年12月25日广水市政协七届九次常委会议通过）

一年来，全市各级政协组织、政协工作者和全体政协委员会坚持以邓小平理论和“三个代表”重要思想为指导，贯彻落实科学发展观，按照市政协七届二次会议的要求，围绕中心，服务大局，开拓创新，为广水经济社会发展做出了贡献，涌现出了一大批先进典型。

为表彰先进，进一步营造政治协商、民主监督、参政议政的良好氛围，不断推进我市政协事业发展，经市政协七届九次常委会审议通过，决定授予蔡河政协联络处等10个政协组织“先进政协组织”荣誉称号；授予刘焕等20名委员“优秀政协委员”荣誉称号；授予秦传本等10名同志“先进政协工作者”荣誉称号；对“扶持特色产业集群，规划建设风机名城”等10件提案表彰为“优秀提案”（名单附后）。希望受表彰的先进政协组织、优秀政协委员、先进政协工作者和优秀提案人，珍惜荣誉，发扬成绩，再接再厉，再立新功。

全市政协组织和全体委员要向受表彰的先进政协组织、优秀政协委员、先进政协工作者和优秀提案人学习，以党的十八大精神为指导，科学谋划，积极履职，进一步做好政协工作，为广水科学发展做出新的更大贡献。

2013年度先进政协组织、优秀政协委员、先进政协工作者和优秀提案名单

一、先进政协组织（10个）

蔡河政协联络处　骆店政协联络处　应办政协联络处

关庙政协联络处　武胜关政协联络处　广办政协联络处

市政协经济委员会　经济活动组　党群活动组

农业活动组

二、优秀政协委员（20名）

刘　焕　夏华清　吴晓霞　熊海东　金　希　何　琴

沈宝栋　付志安　左继东　韩家彬　叶国安　庄人鸿

沈云英　梁瑞明　程亮元　刘家翠　胡明翠　王　红

陈家保　余育菊

三、先进政协工作者（10名）

秦传本　严春才　朱凤菊　付大国　彭　桥　李竹青

李亚峰　杨纯权　魏以钊　张　勇

四、优秀提案（10件）

1. 第1号提案：扶持特色产业集群，规划建设风机名城

　　第一提案人：市政协经济委员会　刘鹏（财政）　易心元

2. 第18号提案：关于治理护城河的建议

　　第一提案人：张大高　夏　刚

3. 第 21 号提案：合理布局城区公厕

第一提案人：陈家保

4. 第 27 号提案：加快公交与铁路客运无缝对接

第一提案人：程亮元　梁瑞明

5. 第 28 号提案：修建广办苹果山道路

第一提案人：陈亚民

6. 第 32 号提案：解决“五保”对象就医问题

第一提案人：付大国

7. 第 36 号提案：关于加大餐具消毒企业的监管力度

第一提案人：李国慎

8. 第 45 号提案：打响广水品牌，做强茶叶产业

第一提案人：孙阳春　陈　三

9. 第 46 号提案：关于打造武胜关桃源绿色幸福村的提案

第一提案人：华运鹏

10. 第 49 号提案：徐家河高干渠泵站改造应早日建设

第一提案人：彭　桥

组织概况

主　席　李健强

副主席　傅本华　何　卫　胡亚明　梅思卫　孙　萍

秘书长　汪维浩

常　委　丁继玲（女）左继东　刘　焕　刘　鹏
刘诗银　孙阳春　严茂松　杨　华（女）
李　芸（女）李　琳（女）李全国　李新平
何　琴（女）余　华（女）张大红　张家金
张慧玲（女）陈　锋　易心元　郑传明
金　希　夏华清　黄　锋　梁瑞明
曹意春　程　军（女）程亮元　韩楚强
蔡　洁（女）熊庆全　熊复名　熊海东

副秘书长　张克林　张家金

提案委员会主任　何建中

副主任　李　娅（女）（2013 年 12 月 25 日免）

经济委员会主任　李竹青（女）（2013 年 12 月 25 日任）

副主任　韩四强

科教文卫委员会主任　张孝贵

学习与文史委员会主任　张家金（兼）

委员工作委员会主任　黄争光（2013 年 7 月 25 日免）
李　娅（女）（2013 年 12 月 25 日任）

副主任　张克勇

团结联谊委员会主任　（缺）

副主任　秦传本

应办政协联络处主任　韩楚强

广办政协联络处主任　刘小平

十里办政协联络处主任　魏以钊

武胜关政协联络处主任　张臣心

杨寨镇政协联络处主任　朱凤菊（女）

城郊乡政协联络处主任　张　勇

长岭镇政协联络处主任　彭　桥

马坪镇政协联络处主任　周春梅（女）（2013 年 12 月 25 日免）

李店乡政协联络处主任　李竹青（女）（2013 年 12 月 25 日免）

太平乡政协联络处主任　李亚峰

陈巷镇政协联络处主任　付大国

骆店乡政协联络处主任　冯章辉

余店镇政协联络处主任　严春才

关庙镇政协联络处主任　朱大银

蔡河镇政协联络处主任　梅思军

郝店镇政协联络处主任　匡光全

吴店镇政协联络处主任　杨纯权

提案目录

政协广水市第七届委员会
第二次会议提案

第 1 号

案　　　由：扶持特色产业集群　规划建设风机名城

第一提案人：市政协经济委员会

刘　鹏　市财政局副局长

易心元　天桥风机公司总经理

第 2 号

案　　　由：关于严厉打击非法安装使用电网捕猎的提案

第一提案人：市政协经济活动组

第 3 号

案　　　由：关于发展我市旅游业建议

第一提案人：廖建林　新天地旅行社董事长

严翠萍　市法院法警大队副大队长

联名提案人：刘　咏　市公安局刑警大队中队长

金　希　市环保局副总工程师

张忠海　市检察院法警大队长

第4号

案　　由：打造三潭景观带　建设景区“后花园”

第一提案人：郝小华　蔡河镇卫生院医生

联名提案人：汪心平　永兴建材有限公司董事长

第5号

案　　由：加大学前教育健康发展力度

第一提案人：吴瑶成　市政府教育督导室副主任

曾　毛　蔡河中心中学教师

闵奉林　市幼儿园副园长

联名提案人：周　宝　市教育局办公室主任

熊复名　市文联副主席

曹意春　市电台总编辑

郑传明　市一中副校长

刘先钊　市实验小学校长

郝小华　蔡河镇卫生院医生

徐书玲　市教育局审计科副科长

蔡慧莲　市红十字会秘书

第6号

案　　由：关于加强学校周边环境整治的建议

第一提案人：蔡立桂　应办中心中学教师

联名提案人：闵向东　应办中心中学副校长

王　虎　应办党工委委员

刘容岑　印台医院医务科科长

第7号

案　　　由：关于推进我市农村义务教育均衡发展的建议

第一提案人：蔡立桂　应办中心中学教师

联名提案人：闵向东　应办中心中学副校长

王　伟　应山法庭庭长

熊忠华　中信科技有限公司总经理

第8号

案　　　由：科学调配城区教育资源

第一提案人：刘先钊　市实验小学校长

联名提案人：曹意春　市电台总编辑

闵奉林　市幼儿园副园长

徐书玲　市教育局审计科副科长

郑传明　市一中副校长

第9号

案　　　由：中小学“心理健康教育”课必须落到实处

第一提案人：胡艳菊　吴店镇中心中学教师

第 10 号

案　　　由：修复尹家湾五师司令部旧址

第一提案人：杨纯权　吴店镇政协联络处主任

第 11 号

案　　　由：关于治理城区噪声污染的建议

第一提案人：牛　雨　市法院书记员

徐德峰　市新华书店财务科科长

联名提案人：张家金　政协副秘书长兼学习与文史委主任

熊　雄　市文体新局副局长

熊复名　市文联副主席

第 12 号

案　　　由：实行垃圾分类管理的建议

第一提案人：杨俊林　陈巷镇副科级干事

联名提案人：章国强　强盛饰品有限公司董事长

陈　斌　广大电子科技有限公司董事长

陈家保　陈巷镇中心中学教师

王伯安　陈巷镇司法所所长

梅思清　太平乡畜牧兽医站站长

王冬梅　湖北双鑫鞋业有限公司董事长

第 13 号

案　　　由：关于改善印台山广场周边环境的建议

第一提案人：胡秀红　广水市星光建材有限公司总经理

联名提案人：程　军　广办水利站站长

第 14 号

案　　　由：加强城乡结合部环境卫生管理

第一提案人：张　勇　城郊乡政协联络处主任

联名提案人：刘家翠　单亲母亲养殖合作社理事长

程艳国　鸿运石材有限公司总经理

黄启锋　城郊乡党委委员

刘明清　富民制衣有限公司工会主席

李国慎　湖北强人药业公司董事长

张海涛　城郊乡党委委员

熊庆全　御景房地产开发公司工会主席

第 15 号

案　　　由：关于综合治理广水河的建议

第一提案人：刘小平　广办党工委副书记、政协联络处主任

联名提案人：吴国权　广办党工委委员

沈云英　广办正科级干事

程　军　广办水利站站长

第 16 号

案　　　由：科学规划马都寺新区，加快新区基础设施建设

第一提案人：熊海东　市档案局局长

李大亮　市行政服务中心副主任

联名提案人：张　慧　市委市政府接待办主任

朱　琼　市国土资源局副主任科员

陈癸菱　市计生局控比科科长

严翠萍　市法院法警大队副大队长

第 17 号

案　　　由：治理城建渣土运输乱现象

第一提案人：叶国安　市物价局工会主席

张　斌　市经济责任审计局副局长

丁继玲　市二医院院务委员

梁瑞明　凯龙瑞达化工公司总经理

王　虎　应办党工委委员

联名提案人：庄人鸿　应办个体协会会长

刘　咏　市公安局刑警大队中队长

张慧玲　市委市政府接待办主任

程　军　广办水利站站长

蔡　洁　市实验高中校务委员

程亮元　武胜关镇综治办主任

李　芸　广水英哲律师事务所律师

魏以钊　十里办政协联络处主任

魏发超　十里办党工委委员

裴东兵　应山国土所所长

李远辉　应办经贸办总支书记

第 18 号

案　　　由：关于治理护城河的建议

第一提案人：张大高　市编办副主任

夏　刚　市民宗局副局长

联名提案人：张国树　市教育局工会主席

何　成　市台办副主任

邓海鸿　鸿胜建筑材料有限公司经理

第 19 号

案　　　由：城市规划建设要“显山露水”

第一提案人：陈　均　市城管局党组书记

周晓火　市住建局规划设计管理科副科长

联名提案人：刘心田　市房管局局长

刘　咏　市公安局刑警大队中队长

严翠萍　市法院法警大队副大队长

何建中　市政协提案委主任

李新平　市伊斯兰协会会长

张孝贵　市政协科教文卫委主任

陈亚民　广办基督教福音堂牧师

张志才　中石油广水公司经理

第 20 号

案　　　由：注重城市下水道建设的建议

第一提案人：李　敏　应山地税分局社保股股长

蔡　洁　市实验高中校务委员

联名提案人：丁继玲　市二医院院务委员

吴建明　广水中大酒店经理

何　丽　广办三小教师

柯光惠　慧翔服装有限公司董事长

第 21 号

案　　　由：合理布局城区公厕

第一提案人：陈家保　陈巷镇中心中学教师

联名提案人：章国强　强盛饰品有限公司董事长

陈　斌　广大电子科技有限公司董事长

杨俊林　陈巷镇副科级干事

李祖亮　骆店乡中心中学教师

王冬梅　金鑫鞋业有限公司董事长

第 22 号

案　　　由：关于亮化印台山公园的建议

第一提案人：杨　华　市商务局副局长

联名提案人：易晓辉　市“两圈办”副主任

王文俊　电信广水分公司政企部经理

李定安　地税二分局副局长

第 23 号

案　　　由：杜绝城市“牛皮癣”

第一提案人：庄人鸿　应办个体协会会长

联名提案人：刘容岑　印台医院医务科科长

柯慧云　全友家私有限公司总经理

熊忠华　中信科技有限公司总经理

第 24 号

案　　　由：关于加快广办城区主街道整体刷黑的建议

第一提案人：沈云英　广办正科级干事

第 25 号

案　　　由：推广使用天然气

第一提案人：孙元发　中环天然气有限公司总经理

第 26 号

案　　　由：取缔黑麻木，强化公交管理

第一提案人：刘诗银　永阳防水材料有限公司董事长

　　　　　　柯慧云　全友家俱有限公司总经理

联名提案人：刘绍平　十里办财政所所长

　　　　　　梁瑞明　凯龙瑞达化工公司总经理

　　　　　　韩楚强　应办政协联络处主任

　　　　　　王　虎　应办党工委委员

第 27 号

案　　　由：加快公交与铁路客运无缝对接

第一提案人：程亮元　武胜关镇综治办主任

　　　　　　梁瑞明　凯龙瑞达化工公司总经理

联名提案人：曹意春　市电台总编辑

　　　　　　张臣心　武胜关镇政协联络处主任

　　　　　　秦小玲　浩源药业有限公司工会主席

　　　　　　熊复名　市文联副主席

　　　　　　黄亚萍　武胜关镇中心中学教师

　　　　　　陈　三　杨林沟茶场场长

　　　　　　胡远宝　鄂北米业有限公司经理

　　　　　　蔡　洁　市实验高中校务委员

　　　　　　丁继玲　市二医院院务委员

付　胜　武胜关镇工商所长

魏以钊　十里办政协联络处主任

连九玲　十里办林业站会计

刘绍平　十里办财政所长

魏发超　十里办党工委委员

黄　宪　广水中海加油站总经理

第 28 号

案　　　由：修建广办苹果山道路

第一提案人：陈亚民　广办基督教福音堂牧师

联名提案人：韩家彬　市民宗局副局长

叶由军　市人力资源和社会保障局副局长

李新平　市伊斯兰协会会长

周晓火　市住建局规划设计管理科副科长

释界文　广办白依禅寺主持

第 29 号

案　　　由：加强通村公路管理

第一提案人：左继东　市一医院五官科主任

曹意春　市电台总编辑

金　希　市环保局副总工程师

付大国　陈巷镇政协联络处主任

联名提案人：高群香　市疾控中心主任

刘先钊　市实验小学校长

熊复名　市文联副主席

郑传明　市一中副校长

刘　咏　市公安局刑警大队中队长

张忠海　市检察院法警大队长

严翠萍　市法院法警大队副大队长

杨俊林　陈巷镇副科级干事

章国强　强盛饰品有限公司董事长

陈家保　陈巷镇中心中学教师

陈　斌　广大电子科技有限公司董事长

第 30 号

案　　由：加强应山城区三轮车、摩托车管理

第一提案人：连九玲　十里办林业站会计

秦　玲　市医保局工会副主席

曹意春　市电台总编辑

左继东　市一医院五官科主任

联名提案人：刘绍平　十里办财政所所长

魏以钊　十里办政协联络处主任

黄　宪　广水中海加油站总经理

魏发超　十里办党工委委员

刘先钊　市实验小学校长

吴瑶成　市政府教育督导室副主任

张家金　市政协副秘书长兼学习与文史委主任
闵奉林　市幼儿园副园长

第 31 号

案　　　由：关于加强和规范我市出租车行业管理的提案
第一提案人：张大红　市工商局局长
刘诗银　永阳防水有限公司董事长
易心元　天桥风机有限公司董事长
张海涛　城郊乡党委委员
叶　珍　市建行副行长
郑爱书　联通广水分公司总经理助理
何　琴　市工行信贷部经理
熊忠华　中信科技有限公司总经理
联名提案人：庄人鸿　应办个体协会会长
闵向东　应办中心中学副校长
蔡立桂　应办中心中学教师
王　虎　应办党工委委员
黄启峰　城郊乡党委委员
张　勇　城郊乡政协联络处主任

第 32 号

案　　　由：解决“五保”对象就医问题
第一提案人：付大国　陈巷镇政协联络处主任

联名提案人：郑家清　骆店乡党委委员

张　勇　城郊乡政协联络处主任

李祖亮　骆店乡中心中学教师

章国强　强盛饰品有限公司董事长

第33号

案　　　由：关于解决福利院工勤岗位和待遇的建议

第一提案人：杨松青　长岭镇工商联主任

联名提案人：彭　桥　长岭镇政协联络处主任

陈西强　永强涂料有限公司总经理

胡明翠　长岭镇卫生院药剂师

第34号

案　　　由：挖掘传统饮食文化　打造特色美食城

第一提案人：程癸菱　市计生局控比科科长

联名提案人：李大亮　市行政服务中心副主任

刘心田　市房管局局长

陈　敏　市行管局财务科副科长

王　琴　应山司法所所长

第35号

案　　　由：加强早餐夜宵市场的卫生管理

第一提案人：曹意春　市电台总编辑

沈宝栋　市邮政局投递员

联名提案人：刘先钊　市实验小学校长

左继东　市一医院五官科主任

吴瑶成　市政府教育督导室副主任

张家金　市政协副秘书长兼学习与文史委主任

熊复名　市文联副主席

闵奉林　市幼儿园副园长

刘德群　市烟草专卖公司市场部主任

向惟勇　市信用联社信贷部经理

刘全文　市经信局工会主席

王文俊　电信广水分公司政企部经理

王婀娜　移动广水分公司综合部副经理

第 36 号

案　　　由：关于加大餐具消毒企业的监管力度

第一提案人：李国慎　强人药业公司董事长

联名提案人：刘家翠　单亲母亲养殖合作社理事长

郑家清　骆店乡党委委员

程艳国　鸿运石材有限公司董事长

刘明清　富民制衣有限公司工会主席

黄启峰　城郊乡党委委员

张海涛　城郊乡党委委员

第 37 号

案　　　由：定期公布水质检测结果

第一提案人：闵文杰　市住建局副局长

联名提案人：张忠海　市检察院法警大队长

朱　琼　市国土局副主任科员

金　希　市环保局副总工程师

陈　均　市城管局书记

孙阳春　市科协主席

第 38 号

案　　　由：切实改善饮用水水质

第一提案人：张　勇　城郊乡政协联络处主任

刘诗银　永阳防水有限公司董事长

杨　华　市商务局副局长

联名提案人：冯章辉　骆店乡政协联络处主任

郑家清　骆店乡党委委员

付大国　陈巷镇政协联络处主任

韩楚强　应办政协联络处主任

王　虎　应办党委委员

吴静波　同济奔达鄂北制药有限公司总经理

王文俊　电信公司分公司政企部经理

张保华　市国税局副局长

李定安　地税二分局局长

第 39 号

案　　由：关于防止新农村建设过程中环境污染的建议

第一提案人：李全国　市财政局局长

第 40 号

案　　由：加强饮用水源地生态保护

第一提案人：易小辉　市“两圈”办副主任

马国文　国杨陶瓷有限公司工会主席

何　丽　广办三小教师

联名提案人：刘汉东　广办供电所所长

吴建明　广水中大酒店经理

蔡　洁　市实验高中校务委员

李　芸　英哲律师事务所律师

第 41 号

案　　由：全面整治农村环境，合力建设洁美家园

第一提案人：张家金　市政协副秘书长兼学习与文史委主任

周春梅　马坪镇政协联络处主任

王明礼　新广福康乐有限公司总经理

联名提案人：王　红　广水四中教师

李　介　马坪镇党委委员

第 42 号

案　　　由：关于进一步推动农村青年创业就业工作的建议

第一提案人：余　华　团市委书记

联名提案人：刘　焕　市委组织部副部长

严茂松　市委统战部常务副部长

杜向阳　市委办公室干部

李　琳　市政府督查室副主任

第 43 号

案　　　由：关于加快推进农村土地使用权流转的建议

第一提案人：汪小溪　吴店镇党委委员

刘泽卫　广泽印刷有限公司董事长

魏发超　十里办党工委委员

第 44 号

案　　　由：逐步解决中级学校引进人才的待遇

第一提案人：刘　焕　市委组织部副部长

联名提案人：余　华　团市委书记

严茂松　市委统战部常务副部长

第 45 号

案　　　由：打响广水品牌　做强茶叶产业

第一提案人：孙阳春　市科协主席

陈　三　杨林沟茶场场长

联名提案人：张臣心　武胜关镇政协联络处主任

付　胜　武胜关镇工商所所长

余　川　武胜关镇党委委员

何建中　市政协提案委主任

第 46 号

案　　由：关于打造武胜关桃源绿色幸福村的提案

第一提案人：华运鹏　市“两圈办”主任

联名提案人：黄　锋　市农业局副局长

陈　敏　市行管局财务科副科长

第 47 号

案　　由：大力发展农业产业集群，提高农业生产效益

第一提案人：梅思军　蔡河镇政协联络处主任

联名提案人：蔡诗国　蔡河镇徐店村党支部书记

第 48 号

案　　由：促进广水袋料黑木耳产业发展

第一提案人：应传明　市食用菌制种中心主任

联名提案人：代国友　郝店镇山宝食用菌有限公司总经理

王　勇　郝店镇党委委员

孟　九　蔡河镇采石场场长

匡光全　郝店镇政协联络处主任

第49号

案　　　由：徐家河高干渠泵站改造应早日建设
第一提案人：彭　桥　长岭镇政协联络处主任
联名提案人：何　辉　长岭镇党委委员
　　　　　　宋艳萍　长岭镇港昌小学政教主任
　　　　　　陈西强　永强涂料有限公司总经理

第50号

案　　　由：关于建设金鸡河水库的提案
第一提案人：张臣心　武胜关镇政协联络处主任
　　　　　　吴宜秀　云都大酒店总经理
联名提案人：刘容岑　印台医院医务科科长
　　　　　　庄人鸿　应办个体协会会长

第51号

案　　　由：关于马坪小河治理的建议
第一提案人：马坪镇政协联络处

第52号

案　　　由：加强对徐家河水库水环境保护
第一提案人：彭　桥　长岭镇政协联络处主任
联名提案人：宋艳萍　长岭镇港昌小学政教主任
　　　　　　何　辉　长岭镇党委委员

胡明翠　长岭镇卫生院药剂师

陈西强　永强涂料有限公司总经理

周春梅　马坪镇政协联络处主任

第53号

案　　　由：地税部门征缴医保基金也应收现金

第一提案人：熊敬桥　市医保局生育工伤科科长

联名提案人：余波林　市民政局办公室主任

叶国安　市物价局工会主席

方义林　十里宝林佛堂主持

王向庭　市伊斯兰协会副会长

李新国　市伊斯兰协会副会长

第54号

案　　　由：尽快开通十里工业园区公交线路

第一提案人：熊庆全　御景房地产开发公司工会主席

熊复名　市文联副主席

重要文章

着力规范政治协商程序
不断增强协商民主实效

李健强

党的十八大从坚持中国特色社会主义政治发展道路和政治体制改革的高度，作出了健全社会主义协商民主制度的战略部署，提出了充分发挥人民政协作为协商民主重要渠道作用的要求。为贯彻落实十八大精神，推进协商民主制度化、规范化、程序化建设，广水市政协提请市委在全省率先出台了《中共广水市委关于加强政协协商民主工作的意见》，并着力在完善政治协商程序上进行了探索和实践。

一、精心确定协商议题

为选准协商议题，我们建立了四个层面的协商议题确定机制。一是发动处组、委员献题。每年底，我们要求各联络处、活动组组织委员深入基层、深入群众，收集和掌握群众关注的热点难点问题，向市政协上报来年政治协商建议议题。去年 11 月初，市政协在分组对处组、委员进行年度量化考核时，印发 2013 年度政治协商议题征询表，要求处组、委员对今年的民主协商议题提出书面意见。各处组、委员加强与群众的联系，反馈征询意见表 24 份，提出民生方面的协商议题 36 个，扩大了市政协的选题范围。二是要求专委会找题。督促各专委会加强与党政对口工作部门的沟通，了解来年的工作部署，明确党政部门工作的主要方向和当前重点，在部门工作中找题。去年底，市政协专委会提交政府部门提出的重点工作协商议题 6 个。三是商请市委政府出题。市政协主要负责人与市委、市政府主要负责人及时沟通，了解市委政府年度重点工作计划，征求市委政府意见，请市委政府出题。今年初，经市政协主席与市委书记、市长协商，市委政府建议我们将加快建立社会养老服务体系和饮用水水源地保护两大议题纳入今年政协常委会专题协商内容。四是主席会议审题。根据征求的协商备选议题，召开主席会议，协商确定年度常委会专题协商、主席会议重点协商、专委会对口协商和界别协商议题。今年，主席会议协商确定常委会专题协商议题 8 个、主席会议重点协商议题 12 个、对口协商和界别协商议题 7 个、提案办理议题 12 个，这些议题都抓住了市委政府的工作中心，回应了人民群众的关切，符合“五重”（重大决策、重要文件、重大规划、重要人事安排及其它重要事项）政治协商内容要求，具有全局性、前瞻性和民生性特点。我们还将各个层次的协商议题纳入年度工作要点，列表细化，作出季度、月度安排，按计划实施，使协商活动在全局工作中有安排、有位置，防止临时性、随意性、低水平协商。

二、充分准备协商活动

协商议题确定后，根据协商计划，我们对每一项协商活动都制定实施方案，按照研究学习—视察调查—商定实施三步工作流程进行充分准备。一是掌握政策，学习业务。委员的议政能力决定着政治协商的质量，政协组织要与党政机关及其工作部门开展政治协商，就必须具备对等议事的能力和素质。由于协商内容专业性强，且委员都是兼职的，与协商对象社会地位有差异、信息不对称，有些委员往往缺乏与协商对象对等交流的专业素养和知识储备，与协商对象平等议事的底气和信心不足，协商时发不出睿智之言、献不出可用之策。为此，每次协商前，我们坚持学习在前、学以致用，邀请相关专业人士，围绕协商内容涉及的法律政策和专业知识，对参与协商活动的委员进行辅导学习，加强委员对协商议题的了解，增强委员协商议政的自信和本领。今年在开展专题协商、对口协商、界别协商等各种协商活动前，我们先后就社会化养老服务、饮用水水源地保护、林政知识、民族宗教知识、协商民主理论、文史资料知识、经济统计知识等内容组织相关委员开展了专题学习。如：在开展饮用水水源地保护专题协商前，我们邀请市环保局、林业局专家对参与协商的委员进行了 2 次水源地保护专业知识讲座。二是开展视察调查，深入掌握情况。全面掌握协商内容的真实情况是政治协商的基础。协商活动前，我们根据协商内容、协商层级，组织委员开展“大兵团调研”或“小分队视察”，摸清协商内容的工作现状和存在的问题。召开视察调查碰头汇报会，对掌握的情况去粗取精、去伪存真、由此及彼、由表及里进行综合归纳，对发现的问题进行梳理分析，明确哪些是政策层面的原因，需要党委、政府统筹研究解决；哪些是政府已经开始实施，需要在操作层面完善和改进；哪些是党委、政府没有考虑到的，初步拿出协商意见，形成书面视察报告或调研报告。加快建立社会养老服务体系建设是市政协常委会今年专题协商议题之一，拟在6月底政协七届七次常委会上与市政府就此开展专题协商。为准备好协商活动，3月初，市政协组织部分常委、委员就机构养老和社会化养老服务情况开展视察，形成视察报告，根据视察掌握的情况，4月初又制定出调研方案，请民政局负责人为调研人员讲解养老政策，组织专班赴外地调研学习先进工作经验，对全市社会养老服务体系建设情况进行全面调查，而后形成专题调研报告，为常委会专题协商做好了协商材料准备。三是联系协商对象，商定协商活动。根据协商方案，适时加强与协商对象的沟通联系，敲定协商会议的时间、地点、议程、参与人员等具体事宜。

三、组织开好协商会议

一是确定参会协商的对象范围。根据协商内容，邀请党政分管领导和相关部门单位主要负责人参加协商会议，就协商的议题通报情况，做出说明，听取委员意见。将协商材料于协商日前10个工作日内送达参加协商单位和人员，使其有足够的时间和精力进行审查和调查研究，提出高质量的协商意见。二是确定中心发言人。根据协商议题涉及的界别，在对应界别中挑选委员作为中心发言人。分解发言任务，将协商内容所涉及问题细化为不同领域或专业，中心发言人分别只就某单一领域专业问题发言，让发言者从最专业的角度建言献策，这样在兼顾整体建言广度的同时，最大限度地保证议政的深度和质量。如：7月12日，市政协与市政府就“扶持特色产业集群，规划建设风机名城”召开专题协商会，我们就风机产业发展存在的产业弱小、人才匮乏、技术落后、融资困难、环境不优、品牌保护意识不强、行业管理水平低下等问题，分别确定相应界别的委员从专业的角度作中心发言，分析问题深刻准确，所提建议切实可行，提高了建言立论水平，提升了会议效率和质量。三是精心布置会场。每次协商会议都安排有会标、桌签，将协商主体、协商对象面对面安排座位，做到既庄重严肃，又保证对等协商、融洽协商。同时，邀请新闻媒体全程报道，实行开门协商。

四、及时报送协商成果

建立协商成果报送制度。每次协商会后，我们都将参加会议人员提出的意见建议归纳整理，以常委会建议案、协商会纪要或《建议与参考》等文件形式报送市委、市政府及相关单位和人员，促使协商成果真正进入党政决策，杜绝政治协商一商了之的现象。严格协商成果报送时限。对整理定案的协商成果，我们均按要求在协商会后 7 个工作日内送达有关领导、单位和委员，及时提请领导批示，以便尽快办理，转化为改进工作的具体措施。6 月 14 日，市政协党群活动组组织界别委员对全市餐饮具集中消毒经营企业开展视察，而后与市卫生局、工商局、食药监局等主管部门召开餐饮具集中消毒管理民主协商会，提出了拟定发展规划、制定监管流程、强化监管责任、确保行业监管到位、定期公布监测结果、发挥舆论监督作用等协商意见，得到了协商对象的高度认同，会后，市政协及时将视察报告和协商意见印制为《建议与参考》文件报送到市委政府分管领导及有关职能部门。

五、督办反馈协商意见

政治协商成果的转化，直接体现政治协商的成效。为解决“说了也白说”的问题，我们着力在三个方面下功夫：一是建立协商成果转化督办机制。市委、市政府督查部门将协商成果纳入“大督查”范围，市“四大办”和市委组织部、统战部定期召开联席会议，市政协办公室负责汇总检查协商意见落实情况，市督查办根据需要督查。二是强化协商成果办理反馈时限。根据市委《意见》，承办单位需在 3 个月内将协商意见办理结果书面向市政协反馈。协商意见办理期间，市政协适时加强与市委、市政府督查部门以及协商对象沟通联系，掌握协商意见落实进度，督促办理单位抓紧办理。对办理不力、委员不满意的，我们组织委员再次视察督办。应山护城河环境污染和行洪能力退化是城区居民反映十分强烈的问题，今年3月中旬，市政协就此与市政府及住建、城管、水利、防办等职能部门举行了专题协商会议，经过协商讨论，达成了做好河道整治总体规划、分阶段拆房还河、污水管道移出河道、开辟撇洪河道的远期整治和提升居民素质、整治维修河道、明确责任监管、规划立项改造的近期工作目标的协商共识。会后，我们将协商意见以文件形式报送至市“四大家”领导及有关职能部门，要求有关部门6月中旬前将办理结果书面反馈市政协。办理时限内，市政协办公室调查发现，有的部门近期工作目标没有完成，也没有向我们反馈办理结果。近期，我们将再次组织委员到有关部门对协商意见落实情况进行视察督办。三是建立政治协商意见落实情况通报制度。年底，我们将对市政协全年各个层级、各种形式的协商成果转化落实情况进行汇总，以文件形式向市委汇报，并在一定范围内通报，以切实提高协商成果转化落实率，增强政治协商实效性。

（原载湖北省政协《世纪行》2013年第8期）

十八大精神学习体会

市政协秘书长 汪维浩

各位领导、各位委员：

按照主席会要求，在政协七届二次会议后，紧接着由我和大家一起学习十八大精神。接到这一任务，我很惶恐，心情忐忑不安，因为政协组织是精英队伍，里面藏龙卧虎，高人很多，我深知自己理论功底的欠缺。但既然是任务，只得领承。不妥之处，请予批评。

中国共产党第十八次全国代表大会于 2012 年 11 月 8 日 -14 日在北京召开。这次大会，是在我国进入全面建成小康社会决定性阶段召开的一次十分重要的大会，是一次高举旗帜、继往开来、团结奋进的大会。

十八大主要成果可以概括为“三个一”，即：一个博大精深的好报告；一个与时俱进的新党章；一个众望所归的好班子。

一个好报告：大会高举中国特色社会主义伟大旗帜，全面总结了党的十六大以来，特别是近五年的辉煌成就和成功经验，确立了科学发展观的历史地位，提出了夺取中国特色社会主义新胜利的基本要求，对全面建成小康社会和深化改革开放作出了安排部署，对提高党的建设科学化水平提出了明确要求，为党和国家事业发展指明了方向。**一个新党章：**大会适应党和国家事业发展要求，还对党章作了修改。**一个好班子：**选举产生了以习近平为总书记的新一届中央领导集体，政治局常委由九人瘦身为七人，实现了党的领导集体的新老交替、顺利交接，对于我们党带领全国各族人民，夺取中国特色社会主义新胜利具有十分重大而深远的意义。

因为十八大精神主要体现在报告中，所以我与大家的交流主要以剖析解读报告为主。下面，我从三个方面汇报自己的学习体会 ：

一、十八大报告值得学、应该学

首先，报告值得学：

——它是智慧结晶。报告主题鲜明、思想深刻、内容丰富、博大精深，提出了一系列新思想、新观点、新论断、新表述，是马克思主义中国化、时代化的最新、最全面的理论与实践成果，凝聚着全党、全国各族人民的智慧，是“从实践中来，到实践中去”的成功典范。

报告的智慧不仅体现在一系列新思想、新观点上，就连一些具体工作的切块分类、章节摆放无不独具匠心，比如建设海洋强国的表述，没有放到军事建设章节，而是放在生态文明建设章节，优化国土空间开发格局条目中阐述——“提高海洋资源开发能力，坚决维护国家海洋权益，建设海洋强国”。既向外界显示了中国以我为主的发展取向，又避免了周边国家对此的过度解读，可以说，报告的智慧随处可见，俯拾即是。

——它是政治宣言。报告明确指出，要坚定不移高举中国特色社会主义伟大旗帜，既不走封闭僵化的老路、也不走改旗易帜的邪路，要坚定不移走中国特色社会主义道路。同时强调，要充分发挥我国社会主义政治制度优越性，积极借鉴人类政治文明有益成果，绝不照搬西方政治制度模式。另外，报告提出的“既不妄自菲薄、也不妄自尊大”，“文化强国”等观点、论断无不展现出一个成熟政党的高度自信，也是向党内外、国内外发出的政治宣言。

——它是路标方向。报告以科学发展观为指导，坚持解放思想、实事求是、与时俱进、求真务实的思想路线，提出了到 2020 年全面建成小康社会的奋斗目标，阐述了五个方面的丰富内涵，明确了时间节点，勾画了路线图，为我们扎扎实实迈向中华民族伟大复兴提供了一个看得见、摸得着、感受得到的阶段性目标；同时，提出了“两个翻番”，这是中共首次明确提出居民收入倍增计划；“两个五位一体”分别阐述了党的建设和中国特色社会主义事业总体布局，即思想、组织、作风、反腐倡廉、制度建设和经济、政治、文化、社会、生态文明建设；报告指出，夺取中国特色社会主义新胜利，必须牢牢把握“八个坚持”。这些都是我们2020年实现全面建成小康社会这一近期目标，乃至实现社会主义现代化和中华民族伟大复兴这一长期目标的方法路径和行动指南。

——反映群众心声。针对当前劳动就业、物价房价、医疗卫生、入学教育、食品安全、收入分配、环保治安、社会不公、腐败等人民群众最关心、最直接、最现实的利益问题，报告强调，“人权得到切实尊重和保障”，“积极推动农民工子女平等接受教育”，“提高劳动报酬在初次分配中的比重，规范收入分配秩序，保护合法收入，增加低收入者收入，调节过高收入，取缔非法收入”，“开创社会和谐人人有责、和谐社会人人共享的生动局面”，“建设与我国国际地位相称、与国家安全和发展利益相适应的巩固国防和强大军队”，“让权利在阳光下运行”，“反腐倡廉必须常抓不懈，拒腐防变必须警钟长鸣”，“建设廉洁政治，做到干部清正、政府清廉、政治清明”，“努力建设美丽中国，实现中华民族永续发展”，以及习近平与中外记者见面时的讲话“人民对美好生活的向往就是我们的奋斗目标”等体现人文情怀的话语随处可见，无不说出了群众的期待，道出了老百姓的心声。

——自身具有美感。报告近3万字，分12个部分，逻辑严密、结构严谨，层次分明、环环相扣，文字表达精准而又朴实，比如，对教育的表述：“坚持教育优先发展，把立德树人作为教育的根本任务，培养学生创新精神”，“办好学前教育，均衡发展九年义务教育，基本普及高中阶段教育，加快发展现代职业教育，推动高等教育内涵式发展，积极发展继续教育，完善终身教育体系”，每句表述无不具有强烈的现实针对性。报告激情满怀，却没有一句华丽的词藻，它把理论智慧与语言文字的美高度统一，所以我们听、读报告时，既能体会到报告的博大精深，也不感到枯燥乏味。

其次，报告应该学：

报告是中国共产党最高层面的纲领性文献，每一段精准的文字表述后面都有着深厚的宏观背景和社会现实，是无数专家学者研究的集大成者，是今后一个时期各行各业政策法规起草修订完善的总依据，对我们各行各业无不具有重大指导意义。作为政协委员，知情才能明政。报告作为最大最重要的上情，为了更好地履行政协职能，我们不能不学，理应知晓掌握。

二、十八大报告亮点综述

全面准确学习十八大精神，要认真研读报告原文和党章，学习习近平同志在党的十八届一中全会、中央政治局常委集体会见中外记者会和参观国家博物馆“复兴之路”展览时的讲话精神，做到站位有高度、领会有深度。十八大精神主要体现在八个方面，即要做到八个深刻领会：一要深刻领会十八大主题。二要深刻领会过去 5 年和 10 年党和国家取得的新的历史成就。三要深刻领会科学发展观的历史地位和指导意义。四要深刻领会中国特色社会主义的丰富内涵。五要深刻领会夺取中国特色社会主义新胜利的基本要求。六要深刻领会全面建成小康社会和全面深化改革开放的目标。七要深刻领会社会主义经济、政治、文化、社会、生态文明建设等方面的重大部署。八要深刻领会全面提高党的建设科学化水平的重大任务。

关于八个方面的论述，各种新闻媒体、各类会议经过 2 个多月饱和式的宣传，大家应该对其有所了解，故不再赘述。这里只就报告中一些新论述、新部署谈一下个人浅见。

亮点一：首次将“科学发展观”确立为党的指导思想

报告提出，“科学发展观同马克思列宁主义、毛泽东思想、邓小平理论、三个代表重要思想一道，是党必须长期坚持的指导思想。”这表明科学发展观成为指导党和国家全部工作的强大思想武器。报告还对深入贯彻落实科学发展观的第一要义即发展、核心立场即以人为本、基本要求即全面协调可持续、根本方法即统筹兼顾等，作了深刻阐述。

科学发展观，是总书记胡锦涛于 2003 年 7 月 28 日的讲话中首次提出，在党的十七大上写入党章。科学发展观的提出和产生，有其厚重的现实背景：大家都知道 98 洪灾的情况，从珠江、长江、淮河、嫩江、松花江，由南到北，全国几乎大小河流均出现险情，全国大部分洪水滔天，国家动用了全国、全民、全军力量抗衡特大洪灾。即使“严防死守”，还是多处溃口，造成重大损失。这次洪灾既给我们带来了深重灾难，同时，也引起了全民的深刻反省、反思。我们到底需要什么样的发展？发展为了什么？该给子孙后代留下什么？尤其是学术界、民间环保人士呼声更为强烈——单纯一味追求经济增长，给我们的生态环境造成毁灭式、不可逆转的破坏，破坏程度可谓触目惊心：**森林毁绝**——学校每上一堂课的时间，有4000亩森林被毁；每吃一顿饭的工夫，有200亩森林被砍伐一空；每眨一下眼睛，有12亩林木从我们的国土消失。**水土流失、荒漠化**——与50年代相比，人口翻了一番多，水土流失和荒漠化土地各翻了约一番半，不足半个世纪的时间里，中国人均生存空间已被压缩到原来的1/5，继黄河成为悬河之后，珠江、长江、淮河、海河、辽河、松花江已是“悬河在望”，这都象不定时炸弹悬在中国人的头上。**地质灾变剧增、耕地严重流失和超载、水资源枯竭**——不仅仅是南北水资源不平衡的问题，更主要的是大小河流严重污染，有水不能用，功能性缺水严重，地面水不能用，地下水严重超采，华北打井打至地底几百米是常事，造成大面积地面塌陷。**气候灾害轮番扫荡**——气候变暖、冰川消融，南涝北旱、北涝南旱大范围轮流发生。**水污染、大气污染、垃圾围城、垃圾遍布城乡**——人民生活在极度恶劣的环境之中。**近海赤潮**（鱼类绝迹、海水倒灌）、**物种灭绝、矿物资源耗尽**等等。我们的切身感受：小时候房前的小河沟清澈见底，鱼虾一打半脸盆，如今却是鱼虾绝迹，听不到鸟鸣，连萤火虫都少了。各方有识之士为此从体制、政策、市场等诸方面深度分析，发出了不要自毁发展之路的强烈呼吁，开出了抢救家园的药方。中央高层随之推出了一系列措施：加快森工企业改制转产，大力实施退耕还林、退耕还草等。同时，从理论上进行总结，解答发展为了什么，需要什么样的发展。所以这一理论也是实践的总结和反思，充分证明了党的理论来自于实践，指导于实践。

将科学发展观确立为党的指导思想，有利于全党增强贯彻落实科学发展观的自觉性和坚定性，对于把科学发展观贯彻落实到我国社会主义现代化建设全过程、体现到党的建设各方面意义重大而深远。

亮点二：对“中国特色社会主义”作了新的阐述

报告对中国特色社会主义道路、中国特色社会主义理论体系、中国特色社会主义制度内涵作了深刻阐述，同时指出道路是“实现途径”，理论体系是“行动指南”，制度是“根本保障”，“三者统一于中国特色社会主义伟大实践。”

其中，胡锦涛同志在纪念中国共产党成立九十周年大会讲话中首次提出“中国特色社会主义制度”，此次写入党的报告，是中国特色社会主义进一步走向成熟的标志之一。

报告还提出：“建设中国特色社会主义，总依据是社会主义初级阶段，总布局是五位一体，总任务是实现社会主义现代化和中华民族伟大复兴。”

报告提出“中国特色社会主义道路，中国特色社会主义理论体系，中国特色社会主义制度，是党和人民十多年奋斗、创造、积累的根本成就，必须倍加珍惜、始终坚持、不断发展。”因此全党要坚定“道路自信、理论自信、制度自信”，既不走封闭僵化的老路、也不走改旗易帜的邪路。

习近平指出：党的十八大主题，简洁而又鲜明地向党内外、国内外宣示了我们党将举什么旗、走什么路、以什么样的精神状态、朝着什么样的目标继续前进这4个关系党和国家工作全局的重大问题。提出和确定这样的主题，对我们党团结带领全国各族人民在新的历史征程上继往开来、与时俱进十分紧要。深刻领会、准确把握这个主题，对学习贯彻党的十八大精神至关重要。

亮点三：全面小康社会：从“建设”到“建成”

报告确定的大会主题中提出“为全面建成小康社会而奋斗”，这与十七大主题中“为夺取全面建设小康社会新胜利而奋斗”的表述不同。从“建设”到“建成”，一字之变，体现了我国发展阶段的重大转折。小康社会是邓小平同志在上世纪７０年代末、８０年代初在规划中国经济社会发展蓝图时提出的战略构想。在上世纪末基本实现小康的情况下，十六大报告明确提出了“全面建设小康社会”。

“建设”是过程，“建成”是结果。经过数十年的艰苦努力，这一战略目标的实现已指日可待。报告首次明确提出全面“建成”小康社会，是对全国人民的庄严承诺，是对全世界的郑重昭告，同时指明了未来五年非同寻常的历史方位，及其对于全面建成小康社会的关键意义。

报告不仅明确了建成小康社会的时间节点，即“两个百年”目标，还阐述了小康社会的丰富内涵：经济持续健康发展；人民民主不断扩大，人权得到切实尊重和保障；文化软实力显著增强，核心价值体系深入人心；人民生活水平全面提高，公共服务均等化基本实现，全民教育程度和创新人才培养水平明显提高、就业更加充分、收入差距缩小、社会保障全覆盖；资源节约型、环境友好型社会建设取得重大进展。这五个方面的论述与建设中国特色社会主义经济、政治、文化、社会、生态“五位一体”布局对应，充分体现了科学发展观的基本要求。

从报告对小康社会的描述中可以看出：小康不是单一的某一方面的改善，而是五个方面的整体提升，不仅是物质生活的提高，更主要的是精神层面的满足——即让老百姓拥有体面的、有尊严的生活。报告还提出法治政府基本建成，司法公信力不断提高，人权得到切实尊重和保障。其中人权问题在党的报告第一次提出。（十七大报告原文：扩大社会主义民主，更好保障人民权益和社会公正正义。公民政治参与有序扩大。依法治国基本方略深入落实，全社会法制观念进一步增强，法治政府建设取得新成效。基层民主制度更加完善。政府提供基本公共服务能力显著增强）。值得深思的是，中国人权状况的改善都是以个体的巨大牺牲为代价换来的。

案例一：2009 年 7 月，河南新密农民张海超开胸验肺事件推动职业病鉴定维权相关制度完善健全。

案例二：2005 年，湖北京山农民佘祥林杀妻冤案，历时 10 年终昭雪于天下，推动了司法机关审案过程公正审慎及死刑复核权上收至最高法院。

案例三：2003 年 3 月，湖北黄冈大学生孙志刚因无暂住证在广州收容遣返中转站被打死事件，经新闻媒体的强力介入，直接推动实行了几十年的收容遣返制度的取缔。

亮点四：总体布局：由“四位一体”到“五位一体”

报告继十七大后再次论及“生态文明”，并将其提升到更高的战略层面。由此，中国特色社会主义事业总体布局由经济、政治、文化、社会建设“四位一体”拓展为包括生态文明建设的“五位一体”，这是总揽国内外大局、贯彻落实科学发展观的一个新部署。

报告指出：建设生态文明，是关系人民福祉、关乎民族未来的长远大计。面对资源约束趋紧、环境污染严重、生态系统退化的严峻形势，把生态文明建设放在突出地位，融入经济、政治、文化、社会建设各方面和全过程。报告第一次提出“推进绿色发展、循环发展、低碳发展”，“建设美丽中国”，体现了尊重自然、顺应自然、保护自然的理念。

亮点五：首次提出城乡居民人均收入 10 年翻番

为确保到 2020 年实现全面建成小康社会的目标，十八大报告提出：“实现国内生产总值和城乡居民人均收入比 2010 年翻一番。”为千方百计增加居民收入，报告还提出了“两个同步”，即：居民收入增长和经济发展同步、劳动报酬增长和劳动生产率提高同步。这充分体现了实现发展成果由人民共享的思路。

报告在“必须坚持走共同富裕道路”的论述中提出：“使发展成果更多更公平惠及全体人民。”人们注意到，自十六届四中全会提出构建和谐社会目标以来，我们党把保障社会公平正义摆到了更加突出的位置。

报告提出公平正义是中国特色社会主义的内在要求，“加紧建设对保障社会公平正义具有重大作用的制度，逐步建立以权利公平、机会公平、规则公平为主要内容的社会公平保障体系，努力营造公平的社会环境，保证人民平等参与、平等发展权利。”

强调“更公平”，是“以人为本”理念的进一步深化和细化，是将以更大力度改善民生和加强社会建设的明确信号。

亮点六：对党的建设主线作了新概括

报告谈到提高党的建设科学化水平时，首次提出“牢牢把握加强党的执政能力、先进性和纯洁性建设这条主线”。还提出建设“学习型、服务型、创新型”的马克思主义执政党。中国共产党担负着团结带领人民全面建成小康社会、推进社会主义现代化、实现中华民族伟大复兴的重任。形势的发展、事业的开拓、人民的期待，都要求以改革创新精神全面提高党的建设科学化水平。

报告同时提出了“思想、组织、作风、反腐倡廉和制度建设”“五位一体”的党的建设总体布局。如果说，生态文明建设体现了自然界的自我净化功能，那么，反腐倡廉建设则体现了党的肌体的自我净化功能，这也是我党、我国永葆青春的秘诀。

在新的历史条件下，我们党面临着执政、改革开放、市场经济、外部环境“四大考验”，面临着精神懈怠、能力不足、脱离群众、消极腐败“四大危险”。经受考验、化解危险，最根本的是要加强党的自身建设，始终保持党的先进性和纯洁性。报告关于党的建设的理论创新，有利于全面推进党的建设新的伟大工程。

亮点七：强调以制度建设为导向的政治体制改革

政治改革一直是社会各界非常关注的话题，报告明确提出“要坚持中国特色社会主义政治发展道路和推进政治体制改革”。报告强调，人民民主是我们党始终高扬的光辉旗帜，是社会主义的生命。要把制度建设摆在突出位置，发展更加广泛、更加充分、更加健全的人民民主制度，丰富民主形式，保证人民依法实行民主选举、民主决策、民主管理、民主监督。要建立健全权利运行制约和监督体系。

报告中富有新意的改革措施或提法有：加强对政府全口径预算决算的审查和监督；提高基层人大代表特别是一线工人、农民、知识分子代表比例，降低党政领导干部代表比例；党领导人民制定宪法和法律，党必须在宪法和法律范围内活动；任何组织或者个人都不得有超越宪法和法律的特权，决不允许以言代法、以权压法、徇私枉法；建立决策问责和纠错制度等。

亮点八：报告首次提出协商民主概念

报告强调，要完善协商民主制度和工作机制，推进协商民主广泛、多层、制度化发展。通过国家政权机关、政协组织、党派团体等渠道，就经济社会发展重大问题和涉及群众切身利益的实际问题广泛协商，广纳群言、广集民智，增进共识、增强合力。坚持和完善中国共产党领导的多党合作和政治协商制度，充分发挥人民政协作为协商民主重要渠道作用，推进政治协商、民主监督、参政议政制度建设，更好协调关系、汇聚力量、建言献策、服务大局。加强同民主党派的政治协商。深入进行专题协商、对口协商、界别协商、提案办理协商。积极开展基层民主协商。

这段表述，一是首次提出协商民主制度，并把协商民主与选举民主放到同等重要的地位，互为依存、互为补充、互为完善，作为推进政治建设和政治体制改革七个方面的重要任务之一。二是进一步确立了人民政协的地位及作用，那就是人民政协是协商民主制度建设的重要渠道，是实行协商民主制度的主体机构。三是明确了协商民主的四种实现形式，即专题协商、界别协商、对口协商、提案办理协商。

鉴于协商民主赋予了政协更高的地位，提出了更高的要求，因此，我就协商民主进行重点剖析。

报告确认“协商民主”概念，并在此基础上“健全社会主义协商民主制度”进行规划和部署，从一个侧面体现了党在社会主义民主问题上最新的实践创新和理论创新。这是以胡锦涛同志为总书记的党中央，对党的三代中央领导集体关于协商民主思想的继承和发展，是运用马克思主义对我国协商民主政治实践的理论升华和伟大创造，对于发展中国特色社会主义民主政治具有重要指导意义，对于推动人类政治文明发展必将作出有益贡献。健全协商民主制度作为一个重要内容写进党代会报告，彰显了中共中央顺应党心、民心，坚定不移推进政治体制改革的决心和信心。协商民主的作用主要体现在：

首先，协商民主有利于引导公民有序的政治参与。民主的本质是人民当家作主，协商民主是指自由平等的公民，基于权利和理性，在一种规范的权力相互制约的政治共同体中，通过集体与个体的反思、对话、讨论、辩论等过程，形成合法决策的民主制度和治理形式。协商民主的实质就是要实现和推进公民有序的政治参与，完善重大决策的规则和程序，建立社情民意反映制度，健全完善专家咨询制度，实行决策的论证制和责任制，防止决策的随意性。协商民主是一种崭新的民主形式，需要一定的制度来保障。协商民主制度可以充分体现社会主义民主的广泛性，涵盖各党派、各民族、各团体、各阶层等社会各界人士广开言路、广求良策、广谋善举，使全社会各群体中个别、分散的意见、愿望和要求，通过协商渠道得到系统综合的反映，使公民享有广泛的权利和自由。

其次，协商民主有利于体现最大程度的兼容并蓄。协商民主坚持求同存异，蕴含着合作参与、体谅包容的精神。实践表明，只有在民主、和谐、宽松、活跃的氛围中讲真话、说真情、建真言，真正做到知无不言、言无不尽，言者无罪、闻者足戒，协商民主才能充分发挥独特优势和作用。在坚持四项基本原则的前提下，社会各界人士代表可自由发表意见并在充分民主、平等、真诚的协商讨论中达成共识，社会各方的愿望和建议得到充分反映。协商民主说到底是“尊重少数人意见的民主”，坚持民主的大多数与少数的统一，既反映多数人的普遍愿望，又吸纳少数人的合理主张，既听支持赞扬的意见，又听批评不同的声音，从而能够充分调动社会各方面的积极性、主动性、创造性，为了党的事业凝聚人心、争取力量。所以说，协商民主既能推进党和政府决策的科学化、民主化，又是维稳的好办法。

再次，协商民主有利于发挥政协组织的优势作用。现代社会是组织起来的社会，社会发展的文明程度越高，社会组织化程度也就越高，协商民主不仅是一种良好的民主制度，也是一种良好的治理模式。良好的治理模式一定要有公民社会和非政府组织的参与和良性互动。政协委员来自于各界别的精英，最具有公民的代表性。我们可以采取各种形式，为公民参与协商民主活动拓宽领域和渠道，使各方人士能把各种意见、要求、建议充分反映出来，并经过必要的程序，实现协商民主成果的转化。同时，我们还可以因地制宜，发挥优势，探索新的协商形式，丰富协商内容，使政协的协商民主制度更加规范常态，富有成效。

正因为协商民主具有“团结大多数，调动积极性”的作用，所以协商民主在我国的发展前景，值得寄予乐观的期待。可以预测，我国将在健全协商民主制度方面有大动作。按照协商民主在选举民主之前、重要问题在决策之前和决策执行过程中均要在政协进行协商的原则，今后凡是出台重大方针政策，必先在政协这个协商机构获得通过；党委政府的重要决定，必先在政协经过充分讨论；重要的干部人事任免，必先在政协审议通过。乃至参与选举过程中的协商、人大立法协商、政府决策协商，必将进一步改进和完善，这既是中央的明文规定，又是顺应发展潮流的趋势。改进和完善的方向就是协商民主的制度化和程序化建设，让制度有强有力的法律法规作保障，通过可操作的程序设计把协商过程中形成的意见建议反映到决策中。

三、如何用十八大精神指导政协工作实践

十八大以来，从高层开会明确要求不准照着稿子念，到政治局领导集体到国家博物馆参观《复兴之路》展览时强调的“落后就要挨打，发展才能自强”、“国家好，民族好，大家才会好”、“空谈误国，实干兴邦”，到中央政治局审议通过的关于改进工作作风、密切联系群众的八项规定，无不展现出一股清新之风。很显然，中央高层在用亲民、务实、勤俭、廉洁的实际行动落实十八大精神，回应全国人民的期盼。

一切都在改变。作为政协组织、作为一名委员，如何应对改变、学以致用，用十八大精神来强健体魄、指导实践？这是每个政协委员应该思考的问题。

（一）要增强履职信心

目前，全国已经有近 20 个省级和副省级市党委制定了政治协商的规程或意见，明确了协商主体，即谁与谁协商，规范了协商内容，即协商什么，细化了协商程序，即怎么协商，切实把协商民主纳入了党委政府的决策程

序，推进了协商民主的制度化、规范化、程序化。我们过去一年也在探索，与党委政府建立了一系列协商机制，包括协商活动的准备、协商会议的组织、协商成果的报送、协商意见的处理和反馈等规范的程序，并正在不断完善之中，以保障各位委员的民主权利，逐步消除社会上对委员“不说白不说，说了也白说”的误解。

第一，委员要有政治自信。协商民主是我国的基本政治制度，政协是协商民主的重要机构。政协事业前景广阔，政协工作大有可为。政协的政治地位必将加强，各位委员的话语权、影响力必将提升，这是时代潮流。但政治自信的前提是政治自觉。坚持党的领导，围绕中心、服务大局是政协必须遵循的政治原则，是政协工作向前发展的根本保证，是政协工作的切入点、着力点、落脚点。

第二，委员要有履职自信。党和人民赋予了政协政治协商、民主监督、参政议政三大职能。我们履行职责的过程就是在用实际行动探索实践协商民主制度的过程，就是代表社会各界行使民主权利。因此，我们既要深感责任重大、使命光荣，更要倍加理直气壮、动真碰硬，尽可能使协商民主成为各方利益诉求和观点表达的过程，成为求同存异、增进共识，广泛凝聚智慧和力量的过程。

第三，委员要有目标自信。政协工作范围宽泛无边，涉及到方方面面，但目标只有一个，就是团结民主。只有牢牢把握这个主题，才能履行好政协职能。团结民主是政协性质的集中体现，是政协产生发展的历史依据，也是政协继往开来的方向使命。我们要把团结民主贯穿于政协各项工作中去，多做协调关系、理顺情绪、化解矛盾、促进和谐的工作，多做增进友谊、凝聚人心、汇集力量、推动发展的工作。委员必须具备海纳百川的宽广胸怀，容人、容事、容言的大气雅量，坚持求同存异、体谅包容的原则，努力形成既团结活泼、又宽松和谐的民主氛围。

对协商民主，中央有要求，群众有期盼，我们有经验。所以，我们应有政治自信、履职自信、目标自信。

（二）要提升履职本领

我国加快政治体制改革，推进协商民主制度建设的序幕已经拉开，每位委员将是这一闪亮舞台的主角。协商民主制度化，说白了就是“三在前”，即重大决策协商在党委规定之前、人大通过之前、政府实施之前，从制度层面使政治协商真正成为科学民主决策的必要程序和重要环节，把党委、政府的决策纳入科学化、民主化、制度化的轨道。这对政协组织、政协队伍提出了更高的要求，委员参政议政的能力和水平直接影响着协商民主的成效。我的理解就是，政协组织一定程度上要成为党委政府的智囊团、参谋部、人才库，和谐社会的瞭望哨、预警机、稳压器。假如从在座的委员中随机抽取 3–5 名委员就某一问题进行专题协商，或就某一专业问题进行界别协商，大家是否有足够的底气来承担这一任务？我们的专业素养、知识储备能否保证与协商对象对等交流沟通？大家对此都应反思。所以，加强学习，提升履职本事，是我们永恒的课题。个人认为，贯彻落实十八大精神，探索实践中国政治文明，每个委员都应拿出实际行动，即不断提升自己议政建言的水平。

一是敬业态度的准备。平时大家都在议论我们的社会缺乏民主。要民主，可以说是人心所向。现在，既然给了平台，有了制度，如果还是敷衍应付、搞搞形式、走走过场，就不是应有的态度。对待工作，我们要有“王婆”精神，在社会大分工中，每个人都从事着不同的职业，即使在别人看来再卑微的工作，也是社会所需。“干一行、爱一行”，我们都应该对自己的职业，所从事的事业，由衷地感到神圣而又崇高，这样才能全身心地投入。要牢固树立社会责任意识，对政协履职要尽责上心。何为上心，就要特别注重履职协商前的充分准备，对于每次视察、调研、议政都要提前熟悉课题，尽可能多的占有资料，保证议政建言的真知灼见。“举手”委员、“哑巴委员”、“名片”委员、“鼓掌”委员在政协组织没有位置，这是必然趋势。

二是知识储备的准备。光有“王婆”精神还远远不够，因为我们还肩负着协调关系、汇聚力量、建言献策、服务大局的重任。每名委员都应是党和国家大政方针政策的“传教士”，必须要有一定的理论素养、建言献策能力。各位委员首先应认真解读十八大报告关于本界别、本行业的表述，认真领会其每段文字背后深厚的时代背景和重大政策取向，了解本行业、本界别在中国特色社会主义总布局中所处的位置、地位及作用，这样才能跳出行业看自身，跳出政协看政协。

如对社会管理创新的解读，我个人的看法如下。我们的社会正经历人类几千年未有之大变迁，突出的现象：工业化、城镇化以不可阻挡之势快速推进，成千上万的村庄正在我们的眼前消失；老龄化呈加速之势，未富先老为我国一大基本国情；以人为本的理念逐步深入人心，人们要科学发展、要权益保障、要价值体现的意愿得到前所未有的彰显；人口在更大区域内流动，全社会流动人口达2亿以上；经济结构进入工业化中期，社会管理仍滞留在工业化初期；政府责任无限大，成了无所不能、包打天下的“全能政府”。

这些大的时代背景，若不掌握，就不能理解“加强社会建设，必须以保障和改善民生为重点”，社会保障要“坚持全覆盖、保基本、多层次、可持续方针，以增强公平性、适应流动性、保证可持续性为重点，全面建成覆盖城乡居民的社会保障体系”，卫生要“保基本、强基层、建机制”，教育要以德树人，完善从学前到终身教育体系等。每一段精确表达的背后，都有客观现实依据。所有这些现象，都是工业化的必然结果。纵观历史，西方发达国家工业化的过程，伴随着海外殖民扩张及大量的移民，掠夺原材料及倾销工业品，以转嫁国内“圈地运动”、生产力提高带来的大量矛盾。但中国不能，因为国力用于自保还尚且不足，且“中国威胁论”一直甚嚣尘上，所有的矛盾和问题只能在内部化解。这也是为何要走没有经验可以借鉴的中国特色社会主义道路、和平崛起，外交上“以邻为伴”、“与邻为善”的国际背景。

如对文化强国建设的解读，我个人的看法为：当下，我们的社会价值观念多元、价值取向迷茫，人心不古、世风日下。个人认为，最突出的问题就是，马克思主义没有中国化、时代化、大众化。我们讲的是马克思主义，血液中流淌的仍是以儒家思想为主导的传统文化，评判人的标准仍是“仁、义、礼、智、信”，导致游戏规则与价值观念的激烈冲突：一方面，痛恨潜规则，又受累于潜规则；另一方面，又利用潜规则为个人或小团体谋取利益。一方面要正义公平，对各种腐败现象深恶痛绝；另一方面，又自觉不自觉地为腐败现象推波助澜，普遍的舆论氛围又使公平正义缺乏基本的生长土壤，好人难做，正派正直人没有市场，普遍鄙视勤奋做事、按规矩出牌的老实人，谓之裤裆里打麻将——玩不转。负能量很多。对此，我们政协组织，各位委员起码要有良知和底线，要尽可能地凝聚最大公约数，释放正能量。我们的最大公约数就是社会主义的核心价值观。

三是界别意识的准备。政协委员不同于人大代表，界别组成是政协的显著特色。一个界别就是一条民主渠道。保持这条渠道的畅通、有效，就能够把社会各阶层、群体、各族各界代表人士的愿望，纳入到民主法治建设的轨道，使社会各界人士广泛、积极、有序的参入国是。委员不是以地区代表身份，而是以党派、团体、界别代表的身份进入政协，是本界别参与民主政治的代言人。因此，委员的核心职责，就是保持界别的代表性。界别意识不是小团体意识、个人意识，要识大体、顾大局，自觉的以个人利益服从整体利益，以局部利益服从全局利益。

（三）要强化自律意识

打铁还需自身硬。因为我们是政协组织，肩负着监督别人、评议别人的神圣职责，自己做了没有、做的好不好、到不到位，没有人当面指责。但是，我们一旦放弃质量标准，自甘沉沦，就毫无权威和价值可言。因此，只有坚持自律，要求别人做到的，自己先要做到，要求别人不做的，自己坚决不做，树立良好的公众形象，才能敢于亮剑，履行好民主监督职能。否则，你抹黑的不仅是个人形象，更是组织形象。本届政协把个别只要荣誉、不要责任，不守纪律、违法犯罪的委员清除出政协队伍，也是在探索实践“政协组织的自我净化功能”。

首先，要有组织观念。要遵守国家的法律法规，政协的章程制度，按时参加会议和活动。本届委员大多是遵守纪律的，有名委员接到会议通知时正在深圳，他立马乘飞机到天河机场，然后迅速打的到应山，准时到会。

这样的例子还有很多。但也有个别不守纪律的委员，我们按委员管理规定进行了处理。

其次，要有责任意识。主动参与协商议政，贯彻落实四百工程，积极开展五个一活动。

最后，要有道德修养。坚持从小节做起，常扫思想上的灰尘，勿以善小而不为，勿以恶小而为之，自爱、自警、自重，心不动于微利之诱，目不眩于五色之惑，用良好的形象吸引人、高尚的人格感染人、真挚的情感团结人。

各位领导，各位委员！我们有着数千年的辉煌文明。“犯我强汉者，虽远必诛！”、“犯我大明者，虽远必诛！”这些荣光曾一次次让我们热血沸腾，这是一种自信，更是一种国家实力！十八大报告给我们描画了美好蓝图，我们每个人都有一个共同的中国梦，就是实现超越汉唐盛世、万国来仪的中华民族伟大复兴，到那时才能真正“共享做中国人的尊严和荣耀”！

最后，借用同济医院的院训作为结束语：格物穷理，同舟共济，我们的明天更美好！

谢谢大家！

（此文为 1 月 17 日政协七届二次会议闭幕后组织全体委员学习十八大精神时的辅导报告）

苦却快乐着
——写在广水政协网站开通一周年之际

汪维浩

7月8日，一个再普通不过的日子，但对政协机关来说却并不普通。一年前的2012年7月8日，政协网站正式开通。

逝者如斯，不舍昼夜。蓦然回首，365个日日夜夜，对于农夫，经历了春播、夏种、秋收、冬藏的劳动喜悦，那么我们，每个政协人，又体验了什么？收获了什么？感悟了什么？

一年前创办网站的情景历历在目。面对政协主要领导一次次催促，我确很忐忑惶恐：为人手紧张——机关所有工作人员才10来人，且年龄普遍偏大；为能力不济——网站是开放式平台，所有上网内容均要接受方方面面的审视评判，稍有差错，可能贻笑大方；为能否坚持——网站运营管理、维护更新庞杂具体，一旦运行，必是开弓没有回头箭，是新开的茅厕，还是兔子的尾巴？理想设计与客观现实总有距离。

正如孩子总是自己的好。此时此刻，打开广水政协网站，我的内心充盈着欣慰——近500篇、100万字的网上文稿，超过1万人次的点击量，不仅完整地记录着本届政协一年来有所作为的全过程，还较真实地反映出广水政协工作的受关注度。主要的是，我们体验了勤能补拙的真谛——多少次，我们白天陪同领导视察调研，晚上要将视察调研报告、工作动态组稿上网；又有多少个周末，为使新闻不成为旧闻而加班加点。我们实践了坚持就是胜利的真理——坚持程序，层层把关；坚持标准，以质取胜；坚持更新，时刻保鲜。

我没有理由不为这一团队骄傲——年人平超过50篇、10万字的组稿量，大多出自在他人看来，可以休闲养老、颐养天年的“爷爷奶奶辈”之手。

多少个灯火通明的夜晚，多少遍字斟句酌的推敲，多少次学习提能、凤凰涅槃式的煎熬，是担当激发了无限的潜能！天道酬勤，岁月留痕。

从网站对政协一年来的履职记录中，我更惊喜的看到，新一届政协的工作理念、目标和要求与中央、市委精神的高度契合：当市委提出对干部实行大考核时，我们已制定了对委员、联络处、活动组、专委会的量化考核办法；当习近平当选总书记会见中外记者强调“打铁还需自身硬”时，我们已制定了委员管理的规定，强化了对委员履职的管理，并一以贯之地落实了“自己要把自己当回事”的工作理念；当中央作出加强作风建设的八项规定，提出开展走群众路线时，我们也早已倡导干部要知行合一、身体力行，并已开展两次机关干部下基层接地气调研实践活动；当各地为探索推进协商民主工作苦恼困惑时，我们及时请示市委在全省率先出台了加强政协协商民主的意见……“四百工程”的实践探索与时代精神又是多么完美的契合！——我不得不折服本届政协站位的高度，谋划的深度！

抱怨指责已成为社会流行病。食品安全、生态环境、官员腐败、分配不公、上学就医、各类潜规则……谁都可以牢骚满腹，谁都可以苦大仇深，但作为社会的一份子、一团体、一行业，自己做了些什么？不能改变一切，但能改变一些。到底为社会风气整体恶化在推波助澜，还是做了力所能及的改善？似乎缺乏反思和哪怕微不足道的行动。

自律——就预示着给自己套上了紧箍咒，亮明旗帜——就意味着要比别人做的更好。“不干事没意思，多干事啥意思，干点事意思意思”。无奈、困惑、犹豫……政协人曾经真实的心理写照。在一些人看来，政协本是可以老虎吃肉坐着哼的角色。本届政协却以实际行动践行着自己不同的选择。围绕中心，服务大局——城区饮用水、风机产业发展、社会化养老、水源地保护、餐饮具消毒、护城河治理……一项项活动，密集而又紧凑，一份份提案建议，用质量和深度被纳入党政议事日程——我们很辛苦，因为我们竭尽全力挥洒了汗水；我们很快乐，因为饱食终日、尸位素餐的标签被我们亲手撕下，实实在在谋了一些事，干了一些事，成了一些事。

诚然，任何组织和个人都不可能完美无瑕。活动过多的问题让委员和协商对象均感到了时间精力上的较多压力——完善和提高将是我们永恒的主题。但是，一个社会，若视溃疡如桃花，看鲍鱼之肆为兰香之室，却把美玉等同粪土——这不是价值多元，而是很彻底的堕落。

每一代人，都会形成多股力量，流向不同的方向，却分明又指向同一结局——无一例外尽自己的本分，充当过渡人的角色，沟通过去与未来，极个别被镀金瞻仰，绝大多数被历史洪流冲刷淹没。如此循环往复，如此交替传递，构成我们厚重绵延的历史。

在这里，我想起了内乡县衙里的一副对联：吃百姓之饭，穿百姓之衣，莫道百姓可欺，自己亦是百姓；得一官不荣，失一官不辱，莫道一官无用，地方全在一官——淡化官职，强化责任，记住自己来于百姓。哪怕人微言轻，哪怕力量甚小，哪怕被人非议，做好自己，尽到本分——处江湖之远并不妨碍我们鞠躬尽瘁。

官样文章好写，实诚为人很难。身为局中人，我也一直在打磨用辞，即便这样，在深谙进退之道的人看来，以上是多么幼稚可笑。但包容作为政协最大的优势和特色，我们愿意以最开放的心态接受最尖锐的批评，毕竟“横看成岭侧成峰，远近高低各不同”。我们始终坚信：人间正道是沧桑。

谨以此文真诚感谢所有关心支持政协工作的各界人士！

写于2013年7月9日夜，于7月13日修改。

强化作风建设　推动干事成事

汪维浩

去年以来，市政协机关围绕全市发展大局，认真贯彻落实中央“八项规定”、省委“六条意见”，以作风建设为突破口，主动谋事、积极干事、努力成事，推动了政协工作健康发展。

一、主要做法

1. 围绕管理创新，强化工作责任。一是建章立制，强化目标责任。始终把建章立制、制度管人作为机关建设的重要举措，先后修订完善21项管理制度。对文电处理、公务接待、会务筹备制定流程图，对小车、财务管理定期公开，对上下班、集中学习实行准点签到，做到办文、办事、办会要求明确，程序规范。在广水市改进工作作风实施细则、廉政建设“六个严控”出台后，政协机关迅速组织学习并带头厉行勤俭节约，抵制“舌尖上的浪费”，实现了接待费用压缩20%的目标。二是量化考核，强化担当责任。以舆论引导担当。坚持“自己不把自己当回事，别人不可能把你当回事”、“自己未搞清楚的事，绝不推向下一流程”等工作理念，鼓励干部自我加压、主动作为，引导干部以实干树形象。以考核驱动担当。年初，对每个专委会、科室签订责任目标，对每个岗位年度目标任务和工作标准进行细化量化，做到让每名干部干事有方向、工作有目标。年底，严格量化打分，并公开考核分数、成绩排名，督促干部实干争先。以奖惩倒逼担当。严格按照考核结果兑现奖惩并公示上墙。去年，机关挤出4万多元兑现信息宣传奖励，对2名出全勤的同志各予以500元的奖励，对29人次违犯机关考勤制度的干部实施了116元的经济处罚。敬畏制度、敬畏规则的意识大为增强，机关作风、精神状态焕然一新。三是跟踪督办，强化落实责任。认真推行学习教育、履职活动、日常工作“三本账”，做到每日一记载、每月一结清、季度回头看、全年总评比，推进各项工作按时间节点全面落实。一年来，我们高标准完成了“三万”活动、高质量组织并完成三项大型专题调研、四次专题协商议政、十五次视察监督等工作，受到了较好评价。

2. 围绕能力储备，强化学习提高。坚持“把学习当作安身立命的根本，当作突破自我的关键，当作一种健康的生活方式”，积极打造充满“书香”气息的学习型机关。今年，按照“学习在前、学以致用”原则，拟定了近60项专题学习内容，合理安排时间，进行任务分解，改变了机关学习临时动议的现状，使机关学习真正形成了一种制度。一是注重及时学习。坚持周一集中学习制度，围绕政策导向和发展热点，第一时间组织干部学习新精神、新政策，先后开展党的“十八大”、全国政协十二届一次会议、中央“八项规定”、全市“七大活动”等专题学习，促进干部观念更新和履职本领提升。二是注重主动学习。推行轮流讲课。每个同志每年 开展一次专题讲座，倒逼干部加强理论学习，实现从“被动听”向“主动学”转变。推行主题讨论。围绕贯彻落实上级精神，引导干部自由辩论，谈学习体会，谈工作打算，实现从“一言堂”向“众人言”转变。推行学习交流。定期组织内部经验推广和对外学习考察活动，取长补短，集思广益。今年，我们将广泛邀请市直单位相关专业人士、政协委员到机关讲座。目前，环保、林业、民族宗教方面的讲座已完成，实现了从“闭门学”向“开门学”转变。三是注重务实学习。围绕专题调研和“察民情、接地气、下基层”主题活动，组织干部提前学习方针政策，搜集先进做法，做好各项法规解读和理论储备，为各项履职顺利推进打牢基础。通过学习，提升了机关干部责任意识和履职能力，“当不了知识分子，至少当‘知道’分子”成为共识；“以其昏昏，使人昭昭”的现象基本杜绝。

3. 围绕发展大局，强化主动服务。一是立足“三大职能”，做好参谋服务。注重对全市经济发展大局和政协工作形势分析，积极为领导出谋划策，每年初提出政协年度工作要点，为领导确定全年工作盘子提供参考；每月初根据全市工作部署，结合政协工作实际，提出月度工作安排，便于领导准确把握阶段性工作重点。围绕经济社会重大问题，加强政策研究和信息搜索，主动为领导建言献策，提出擦亮风机名城品牌、完善乡镇观摩考核机制、挖掘杨涟文化、筹建武胜关生态文化旅游试验区等一批有影响的建议。二是立足“七大活动”，实施调研服务。始终坚持从贯彻全市重大战略部署出发，从政协中心工作出发，从群众最迫切需要解决的问题出发，站在全局高度，积极策应“七大活动”，扎实开展调查研究。去年以来，我们围绕乡镇观摩、社会化养老、土地承包经营、生猪养殖等热点问题深入调研，形成了10余篇有价值的调研报告，为领导决策提供了科学依据。三是立足“一站两刊”，开展宣传服务。出台宣传奖励办法，创办广水政协门户网站和《广水政协》、《建议与参考》机关刊物，积极加强对外宣传。一年来，累计编发工作简报25期，编辑网站稿件近300篇，在省级以上刊物发表新闻报道100余篇，实现宣传数量、宣传质量、宣传档次、宣传效果四大飞跃，提升了广水政协影响力和广水知名度。四是立足“四百工程”，推进督办服务。围绕本届政协提出的“服务招引百家企业项目、提交督办百件提案建议、征集编发百篇文史资料、收集反映百条社情民意”为主要内容的“四百工程”目标，加大督办力度，及时总结经验，为各联络处、活动组主动参与“大招商”、“大帮办”提供服务，同时，积极探索将“四百工程”实施与协商民主制度建设有机结合。目前，“四百工程”经验在全省政协系统作为典型推广，纳入全国政协理论与实践研讨会创新成果，广水政协在协商民主制度建设方面的实践探索也作为湖北基层经验上报全国政协。

二、几点体会

1. 领导垂范是重中之重。在机关建设中，领导的身体力行，胜过任何的刚性要求和批评说教。只有领导以身作则，要求别人做到的自己首先做到，才能引导干部拉高座标、从严要求。如果领导评点他人异常高调，自我要求却松懈不堪，甚至拿着“手电筒”只照别人不照自己，一切的说教均显得苍白无力。政协机关建设之所以能顺利推进，得益于政协各位主席的严格自律、率先垂范，得益于主要领导“打铁首先自身硬”，亮出“向我看齐”的旗帜。

2. 说到做到是关键之举。落实是机关建设的总抓手，再美好的构想、再完善的设计，不能有效落实，最终都是一纸空文。我们的做法是，若做不到就不说，说到就必须做到。如果言行不一，很多工作都无法推动。

3. 公开透明是活力之源。“矛盾止于公开，互信源于透明”。出台每一项管理规定，我们都召集机关干部讨论学习，征询意见，做到制度大家制定、规则共同遵守。在执行过程中，定期对落实情况进行公示，接受监督。年终考核结果，坚决兑现奖惩，鼓励先进、鞭策落后。这样全程公开、全面公开，最大限度凝聚了合力。

4. 持之以恒是根本之策。机关建设是一项长期的、系统的工程，不可能一蹴而就、一劳永逸。只有持之以恒，在“长期抓”、“经常抓”上下工夫，才能抓出成效，抓出特色。

总之，在全体干部的齐心协力下，在社会各界的厚爱抬举下，政协机关以作风建设为突破口，干了一些事，成了一点事。我们深知，只有将文化的基因深深植入机关建设，让优秀文化的火种得以燎原，才能使机关建设长盛不衰。下一步，我们将以机关文化建设为重点，在条件成熟时探索将ISO质量体系引入机关管理，全面打造“坦诚正直、勤勉精业、包容和谐”的机关文化品牌，不断开创政协机关建设新局面。

（此文为2013年6月27日汪维浩代表政协机关在广水市庆祝建党92周年暨作风建设会上作典型发言）

学习市委《关于加强政协协商民主工作的意见》的几点体会

市政协团结联谊委员会　　秦传本

4 月 23 日，中共广水市委印发《关于加强政协协商民主工作的意见》（广发【2013】5 号，以下简称《意见》），市政协办公室随即发出了关于认真学习贯彻《意见》的通知。通过学习，本人对市委《意见》有以下几点体会。

一、市委《意见》出台具有深刻时代背景和重大现实意义

（一）《意见》出台的时代背景

背景之一：市委《意见》是广水市委、市政协贯彻落实中共十八大精神的及时行动和具体举措。

十八大对协商民主制度的确立：去年 11 月 8 日，中国共产党召开了举世瞩目的第十八次全国代表大会，中共十八大在理论上的重大创新成果之一就是首次将协商民主理论写进党代会报告。在报告的第五部分“坚持走中国特色社会主义政治发展道路和推进政治体制改革”里面，专门设置了一个段落，用 295 个字阐述了健全社会主义协商民主制度。报告强调“社会主义协商民主是我国人民民主的重要形式”，提出“要完善协商民主制度和工作机制，推进协商民主广泛、多层、制度化发展，坚持和完善中国共产党领导的多党合作和政治协商制度，充分发挥人民政协作为协商民主重要渠道作用，把政治协商纳入决策程序，坚持协商于决策之前和决策之中，深入进行专题协商、对口协商、界别协商、提案办理协商”等工作要求。这是迄今为止对社会主义协商民主及其制度建设最全面最系统的概括和论证，它科学地回答了社会主义协商民主的本质属性，协商民主制度和机制的架构，协商民主的渠道、内容和目的，协商民主的基本原则，人民政协

在协商民主制度中的地位以及人民政协实施协商民主的多种形式等重大问题。

将协商民主写入报告的意义：十八大报告将协商民主制度建设纳入推进政治体制改革的重要内容具有里程碑意义。说明协商民主从概念确立、形式认可上升到了制度建立，体现了中国共产党在中国民主制度选择上的道路自信、理论自信和制度自信，也为政协工作指明了奋斗目标和前进方向。

协商民主制度的确立的历史发展过程：“协商民主”这个概念，是从西方借鉴过来的，是西方学者为了破解票决民主的困境、弥补票决民主的缺陷而提出的。上世纪 80 年代后，国内学者也开始从理论上引进探讨“协商民主”的问题。本世纪初，在我国一些基层组织有了一些协商民主的探索与尝试，如民情恳谈会、民主恳谈会、民主理财会、居民论坛、乡村论坛、民主听证等基层民主治理形式，其中浙江温岭的民主恳谈会最为典型。在国家领导人讲话和党政文件上，1991 年江泽民同志最早提出社会主义民主有两种形式，他指出：“人民通过选举、投票行使权利和人民内部各方面在选举和投票之前进行充分协商，尽可能就共同性问题取得一致意见，是我国社会主义民主的两种重要形式”。2006 年颁发的《中共中央关于加强人民政协工作的意见》，首次以正式文件的形式论证了我国社会主义民主的两种重要形式。2007 年 11 月 15 日，国务院新闻办公室发表《中国的政党制度》白皮书第一次确认了选举民主和协商民主的概念， 2011 年中办下发的《中共政协全国委员会党组关于＜中共中央关于加强人民政协工作的意见＞贯彻落实情况的报告》正式明确提出“协商民主”。2012 年，党的十八大首次将健全社会主义协商民主制度写进党代会报告。

市委、市政协及时宣传贯彻十八大：十八大闭幕后，各级党委、政协都把学习宣传贯彻十八大精神作为首要政治任务。市政协在学习十八大关于政协工作的论述中，认为加强协商民主制度建设是贯彻十八大精神的重点和抓手，政协领导思考和安排人员搜集学习协商民主理论和外地经验，着手草拟规范协商议政活动的文件。

背景之二：市委《意见》是政协组织提高履职实效，加强履职活动制

度化、规范化、程序化的长久期盼和客观需要。

改革开放以来，从中央到地方各级党委对政协工作都十分重视，注重发挥人民政协在国家政治生活中的重要作用，支持政协依照章程充分履行职能。中共中央先后制定了《关于坚持和完善中国共产党领导的多党合作和政治协商制度的意见》（89 年 12 月）、《关于加强人民政协工作的意见》（06 年 2 月），中央主要领导在有关会议上也多次就政协工作发表讲话（如：09 年 9 月 20 日，胡锦涛总书记在庆祝政协成立 60 周年大会上的讲话）。省、随州市、广水市各级党委也坚持每届内召开一次政协工作会议，制定印发关于加强政协工作的文件（2010 年省委、随州市委印发关于加强和改进新形势下人民政协工作的决定、2011 年广水市委也制定了关于加强和改进新形势下人民政协工作的决定）。政协组织自身自上而下也都建立健全了履行职能的各项制度规定，如各级政协的常委会议事规则、主席会议议事规则、专委会通则、提案、文史、社情民意工作条列、意见等等。这些文件都对政协履行政治协商、民主监督、参政议政三大职能确立了原则、指明了路径，但在实际工作中，我们感觉到有关规定过于抽象笼统，刚性不足，操作自由性大。如：政治协商的内容和形式不全面、不完善，协商程序不具体、不严密，协商结果的落实反馈机制不健全，政协组织与协商对象的工作协调与配合不流畅等。这些都给政协开展履职活动带来了困惑，影响和制约着政协履职的实效。基层政协组织和广大政协委员迫切需要有个具体明确、操作性强的“拐棍”，对履职活动进行指导和规范，市委《意见》的出台适应了这一期盼。

背景之三：《意见》的出台得益于我们有一个开明、自信、坚强、民主的市委。

协商民主的主要目的是扩大公民的有序政治参与，实现决策科学化、民主化。《意见》颁布实施，说明市委对民主政治建设高度重视，对决策全市经济社会发展重大问题，愿意倾听、采纳政协组织的意见和建议；说明市委具有开阔视野和把握全局的能力和自信。

背景之四：《意见》的出台是因为我们有一个开拓创新、干事创业的

政协领导班子。

七届市政协成立以来，新的政协领导班子提出打造“有为政协、务实政协、创新政协、和谐政协”工作目标，树立“谋事、干事、成事”的工作理念，敢于担当、勇于负责，各方面工作争先进、创一流，政协组织的地位和形象大幅跃升，在省内政协系统的影响力不断扩大。十八大明确提出健全社会主义协商民主制度的战略目标后，市政协领导班子及时学习，深刻领会，积极谋划建立我市政协协商民主制度的办法措施。

（二）《意见》出台的现实意义

意义之一：《意见》是市委、市政协贯彻落实十八大精神的重大成果。

《意见》的出台说明市委、市政协学习贯彻十八大精神不仅仅停留在学习理解文本上，而且拿出了实实在在的“干货”。

意义之二：《意见》是我市政协协商民主制度建立的标志。

市委《意见》使我市政协协商民主工作有了明确具体的文件依据，是我市政协协商民主工作的纲领性文件，必将大大推进我市协商民主活动的探索实践。

意义之三：《意见》的贯彻实施必将进一步增强党委和国家政权机关的民主意识、政协意识。

根据《意见》规定，政协协商民主内容涉及到市委、市人大、市政府以及法检两院的重大决策部署、重要工作安排，市委、市人大、市政府、法检两院与市政协、各党派团体均可互为协商民主的主客体，而且有些内容在决策、通过、实施之前必须经过民主协商，这必将进一步增强党委和国家政权机关的民主意识、政协意识。

意义之四：《意见》的出台扩大了广水市委、市政协的工作影响，在省内县市具有开创性。

据悉，我省县级市委出台协商民主工作文件广水尚属首次，省政协给予了充分肯定并转发了《意见》，得到了省内兄弟政协的关注，荆门市、襄阳襄州区、咸宁市、远安县等政协或向我们索要文本，或来开展交流探讨，使我市的政协工作在省内有了一定的位置。

二、市委《意见》的主要内容

（一）《意见》的五大重点

《意见》分五个部分，即：政协协商民主工作原则、政协协商民主工作主要内容、政协协商民主工作形式、政协协商民主工作程序、政协协商民主工作保障机制。

《意见》为政协协商民主确立了 3 条基本原则。即：坚持党的领导、将协商民主纳入决策程序、平等协商，求同存异。这是我们开展协商民主活动的立场和方向。

《意见》为政协协商民主明确了 8 项主要内容。这些内容包括市委政府重要文件的出台、全市经济社会发展和城乡建设规划的制定、市政府和法检两院年度工作报告、涉及民生领域的重大决策和重大改革、重要人事调整、统一战线问题等全市政治经济生活的许多方面，涵盖面广、十分具体。

《意见》为政协协商民主确定了 9 个基本形式。具体是：市政协全体会议、常委会议、主席会议、专题协商会、界别协商会议、提案办理协商会议、书面协商、民主监督协商和其他协商形式。形式丰富，与政协组织各个层级的履职活动相匹配。

《意见》为政协协商民主规定了 5 道工作程序。工作流程是：制定协商计划、准备协商活动、组织协商活动、报送协商成果、办理与反馈协商意见。《意见》明确了协商民主活动各个环节的责任主体和办理时限。如："协商议题确定后，由市政协组织相关委员开展视察调查，广泛听取意见，准备协商资料。协商材料应在协商日前 10 个工作日送达参加单位和人员。"、"属年度计划安排的协商会议，应提前 10 个工作日通知与会人员；因特殊情况，临时召集的协商会议，至少提前 3 个工作日通知与会人员。"、"市委、市政府督查部门要将市委、市政府对协商的重要事项纳入督办范围，承办单位3个月内书面向市政协反馈办理结果。”等等都具有很强的操作性和刚性要求。本次常委会就是按照这个要求来开展协商议政的。

《意见》为政协协商民主提供了6项保障措施。从市委常委会每年至少听取一次政协党组汇报、市委政府确定一名领导联系政协工作、党政领导参加政协活动、建立党政部门与政协组织信息交流和协商成果督办落实制度、政协委员参加协商民主活动的时间、车辆、经费保障等方面都作出了规定。这些保障措施是为了使协商民主落到实处，提高实效性，也是对委员民主权利的尊重。

（二）《意见》的两大特点

一是文字精炼、篇幅精悍。《意见》行文开门见山，直截了当，不“带帽穿靴”，全文3300字，体现了中央八项规定发短文的精神。虽然文字不长，但张力很强，意涵丰富。

二是内容具体，指导性强。《意见》结合广水实际，着眼协商民主的发展，对协商民主各环节的工作都作出了规定，具有较强的指导性、前瞻性和操作性。

（三）《意见》的三大亮点

亮点之一：在政协协商民主形式里面加入了民主监督协商。这个形式在外地的《政治协商规程》里是没有的。这样使《意见》涵盖了政协履职的三大内容，更具有统领性。

亮点之二：在政协协商民主工作保障机制里面将“按规定需要进行协商内容，未经协商的，原则上不提交市委决策、市人大通过、市政府实施”作出规定并且列为首位。这一规定意义重大，将有力保障“将协商民主纳入决策程序”原则的落实。

亮点之三：将委员参加协商民主活动权利纳入保障范围。在调研中，曾经有委员向我们反映，有的单位领导对他们参加政协活动不甚支持，为此，《意见》加上了这方面的保障，作出“政协委员所在单位要尊重和依法保护政协委员民主权利，为委员参加视察、调研、评议等活动提供时间、车辆、经费等必要保障，委员各项待遇不因参加政协活动而受影响。”的规定，这是对委员参加协商民主活动的支持和鼓励。

三、贯彻落实市委《意见》的个人建议

《意见》是我市政协协商民主工作的纲领性文件，是当前和今后一个时期我市政协工作的指导依据。认真贯彻落实市委《意见》必将对促进我市民主政治建设、扩大公民有序政治参与、实现决策科学化和民主化、加强政协工作制度化规范化程序化建设产生重大而深远的影响。为贯彻落实好市委《意见》，本人建议：

1.市委要加强对《意见》的落实统筹。《意见》的落实主体不仅仅是政协组织，市委、人大、政府、法检两院及其工作部门都是责任主体，上述机构在协商民主活动中互为主客体。因此，市委要发挥统领各方的核心作用和以身作则的示范作用，加强对政协协商民主工作的领导、指导和协调。一是每年年初，市委要根据工作重点和政协党组建议，确定年度协商议题。二是带头执行“将协商民主纳入决策程序”的规定，对《意见》规定的内容，坚持决策前与政协协商。三是市委领导带头参加政协会议和活动，支持政协协商民主工作，为政协协商民主提供组织保证，创造良好社会氛围。四是将协商民主纳入市督查办的督查项目，市委办公室要牵头定期召开市人大办公室、市政府办公室、市政协办公室、市委组织部、市委统战部等部门的协商民主成果督办落实联席会议，共同推进协商民主工作。

2.市政协要加强协商民主工作的探索实践。协商民主虽然是本世纪初我国政治理论界出现的新概念，是中共十八大确立的新理论、新制度，但在我们以往的政协工作实践中，都包含有协商民主的成分。现阶段，我们要按照新目标、新要求、新制度，加强协商民主工作探索实践。一是要把日常履职活动与推进协商民主结合起来。协商民主其实蕴含在我们履职的各个方面，只是以往我们没有按照协商民主程序来运作。如视察、调研、提案督办、反映社情民意，包括“四百工程”等工作，以往我们从主题策

划、活动组织、成果督办反馈等环节缺乏规范、缺乏协商、随意性强，今后在推行这些工作中，可按《意见》规定的程序来进行，提高组织化程度。二是要有针对性的开展协商民主活动。根据全委会、主席会议、常委会议、专委会以及各处组不同层级，结合各自工作范围和构成特点，精选协商议题，逐步试行开展专题协商、对口协商、界别协商和提案办理协商等活动。三要及时总结协商民主活动经验，指导完善协商民主工作。协商民主工作对我们来说还刚刚“破题”，要在试点实践的基础上，注重经验总结和理论研究分析，以便进一步推进完善这项工作，同时也为外地政协来讨论交流提供借鉴。

3. 政协委员要加强协商民主工作能力培育。随着协商民主工作的推进，政协委员参加各种协商民主活动会越来越多，工作的规范性、程序性会越来越强，这给委员的履职能力提出了新的要求。平时大家都在议论我们的社会缺乏民主，要民主，可以说是人心所向。现在既然给了平台，有了制度，如果还是敷衍应付、搞搞形式、走走过场，就不是应有的态度。如果选取一些委员就某一问题进行专题协商，或就某一专业问题进行界别协商，大家是否有足够的底气来承担这一任务？我们的专业素养、知识储备能否与协商对象对等交流？所以，加强学习，提升履职本事，是我们永恒的主题。政协委员要通过学习，使自己具备与协商对象平等议事的自信和本领，具备“建睿智之言、献务实之策”的能力和素质。“举手委员”、“哑巴委员”、“名片委员”、“鼓掌委员”今后在政协组织将没有位置和市场。

（此文为6月28日在政协七届七次常委会上组织政协常委学习《市委关于加强政协协商民主工作的意见》时的发言）

建言立论

市政协七届二次会议关于政协工作的意见

编者按：为了发扬民主、集思广益，在七届二次会议期间，政协机关工作人员广泛收集了政协委员对政协工作的意见建议，现原汁原味予以反馈，供领导参阅。

这次例会开得很成功，赢得社会各界的好评，主要体现在“三个最”：会议组织最严密，没有出现一点纰漏；报告反响最热烈，通篇充满了务实和正气；工作讨论最充分，新的四百工程和五个一，分别对各处组、委员开展活动指导得很具体，操作性强，委员管理和量化考核，议论很多，但主流是希望政协完善措施，纯洁队伍。综合各组意见，具体建议如下：

一、关于工作机制。为了加强对基层政协组织和委员的领导，要适当调整市直活动组设置及其委员归队。

1. 加强对口领导。为了促进各处组工作平衡开展，根据新的形势发展要求，在主席总揽全局、秘书长综合协调的前提下，进一步建立和完善各位副主席分管专委会、联络处、活动组，专委会对口指导联络处、活动组制度。

2. 调整各组划分。为了加强对委员的联系管理和便于各组开展活动，各位副主席联系的乡镇和市直单位，应与其分管的处组和所在单位的委员一致，不要交叉，不要受界别限制。这样，按市委划分的“七大系统”（党群、政府综合、经贸、农业、住建、政法、宣传系统），可划分为六个活动组（人数较多的可分成某某一组、某某二组，利于竞争）：党群组（党群系统）、社会科学组（政府综合系统，不含教育界）、经济组（经贸系统）、农业组（农业系统）、住建政法组（住建系统、政法系统）、宣传教育组（宣传系统，教育系统）。为了提高各组活动的组织协调能力，各系统牵头单位（如市委办）分管机关的领导应当是政协常委并担任活动组长。根据“两城同城”思路，凡工作单位在应山、广水、开发区的市直委员，应当回归市直活动组。各专委会也要明确对口联系市直和乡镇对象。

3．合理设置处组。考虑到工业基地的企业界委员较多，且有的划到余店等地活动，委员反映活动很不方便，有必要在工业基地设立政协联络处，明确联络处主任（在正式编制下发之前，可暂定为活动组）。

二、关于委员管理。《广水市政协委员管理规定》，开宗明义，为了充分发挥委员在本职工作的带头作用、政协工作的主体作用、界别群众的表率作用，根据政协章程第二十九条之规定，规定的内容只涉及委员如何遵守法律、如何坚守道德、如何履行职责、如何遵守纪律。对违反上述规定的，视情节可分别给予诫勉谈话、警告、请辞、免职、撤销资格处分。要制定一个征求意见稿，供各处组委员充分讨论，吸纳意见修改后，在常委会上审议通过。

三、关于量化考核。存在的问题主要有：有的考核内容空泛，如读一本好书，实际上每名委员都在学习，企业界委员学法律学管理，教育界委员学教改，宗教界委员学经典等，这只是倡导内容，而不是考核内容；有的处组和委员做了很多事，却没有在考核中反映出来，有失公允；实行分类考核，不同界别的委员应区别对待；公布的结果与当初考核的分数不符，没有体现公开原则等。导致委员对考核结果存在异议，不能完全令人信服。考核的总体思路：各处组应当完成的基本任务、本组委员的整体表现（培养集体荣誉感）和常委会布置的工作；考核的重点内容：处组为四百工程，委员为五个一活动。

1．完善考核方法。要坚持公开、公平、公正原则，抽调作风过硬的委员参入考核，由考核组长、委员、被评对象“三堂会审”、 现场打分、签字确认，强化公信力，杜绝徇私舞弊。

2．硬化考核指标。考核内容只涉及基层组织和委员应当完成且可核查的硬任务、本职工作、品德三方面，取消不便操作的软指标、人情分。

对处组的考核，只涉及四个方面的内容：

——**自身建设**。基本分 20 分：如制度上墙、活动台账、经费保障、委员之家等共 10 分；市级以上新闻媒体（含政协网）宣传政协工作上稿 5 篇 10 分，每超过 1 篇加 2 分。

——**四百工程**。基本分 40 分：一是招引服务企业项目，本处组委员提供有价值的招引信息的条数占委员人数的比值乘以 5 即为招引分数，定期服务联系对象有效果 5 分，本处组独立引进 3000 万以上已落户项目加 5—10 分；二是提交督办提案建议，本处组委员提交提案的件数占委员人数的比例乘以 5 即为提交提案分数，督办本处组委员提出的提案的落实率乘以 5 即为督办提案分数，提交集体提案加 5 分，已督办落实再加 5 分；三是征集编发文史资料，本组委员征集史料篇数占委员人数的比例乘以 10 即为本项分数；四是收集反映社情民意，信息的条数占委员人数的比例乘以 10 即为本项分数，被市、地、省采用或被各级领导批示每条另加 1、2、3 分。

——**经常性活动**。基本分 30 分：一是到联系点帮助解决问题 6 次以上 6 分；二是组织 4 次以上集中学习 4 分；三是组织 2 次以上视察活动并及时向政协报送视察报告 10 分；四是组织 1 次以上调研并及时向政协报送调查报告 10 分，被政协转发加 5 分，被党委政府采用并实施再加 5 分。

——**活动创新**。基本分 10 分：各组落实信访案件 5 分、各处探索社会化养老有效果 5 分；公益、联谊活动等方面有成效 5 分。为了鼓励处组干事创业，考核分数上不封顶、下不保底。

对委员的考核，也只涉及四个方面的内容：

——**五个一活动**。基本分 50 分：一是提供 1 条有价值的招引信息 5 分，成功落户 5 分；二是联系 1 家企业 5 分，帮助解决实际问题 5 分；三是提交 1 件提案（不含联名）5 分，落实效果好 5 分；四是征集 1 篇符合要求的原创版文史资料 5 分，被选用 5 分；五是报送 1 条社情民意信息 5 分，被市政协采用 5 分。

——**本职工作**。基本分 20 分：公职人员被评为不称职 0 分、基本称职

10 分、称职 15 分、优秀或受市级以上表彰 20 分，考虑到各单位考评滞后于政协考核，应以上一年度考评结果为依据；非公职人员以对经济社会所作的贡献及社会评价为考核依据。

——参加活动。基本分 10 分：以会议活动考勤签到为依据，每缺席 1 次扣 1 分，扣完为止。

——道德修养。基本分 20 分：以委员互评打分为依据，分社会公德、职业道德、家庭美德、个人品德 4 个方面。考核分数不封顶不保底。

3. 公布考核等次。对委员来说，在原始考核分数的基础上，改公布分数为公布考核等次，即 90 分以上为优秀，70 分以上为称职，60 分以上为基本称职，低于 60 分为不称职。

4. 考核结果运用。奖惩处组和委员一律以考核结果为依据。

四、关于工作要点。要点有的地方与常委会工作任务不一致，如文史资料和社情民意扯在一起，让人思路不清，且任务不明确，不便操作；有几处错字；工作内容应与政府思路合拍。

1. 要贯彻大会精神。要点应在工作任务的基础上进行细化，常委会工作要与各处组、专委会工作同部署、同检查、同验收。

2. 要落实四百工程。新的四百工程体现了政协与时俱进、求真务实的思想，要明确各项任务的具体要求，每项任务要分开表述，防止产生歧义。

3. 要加强民主监督。政府承诺的十件实事，要重点督办，第三季度的常委会，要听取政府落实情况通报；派驻民主监督员要形成制度，并明确一名民主监督员组长，定期向常委会汇报工作；电视问政活动应由政协负责组织，才是名正言顺，这是民主监督与社会监督形成合力的一种形式。

4. 要组织大会发言。为了提高政协例会协商议政的广度和深度，每次会议应提前确定 5—7 名委员作大会发言，既能启发委员建言献策的思路，又能形成高质量的集体提案。鼓励委员在分组讨论会上提前形成有独特见解的书面发言材料，以节约时间。

五、关于会务组织。为了使每次例会达到应有的效果，政协例会应在上午9点后开幕，下午才能集中精力审议政协报告，次日也能充分讨论政府工作报告（不要搅在一起）；第三天应讨论计划、财政、法检两院报告，做到知情明政、集思广益，充分履行政协三大职能，不能为精简会议而精简；闭幕式也应在上午举行，体现政协精气神；为了联络感情，市直委员也应发餐票，各讨论组委员应聚在一起餐叙，餐桌上可摆放集体座签，防止委员找不到座席；为了厉行节约，早餐、中餐均可用自助餐，文件袋也不应是一次性消费品。

六、关于工作环境。政府应当给政协配备一台客车，供政协开展视察、调研、考察等经常性活动所用；市政协应当在应山大道、政务新区或中华山等地选址，建设一座符合政协特色的委员之家，方便全市委员开展各项活动，体现大团结、大联合的精神，市政协可争取省项目资金，也可邀请有实力的委员参股。

另外，委员分布不合理。有的单位几个委员，没有一点意义；有的一个没有，失去了协商民主渠道。如整个交通系统，没有市政协委员，结果想提出提案的机会都没有，党校也没有安排市政协委员，不利于组织学习。要优化委员布局，该调整的调整，该增补的增补，增补的委员应是热爱政协工作的领导班子成员；应坚持往届安排党政机关、事业单位委员的原则，即党员必须是分管机关或业务的领导干部，非党必须是中层以上业务骨干。

市政协七届二次会议委员意见建议

1 月 16–17 日，市政协委员分组讨论了政府工作报告。认为报告在总结去年的工作时，激情洋溢、底气十足，充分反映了本届政府在经济下行压力、特大持续干旱的不利形势下，应对困难的大动作、规划建设的大手笔、改善民生的大投入，集中体现在“三个没想到”：没想到两城同网供水对接速度这么快，没想到应广公路升级建设力度这么大，没想到一个风机名城两个驰名商标获取荣誉这么高；在布局今年的工作时，高瞻远瞩、雄心勃勃，充分反映了本届政府吃透市情、求真务实，对发展形势的准确把握，对区域战略的科学定位。同时，提出了不少建议。

一、关于经济建设

1. 要成立工业领导小组，专题研究工业经济发展问题。要合理调整布局两大工业聚集区功能，变工业园区为产业园区，促使关联产业聚集，逐步形成产业链，最终形成产业集群。要搭建招商载体，围绕风机产业集群，在省风、中意公司以南，规划建设风机名城，吸引关联企业在此落户。要围绕优势产业招商，提高招商质效，不要“捡到篮子就是菜”，防止“圈地运动”，杜绝“空手套白狼”。对不按合同规定期限投产的企业，要清理出场，并进行二次招商。

2. 北三镇要充分发挥自然资源优势，围绕香菇、木耳、生猪、生态养鱼等特色产业招商，引进大型农业产业化龙头企业，增加农产品的附加值，提高农民收入。

3. 国家烟草公司拟拿出 500 亿支援地方水源建设，我市要大员上阵，积极争取这个项目资金。支持烟草专卖局在政务新区建设办公楼，争取省烟草物流中心落户政务新区。

4. 要整治老城区的道路体系，适应不断发展的小车大军。一方面要合理布局泊车位，另一方面要打通规划多年的断头路，如科技路的航空北路至三环路段，名都花园以北、应山大道至军民路之间的规划路等，发挥分流效应。

5. 要充分发挥总部经济的税收、产业乘数、消费、就业、社会资本效应，大力发展总部经济，健全机制，简化手续，为广水经济发展多做贡献。

6. 要加快产业结构升级，不断优化发展环境。主要存在中小企业贷款难、中介机构收费高、企业落户征地慢、相关部门服务差等问题。对规模企业进行梳理排队，分为优质企业、重点企业、培植企业，有针对性的采取扶持措施，帮助解决融资问题；限制“三高一剩”的产业发展。

7. 打造广水帮办品牌，要求真务实。有的企业老总反映接待调研、帮办人员不少，帮助解决实际问题不多。帮办人员要坚持到位不越位、参谋不干预、帮忙不添乱、切实不表面原则，不要提帮办人员常驻企业、每周报表等不切实际、流于形式的要求，要重在考核帮办单位及人员帮助企业解决了哪些实事，企业老总对帮办单位及人员的认可度、满意率。

8. 东三镇基础设施建设严重滞后，与工业重镇、经济中心的地位不相称。要加快南环大道与京港澳高速公路联络线对接步伐，下决心打通武阳大道，为东部工业聚集区发展拓展空间。第二汽车客运站应在火车站附近选址建设。

二、关于政治建设

1. 要落实十八大精神，市委应出台协商民主规程，政府应当变“要我协商”为“我要协商”，推动民主政治建设进程。市政协应当把电视问政活动抓在手中，作为民主监督与社会监督相结合的一种重要形式。

2. 要适应广大人民群众民主意识不断增强的新形势，政协要发挥协商民主重要渠道作用，探索并实践在基层群众自治、社会管理等领域符合实际的协商民主方式，不断扩大公民有序的政治参入。

3. “两城同城”大气实在，政府东迁顺应潮流，但落实不够。市政府要当东迁的表率，尽快动工建设行政大楼，助推新区发展。

4. 在工业兴市的基础上，要注重人才立市。广水的核心问题不是缺水，而是“缺人”，各行各业都缺急需人才，这个问题不解决好，势必广水“市将不市”。要通过多种途径，培养人才、发现人才、吸引人才，确保广水永续发展。

5. 要致力打造“廉政广水”品牌，不断净化社会风气。虽然市委政府花大力气整治发展环境，取得了明显成效，但还是存在不少问题，根本原因是权力寻租还有市场，官僚主义还有土壤。有的办事人员软拖硬抗，不见好处不办事，见了好处乱办事；有的单位领导干部公然向基层推销烟酒等商品牟利；有的科长借检查机会向基层索要现金数万元，这些歪风损害了党政干部队伍形象。要充分发挥民主监督和社会监督的积极作用，痛下决心查处一批腐败案件。

6. 在龙须沟水库杨涟墓附近建设忠烈公纪念馆，打造成全国廉政教育基地。

7. 要弘扬正气、坚持正义，建设清明政治。树立正确的用人导向，把那些品行端正、肯干实事、业绩突出的干部提拔到重要岗位，把那些吹吹拍拍、不务正业、道德败坏的干部清除出干部队伍，努力营造广水风清气正的政治环境。

8. 要倡导务实作风，精简会议和文件。去年有的单位为了应付检查，多发 20 多个文件，造成浪费。清理各单位的检查验收项目，不必要的检查验收一律取消。

9. 要加大农村转移支付力度，不断巩固基层政权基础。

10. 市政协应当在应山大道、政务新区或中华山等地选址，建设一座符合政协特色的委员之家，方便委员开展活动，体现大团结、大联合精神，可争取省项目资金支持。

三、关于文化建设

1. 要大力宣传、培育、践行社会主义核心价值观，加强公民道德教育，弘扬传统美德。在印台山公园以南选址建造先贤祠，将本市历代前贤的典型事迹刻录其上，供当代及后世学习效仿。

2. 要加大公益性文化事业的投入，在政务新区文化广场附近统一规划建设图书馆、博物馆、文化馆等公益项目。支持在此建设鄂北文学艺术活动中心，营造政务新区文化氛围。

3. 要积极支持“映山红”等民间刊物的发展壮大，适当资助文联各协会开展采风、创作、演出等文艺活动，唱响文化主旋律，扩大广水知名度。

4. 要充分发挥网络媒体的舆论导向沟通作用，领导干部带头开通议政博客，收集民意、问计于民，答疑释惑、疏导情绪。

5. 要助推文化产业发展，打造“三乡文化”品牌。要像山东潍坊的风筝文化、天津杨柳青的年画文化那样，文化搭台、经贸唱戏，发挥广水特色文化应有的经济、社会效益。

6. 发掘詹王文化，倡导健康饮食。詹王作为全国厨师的祖师爷，要回归故乡，通过搭建载体，争取举办全国饮食文化节，不断提升广水的文化品位。要遏制餐桌上的浪费，倡导“光盘行动”，厉行节约，以吃光饭菜为荣，以浪费食物为耻。

7. 城市是文化的载体，要体现应山城区的千年历史，道路命名应有讲究。比如，西正街连同东正街、东大街，恢复并统一叫杨涟街，以弘扬广水廉政文化。

8. 在麻竹高速联络线与十长路交汇处规划建设一座“吉祥三宝”雕塑，取自 1976 年黑洞湾水库出土的战国时期的吉祥小陶禽原型，以彰显广水悠久历史和人民对“福禄寿喜、年年有余、双喜临门”美好生活的向往和追求。

四、关于社会建设

1. 围绕社会管理创新，在网格化管理的基础上，适应新的发展形势，打破传统沿袭的界限，要适当调整社区的区划范围，以街道路面为边界，重新划定各社区边界，便于网格管理，不留死角。各社区的面积、人口应大体相当。

2. 为了维护文明城市形象，要辣手整治的士“开车不打表、送人不到家、价格随意涨”的乱象。

3. 残疾人是社会最弱势群体，最需要人文关怀，要创造条件让一定等级的残疾人免费乘坐公交车。

4. 要开通应山至火车站、火车站至孝感北站的直达客车，实现公铁无缝对接，方便居民出行。

5. 随着出生人口的减少并趋于稳定，加上城镇化加速推进，合理调整中小学布局。坚持高中城区办原则，马坪四中应与现在的三中合并。政务新区要提前规划建设育儿园、中小学，为应山城区超级大班减压。整治教学环境，解决门口拥堵现象，禁止周边开设网吧，严厉查处校闹行为。

6. 园区企业普遍感到“招工难”，适龄青年也认为“难找工”。出台鼓励发展职业教育的规定，正确引导应往届初高中毕业生学习职业技能，为园区企业定向培养技术工人，帮助解决群众就业。

7. 公立医院改革，既要让老百姓得到实惠，又不能挫伤医务人员的积极性。村级卫生室面临后继无人、水平低下、经费短缺等问题，要拿出具体的解决办法。

8. 随着人口老龄化、农村空心化，社会化养老问题凸显，政府有不可推卸的责任。要探索养老新途径，增强老人幸福感。

9. 保障房建设在确保中低收入者住有所居的前提下，重点向产业工人倾斜，随着东三镇工业发展，要提前谋划廉租房建设，不断改善居住环境。

五、关于生态文明建设

1. 要加快实施主体功能区划战略，给子孙后代留下天蓝、地绿、水净的美好家园。各乡镇要严格按主体功能定位发展，构建科学合理的城市化格局、农业发展格局、生态旅游格局。对乡镇的考核要充分体现功能区划特色，实行分类考核。

2. 我市无客水，更要加强水源地保护。不要让私人承包水源地水库，杜绝水源地水库投肥养鱼，不断改善水质；自来水要净化、达标，维护群众身体健康；要定期公布水质检测结果，消除社会上对水质的疑虑。

3. 要尽快启动金鸡河水库建设，解决东三镇工农业用水问题。同时建成后的水库还是一个特色旅游景点，要一并规划好。

4. 应山河是应山城区十几万人的母亲河，要倍加珍爱。严禁生活污水直排河内，指派专人打捞河中漂浮物。对污染河水的行为要进行重罚。

5. 印台山脉是应山居民的天然氧吧，要倍加珍惜。大气魄、大手笔规划建设大印台山公园，范围北起护城河、南到十长路、西至文昌路、东达富强路，包括潘家湖水系，使之城在林中、林在城中。目前最紧迫的任务是广植各类树木，形成自然生态体系，打造美丽广水样板。为了筹措部分建设资金，并营造市民游玩氛围，可吸引客商在此建设与环境协调的休闲娱乐场所。

6. 护城河治污、防洪问题，到现在还没解决好。要从源头上查问题、找原因，拿出一个一劳永逸的解决办法。

7. 保护森林、植树造林是生态文明建设的永恒主题。割松脂得到有效遏制，但滥砍乱伐屡禁不止，特别是中华山的所谓“疏林”，让有识之士扼腕叹息。一棵树能卖几多钱？要有长远打算，杜绝短视行为，进一步加大封山育林力度。

8. 人与自然和谐相处，核心是要敬畏自然、顺应自然。不能千城一面、千村一面、城乡不分，要树立城市更像城市、农村更像农村理念，突出广水山水人文特色，形成广水特色建筑风格。要整合项目资金，每年打造一个精品，建议今年重点把桃园村打造为绿色幸福村。

市政协七届七次常委会议关于听取市政府通报我市大别山革命老区经济社会发展试验区建设情况的协商纪要

广协发〔2013〕10号

6月28日，市政协七届七次常委会议听取了市政府《关于我市大别山革命老区经济社会发展试验区建设情况的通报》。会议对此进行了认真协商讨论，提出了一些意见建议。纪要如下：

会议认为，我市大别山革命老区经济社会发展试验区建设领导重视，专班得力，思路清晰，成效明显，前期，已组织16个市直相关部门到省对接，争取项目资金2亿元。

会议建议：

1. 科学定位，完善试验区建设规划。按照省委、省政府推进湖北区域协调发展战略要求，在大别山试验区建设规划上，我们要与“四个大别山”（红色大别山、绿色大别山、发展大别山、富裕大别山）的总体定位相对接，尽可能融入更多的广水元素，高标准做好大别山试验区总体规划及产业发展、城乡一体化建设、项目建设、新农村建设、生态环境建设等专题规划，提高规划和项目策划水平，让规划引领广水持续健康发展。

2. 抢抓机遇，全面开展立项争资活动。广水跻身大别山试验区为我市推进跨越式发展提供了前所未有的机遇。省委关于支持湖北大别山试验区扩点县（市、区）的意见，明确了在今后3年内的具体政策支持项目。其支持力度之大、政策含金量之高，前所未有。但时间有限，机遇稍纵即逝。我们要抓住机遇，吃透政策，强化项目策划的针对性，深入开展对接活动，争取一批大项目落户广水，并上升到省级层面。

3. 发挥红色资源优势，尽快融入大别山红色旅游圈。广水作为革命老区，分布众多的革命遗址。大革命时间，广水是湖北省著名的“农运之乡”。土地革命时期，广水是京汉特要机关所在地和鄂豫皖革命根据地重要组成部分。抗日战争和解放战争时期，广水成为鄂豫边区根据地，是新四军第五师的主要活动地区之一。抗战胜利后，鄂豫边区和五师领导移师浆溪店，广水一度成为中原地区反内战指挥中心。现拥有新四军五师司令部、中共中央中原局中原军区司令部旧址等革命遗址 44 处。应充分发掘广水这些厚重独特的红色历史文化资源，与红安、大悟等大别山老区县市一道形成红色旅游圈，发挥应有效益。一要认真研究《国家红色旅游发展规划纲要》和国家六部委文件有关促进红色旅游发展的政策，争取中央和省对我市红色旅游项目建设政策的支持。二要统筹编制广水市旅游“红”、“绿”总体规划，搞好重要革命历史事件、历史名人遗址、重要革命遗迹及革命烈士纪念馆（纪念碑）等场所的保护性开发和建设，使之成为爱国主义教育基地和旅游休闲圣地。三要有效利用新四军五师司令部、中共中央中原局中原军区司令部旧址等革命遗址，结合吴店二妹山风景开发，打造红色精品旅游线路，使红色旅游业成为我市经济发展新的增长点。

4. 示范试验，创出特色。从现有重点推进项目中遴选出 3 至 5 个重大试点项目作为点中点示范项目，实行一名领导、一套班子、一个方案，跟踪服务、强力推进。着力在杨寨经济发达镇试点、工业园区体制机制创新、新农村示范点、新型城镇化、农业标准化板块建设等方面创新突破。特别是园区建设、新农村开发、农业板块建设，要摒弃政府单一投资建设和管理模式，运用市场化运作的办法，引进现代企业作为投资开发主体，创出广水特色，力争有几项工作成为大别山试验区示范样板。

5. 坚持绿色发展，加强生态文明建设。一要严格执行大别山区域限制性开发政策，严格控制高耗能、高排放和对资源掠夺经营的项目，发展绿色、低碳和循环经济，坚持走可持续发展道路。二要建立生态保护长效机制，切实加强自然环境保护，实施限制性、保护性开发，促进调结构、转方式，实现经济社会快速健康发展。三要实施生态恢复治理工程。全面加快山区生态体系、农田防护林体系、森林抚育改造等重点生态工程建设。探索财政性生态补偿机制，结合生态保护实际成效，探索实施对生态功能保护区、生态公益林、重点水源地等进行保护补偿的途径和办法。

6. 主动对接，加强区域合作。本着“协作、互利、共赢”的原则，主动与试验区县市对接，积极作为，携手并进，共同就体制改革与创新、产业结构调整分工与协作、资源整合、市场开放、基础设施及文化建设等方面的事项，进行统筹安排，整合政务、商务和公共服务信息资源共享平台，统筹人力资源开发和社会管理，促进区域内生产要素合理配置，通过基础设施对接、资源共享、产业优势互补、旅游景点互连、生态环境共建，逐步实现与周边城市的协调发展、抱团发展、共赢发展。

关于建设风机名城提案办理协商会议纪要

广协文〔2013〕1号

7月12日，市政协与市政府在云都大酒店就“扶持特色产业集群，规划建设风机名城”问题举行提案办理协商会。市长黄继军、市政协主席李健强等领导出席会议，市政协副主席梅思卫主持会议，市经信局局长韩云波汇报了我市风机产业发展情况。此前，市政协成立专题调查组，于去年上半年调研了风机产业，并在七届二次常委会上审议通过了调查报告；今年3月下旬又视察了风机企业上市情况，为知情协商做了充分准备。

经过充分协商讨论，大家认为，这次专题协商会是政府贯彻落实十八大和市委关于加强政协协商民主工作意见精神的具体表现，充分展示了开明、民主、自信、务实的政府形象；这次会议也是政协推进协商民主的工作创新，《广水风机产业集群调查报告》内容丰富、含义深刻，提出的建议具有前瞻性、全局性、战略性、建设性，许多合理化的建议已被政府采纳，促进了我市风机名城进一步发展。目前，风机制造规模企业已发展到8家、配套规模企业38家，产业集群初具雏形，广水于去年初被授予“中国风机名城”；2012年，46家集群企业实现销售收入过百亿元，增长40%，占全市规模工业销售总额的34.6%，上缴税金1.4亿元，增长16%。风机产业已成为我市活力最大、扩张最快、带动力最强的主导产业之一。

会议指出，近年来市政府虽然出台一系列扶持政策，在激励引导风机产业发展方面作出了较大的努力，但在我国整体经济下行压力增大、产业结构调整步伐加快的新形势下，风机产业集群仍然存在着产业弱小、人才匮乏、技术落后、融资困难、环境不优，以及品牌保护意识不强、行业管理水平低下等问题。

会议强调，市政府要在紧抓“工业兴市”、坚持打造风机特色产业集群上不动摇，要在帮助企业“强筋提质”、完善产业链条上下功夫，要在引导“银企对接”、提高金融部门存贷比上想办法，要在坚持“一企一策”、实行个性化帮扶上花力气，要在打造“绿色通道”、优化发展环境上动真格。同时，政府要规划建设产业园区，不断引导产业聚集，拉伸延长产业链条；理性分析风机产业发展形势，坚定信心、迎难而上，加大招商引资力度，不断壮大风机产业集群；加强企业家队伍建设，不断提升经营管理水平；充分利用就业再就业政策，为风机集群企业培养一批产业工人。

会议建议，做大做强我市风机产业，要始终坚持以市场为导向，以企业为基础。要加强战略规划、推进转型升级、注重创新驱动，加快重点骨干企业上市步伐，优化资源配置；加强同陕鼓、沈鼓等国内外大型风机企业的战略合作，不求所有、但求所在，实现靠大靠强，不断增强抗御市场风险能力。

会议希望，各风机企业要抢抓国家鼓励发展实体经济的战略机遇，提高科技含量、加快转型升级，注重管理创新、转变经营方式，营造企业文化、加强人才储备，不断推进广水风机产业可持续发展，使“中国风机名城”实至名归。

关于天然气使用、城区停车场和公厕建管的提案办理协商会议纪要

广协文〔2013〕2号

7月23日，市政协主席李健强一行13名委员同副市长刘伟一行8名政府相关部门负责人一道，就天然气推广使用、城区停车场建设、城区公厕建管等3件重点民生提案，在玉明酒店举行提案办理协商会议，市政协副主席何卫主持会议。市住建局局长夏宇飞、市城管局局长陈炜涛分别就各自主办提案情况作了汇报，与会人员就提案办理进行了面对面协商。

会前视察了科技路天然气入户安装、北关社区老一中西公厕、南关社区公厕、中环天然气公司门站、中医院前停车场、鑫世家小区天然气使用、玉明酒店停车场等现场，委员们对3件提案办理情况有了直观印象。

会上，提办双方经过协商讨论，达成如下共识：

会议认为，政府十分重视提案办理工作，先后召开两次市长办公会，对每件提案都明确了一名领办领导和主办单位，提案办理取得明显成效，特别是住建、城管等部门在办理涉及民生问题的提案方面做了大量的工作：针对“用气难”，天然气推广使用被纳入今年“十大市政工程”之一，中环天然气公司目前已完成门站和气站建设、主管网铺设22公里、庭院管网6公里，开发用户2600户、完成安装1482户；针对“停车难”，市住建局从规划入手，构建五级停车体系，即在人流集中的场所建设公共停车场、在城区主干道设置停车港湾、在宾馆门口建设专用停车场、在机关企事业单位附近建设多功能停车场、在商居小区内建设室外或地下停车场，目前已建成停车场9处，正在建设4处；针对“如厕难”，城区公厕的建管被纳入市政府“十件实事”之一，城管局目前已在城区新建公厕9座，对部分老旧公厕进行维修改造，全部实行免费开放，并将安排20名管理人员，纳入公益性岗位。

会议指出，城市的建设管理与群众期望间的差距，客观上将长期存在，只有勇于创新、敢于改革，加快建设步伐，提高服务水平，才能不断适应社会各界对城市建设和管理的期待，特别是正在办理的 3 件提案要达到办理要求，还要做大量的工作。

会议决定，一要加快天然气管网铺设和入户安装进度，今年要完成在应广城区各铺设 20 公里、杨寨铺设 10 公里供气管道任务，确保应广城区增加 2000 用户，杨寨增加 500 用户，全市天然气用户达到 5000 户以上。二要在城市建设的规划审批中，把停车场建设作为前置条件，严格把关，确保停车位与城市发展基本同步增长。三要在应广城区新建小区和马都司新区提前规划并率先建好公厕，同时要在公厕安置盲道、滑道等方便残疾人如厕的配套设施。

会议强调，无论是天然气、停车场、公厕还是其它公共设施建设项目，都要加强规划实施力度。政府部门要民主规划、科学规划、超前规划，让公众参与规划讨论；要公示规划、宣传规划、敬畏规划，让市民监督规划实施，最终实现“一张蓝图绘到底”、“一任接着一任干”，杜绝随意更改规划行为；要培养、选拔、使用本市规划人才，打造自主规划品牌，注重规划品质和信誉，拒绝城建规划领域中的各种蒙哄、欺诈行为。

会议希望，今后的提案工作，提办双方要进一步改进和完善。一是政协要严格审查立案。尽量避免对政府已经或正在做的事情重复立案；对因客观条件限制，短期内无法实施办理的，可暂不立案。二是政府要认真落实提案。提案重在办理、贵在落实，而不是简单的回复，答复多了不是好事，而是应付差事，助长了“文来文往”的风气；要提高办理质量，减少答复数量。三是委员要打造精品提案。要通过调查研究，挖掘深层次的问题，提出操作性强的建议，真正“建睿智之言、献务实之策、谋创新之举”。

同时，希望广大市民加强对城市建设和管理的理解和支持，全体政协委员带头宣传“美丽城市、人人有责”，自觉改变陋习，争做文明使者。

市政协七届八次常委会协商纪要

广协文〔2013〕4号

9月24日，市政协主席李健强主持召开七届八次常委会。会议听取并讨论了市政府关于元至8月份经济运行情况通报；审议并原则通过了市政协调研组关于饮用水水源地保护情况调查报告；通报了各处组政协委员学习社会主义协商民主理论知识测试和文史资料征集进展情况。市委常委、常务副市长何庆海及市政府相关部门，市政协专委会、相关乡镇联络处负责人列席会议。

常委会组成人员围绕经济运行和水源地保护情况进行了充分协商讨论。大家认为，市政府元至8月份经济运行情况通报客观实在，反映问题剖析透彻，今后措施明确具体。今年，在国际国内整体经济下行、广水持续三年干旱的不利形势下，前8个月经济运行总体保持平稳，同比增幅基本达到预期目标，这些成绩来之不易，值得倍加珍惜。同时，针对经济运行中存在的经济增长趋缓、工业税收下降、社会消费低迷、财政增收困难、工业用地紧张、招引项目质效不高等问题，常委们在协商中提出了许多合理化的意见。在审议饮用水水源地保护调查报告中，大家认为报告内涵深刻、数据翔实、分析透彻，指出的问题客观实在、有较强的现实针对性，提出的建议具有建设性和可操作性。

市委常委、常务副市长何庆海充分肯定政协常委会就全市经济运行和水源地保护问题进行专题协商，并在听取大家协商讨论的意见和报告后作了讲话。他指出：

由于国家在宏观调控上鼓励实体经济发展的同时，用市场手段加快产业结构调整，实行优胜劣汰战略，必然会导致一大批企业“死亡”，谁能挺住这个“寒冬”，今后就能发展壮大。今年是我市近10年来经济形势最严峻、最危困、最被动的一年，政府有着强烈的危机意识、忧患意识、责任意识。围绕保持经济稳健、持续、良性发展，确保年度责任目标完成、预算方案落实、县域考核“保位”，市政府切实做到“一企一策”，千方百计为企业排忧解难、千方百计为企业融资、千方百计为企业找销路、千方百计推进项目建设。今后，政府首先要重培育，抓大企业。无论经济形势多么严峻、市场竞争多么激烈、资金流动多么紧张，始终高举工业兴市大旗。其次要重质效，抓大项目。通过政策杠杆作用，保证招引项目质量和效益，政府投入的回报。第三要重税源，抓大财路。转变过去注重税收入库为重视税源的培植与建设。

关于加强水源地保护问题，何庆海说：一是应客观评估水量水质。没有水，就谈不上水质，要积极争取鄂北地区水资源配置工程早日开工。三水厂的建设投产，较好解决了喝上干净水的问题，就源水检测结果来看，基本符合卫生标准。二是加强水源地保护。市政府为此召开 1 次专题会议、2 次市长办公会、出台 3 个文件、安排 4 位市长管水。市政府将进一步明确相关部门责任，划定保护区，提升水源地生态修复功能，控制林区采伐，中华山与大贵寺捆绑申报为国家级自然保护区，解除水库承包合同。三是加强农业面源污染治理。实施养殖污染治理、肥药减量增效、农村环境整治三大工程。四是加强水质监测。明确环保部门监测取水口、卫生部门监测出厂水、质监部门监测桶装水的责任；争取项目资金建立水质监测中心，加强水质监测能力建设。五是加强水资源管理资金投入。近几年投入近 3 亿元实施城乡并网、五库联网、两城同网“三网”供水工程，还要加大水处理设施投入、水库管理投入、水利建设投入。通过以上举措，确保人民群众不仅有水喝，而且能喝上放心水。

李健强主席结合两个通报中反映的问题，要求常委发挥示范引领作用，认真完成今年后 3 个月的主要工作任务。一要认真抓好提案办理落实工作。目前存在办理过程不到位、结果反馈不负责问题。对重点提案的落实，提案委要进行衔接，活动组、联络处要集中视察督办；要认真对待提案人满意度测评这一环节，真实反映提案办理的实际效果。二要切实落实“四百工程”整体目标。重点是文史资料征集，每名常委要带头采写征集文史稿件，为后世留下一批珍贵史料。社情民意工作要常抓不懈，招引服务企业项目工作要落实到位。三要继续抓好金融部门民主监督工作。这次评议活动社会反响大、群众期望高，目前进展比较顺利。要督促各金融机构落实整改要求、达到预期效果，为今后开展类似的民主监督工作积累经验。四要扎实开展年度量化考核工作。通过考核，推进政协工作上水平、队伍建设上台阶。

关于加快广水市社会养老服务体系建设的调研报告

市政协调研组

（2013 年 6 月 28 日市政协七届七次常委会议审议通过）

为推动我市社会养老服务体系建设，给市委市政府制定相关工作规划、措施提供参考依据，市政协常委会今年将社会养老服务体系建设列为重点调研内容，组织开展了专题调研。调研于 3 月底启动，4 月中旬专程到全国社会化养老服务先进地区的山东省邹城市、潍坊市潍城区、青岛市南区进行了考察学习。同时，组织专班对全市老年人口状况、养老机构现状、老龄政策落实等情况，通过表格普查、问卷调查、样本解剖、学习考察、视察座谈等方式进行了认真调研，基本弄清了我市社会养老服务体系建设现状。通过调查分析，我们认为：我市社会老龄化比较严重且呈加速发展趋势，社会化养老服务与养老社会需求还有很大差距，市乡党委政府和社会各界应采取切实有力措施积极应对人口老龄化的挑战。现将调研情况报告如下：

一、广水市人口老龄化现状及发展趋势预测

——老龄化程度高于全国平均水平，与全省基本持平。按照国际通行标准，一个地区 60 岁以上老人达到总人口的 10% 或 65 岁以上老人占总人口的 7%，即视为进入老龄化社会。全国第六次人口普查统计数据显示，到 2010 年 11 月，我市 60 岁以上老年人口 104156 人，占全市常住人口的 13.78%，高于全国 13.26% 的 0.52 个百分点，低于全省 13.93% 的 0.15 个百分点。65 岁以上老年人口 70653 人，占常住人口的 9.34%，分别高于全国、全省的 0.47 和 0.25 个百分点。

——老年人口高龄化、空巢化严重。据本次调查，我市 80 岁以上老

年人口1.13万人，占常住人口的1.49%，高于全省0.08个百分点，占老年人口的10.8%，高龄化趋势十分明显。全市空巢老人51500人，空巢率43.25%，高于全国6.25个百分点，其中农村老人空巢率高达64%，高于全省平均空巢率的16个百分点。如：李店乡黄金村，全村2780人，2011年60岁以上老人421人，占全村人口的15.1%，其中有295人的子女常年外出，占70%；2012年60岁以上老人448人，占全村人口的16%，其中有323人的子女常年外出，占72%。空巢老人面临生活保障、日常照料服务和精神慰藉三大挑战。2012年余店镇芦庙村发生过70岁的独居老人死在家中3天才被发现的极端案例。“出门一把锁，进门一盏灯”的寂寥生活，是多数空巢老人的生活写照。

——老年人口地域分布不均衡，农村老年人比例高且居住分散。目前，我市农村老人92315人，占老年人口总数77.6%，城区老人26732，占老年人口总数的22.4%。农村老人绝大多数留守在各个自然湾组，大部分还在从事生产劳动或分散居家养老，乡土观念重，经济条件差，到城镇机构养老的意愿较低。

——人口老龄化超前于经济社会发展，“未富先老”特征明显。我市经济发展水平低于全国全省平均水平，2012年全市完成财政收入刚刚突破14亿元，而山东邹城市、潍城区等地财政收入均在百亿以上，全市城镇居民人均可支配收入17294元，比全省平均20839元低3545元，比全国平均24565元低7271元，农村居民人均纯收入8069元，低于随州市平均8466元的379元。可见，我市老龄化超前于经济发展水平，属典型的“未富先老”。

——人口老龄化持续快速发展，老龄化程度日趋严峻。据本次调查，截止2013年4月，我市老年人口119074人，占全市常住人口15.54%，高于全国2012年的1.24个百分点，比2010年增加1.76个百分点，平均每年增加0.8个百分点，高于全省0.14个百分点。按此趋势，到2015年，我市老年人口将达到141000人左右，常住人口老龄化率将达到17.4%。随着20世纪50—70年代人口增长高峰时出生的人口在2015—2035年期间陆续步入老年行列，我市将进入较长时期的人口老龄化加速发展阶段。预计到 2035 年，我市老年人口将达到 34 万左右，老龄化率将超过 30%，进入人口重度老龄化和高龄化阶段。2035 年后，我市总人口在达到峰值后不断缩减，老年人口规模将保持相对稳定的水平。

二、我市社会化养老服务工作现状及问题分析

近年来，人口老龄化引起了市委政府和社会各界的高度关注，社会化养老服务工作得到了市委政府的重视支持。市政府先后实施了 80 岁以上老人高龄补贴、百岁老人长寿补贴，65 岁以上老人凭卡免费乘坐市内公交、城乡老人计生家庭奖励扶助、特困老人临时生活救助等政策措施。截止 2013 年 4 月，全市城乡养老机构达到 28 家，床位 1830 张，其中公办养老机构 20 家，床位 1230 张，民办养老机构 8 家（登记备案 5 家），床位 600 张。在 4 个城乡社区建立养老服务中心（站），开展居家养老服务试点，鼓励探索出了新型农村互助式养老模式。虽然我市社会养老服务体系建设取得了一定进展，保持了与经济社会总体上同步发展，但仍处于低水平发展阶段，与上级要求、社会需求和先进地区相比还有很大差距。

1. 基本养老服务欠账大，养老机构短缺失衡

全市平均 66 名社会老人拥有 1 张机构养老床位，千名社会老年人拥有养老床位数仅有 15.4 张，低于全国 20 张、全省 26.6 张的平均水平，而山东邹城市已达到 36 张。按照全省提出的“十二五”末达到每千人 30 张的规划目标，到 2015 年，我市尚缺机构养老床位 1800 余张；如果按社会老人机构供养 5%~7% 国际标准，至少还需增加床位 4100 张。同时，我市养老服务机构结构和城乡分布极不均衡。在结构上，含未登记的民办机构，公办公营机构占 71%，占主体地位。公建民营、民建公助、股份制等形式的养老托老服务机构还基本没有，而在山东邹城市、潍城区等地，公办公营的机构已降至 50% 以下，只负责五保、“三无”老人等政策性保障范围。在地域分布上，我市农村每个乡镇除平均 1 所福利院外，其它养老服务组织基本空白，只是在李店、马坪、吴店等地出现了少量农村互助养老模式的尝试。

2. 养老服务机构规模小，设施简陋，发展水平低

我市各类养老机构平均拥有床位才 63.4 张，100 张以上床位的仅有阳光老年公寓和新建的市社会福利中心 2 家，其余都在 40 张—70 张之间。规模过小导致机构运营成本高，服务功能弱，也是集中供养率低下的主要原因。全市农村福利院五保老人的集中供养率刚过 10%，远远低于国家 2006 年提出的到“十一五”末达到 50% 的标准，与潍城区 93% 的集中供养率更不能同日而语。我市乡镇福利院和一些民办养老机构不少是利用或租借陈旧学校、厂房、民房、营房，房屋质量、功能设置、服务设施都存在很大缺陷，一般没有室内独立卫生间，且缺少监管、安全隐患多。如在广水办事处，原铁路职工张孝生兴办的老龄康福院，所租借的原 114 部队医院营房已属危房，房间狭小昏暗，院方前年已通知搬迁，张孝生也多次向有关部门申请划拨土地扩建新的老龄康福院，受制于种种原因一直未能落实。这些民办机构由于规模小、运营能力弱、保障水平差，只能在低收费标准、低工资标准、低服务标准的“三低”状态下维持度日。

3. 养老服务队伍严重不足，专业人才极为匮乏

广水市现有机构养老床位 1830 张，入住老人 1311 人，管理和护理人员共 86 人。按照机构每 5 张床位配备 1 名护理员的标准测算，需养老护理人员 366 人，缺口 280 人，按每 10 名老人需要 1 名护理人员的标准测算，目前需要 131 人，缺口 45 人，按“十二五”末我市养老床位要达到 3900 张的省定标准，至少需护理人员 390 人。在现有护理人员中，多数为下岗工人和进城务工人员，文化程度低，年龄大、流动性强，缺乏必要的专业护理培训。全市取得养老护理员国家职业标准资质和证书的只有 17 人，占护理员总数的 19%，且都是公办机构在岗培训取得的，而山东等先进地区早已实现从业人员全部经过专业培训并持证上岗。同时，各类养老机构往往凭经验提供服务，普遍缺乏科学的老年护理服务规范和评价标准，只是为入住老人提供吃、住等基本服务需求。

4. 居家养老和社区养老服务发展滞后

无论是文化传统习惯，还是经济社会发展水平，居家养老都是老年人的首要选择。按照国家《十二五社会养老服务体系建设规划(2011–2015)》提出的“9073”模式，居家养老人数将占老年人的90%，社区养老、机构养老只分别占7%和3%，但居家养老绝不是自养自管、撒手不管，它同样需要特定的养老服务项目与之配套。在一些养老服务先进地区，居家和社区社会化养老服务配套发展，投入大、项目多，对特定对象均实行了政府购买居家养老服务。山东省邹城市对特困老人每人每月从专业服务机构中为其购买30小时的居家服务；潍城区对“三无”老人、低保失能老人和二级以上残疾老人，政府为其出资购买有资质服务机构的生活照料、医疗保健、文化娱乐、精神慰藉四大类138项服务；青岛市南区实行为独居和困难老人送奶、送报、送家政、送午餐、送保险“六送”服务。我市目前尚未制定实施居家养老社会化服务的政策措施，乡镇（街道）、社区老年服务场所和设施建设缺乏责任性和积极性，社会化服务不能适应居家老人的养老需求。由于政府公共养老服务职能缺位，家庭规模小型化导致的家庭养老功能弱化，居家老人的生活质量难以得到保障和提升。社区的老年服务站和日间照料中心建设才刚刚起步试点，在试点过程中，由于缺少经费，政府给予的补助资金大都挪作办公用房建设上，有的仅仅在民办养老机构挂个日间照料中心牌子，有的仅有日间照料中心场所和床位，对居家老人所需服务项目无力开展，也不能提供就餐、日托照料等服务，对社区老人的养老服务有其名无其实。此外，我市社会民间养老服务市场尚未开发形成，养老服务企业起步艰难，老人基本上处于居家自养自管状态。

5. 政策优惠不足，从业人员待遇低，养老机构普遍运营艰难

目前，我市农村五保老人供养经费主要靠上级转移支付，供养标准低（集中供养为每人每年2100元，分散供养为每人每年1600元），只能勉强度日，一旦生病，因其在住院过程中的预付医药费和个人报销部分无力负担，导致五保老人就医十分困难。公办养老机构建设也主要依赖上级专项资金，民办养老机构还没有财政性投入。在公办养老机构日常运营中，市福利院办公经费和人员工资从民政事业费中列支，护理人员人平月工资1200元；乡镇福利院人员工资靠乡镇政府拨付，但缺乏刚性保障，有的甚至挤占供养经费，护理人员月工资都是600—800元。为弥补不足，维持运转，乡镇福利院一般都要组织有一定劳动能力的入院老人种菜、喂猪、养鱼等创收。长岭镇中心福利院院长孙百华，1996年受命筹办镇福利院，17年来，她既是院长，也是护工，有时还兼任厨师，至今每月仅有800元的工资。在福利院运营最困难时，她甚至卖掉部分家产以保证福利院的正常运转，为此家人曾经很不理解与之争吵，要求她放弃福利院工作，可她坚持至今。城区民办养老机构一般是举办者夫妻自己打理，聘请少量服务人员，月工资800−1000元。农村民办养老机构，由于收费低廉，运转更为困难。李店乡黄金村原支部副书记叶星洲（女）去年初创办的农家女敬老活动中心，是私人非营利性福利机构，以集中照顾村内留守老人为主，同时为村内留守妇女、儿童提供就餐、健身、文娱等休闲文化服务。该中心得到了北京农家女文化发展中心“关爱农村三留守人员”项目支持、乡政府的5000元启动资金扶持、村委会低廉的校舍出租和市直有关部门物资等援助。中心有床位50张，现入住28人，其中村内老人15人，周边老人13人，年龄最大的93岁，最小的68岁。中心由叶星洲夫妻两人打理，在入住老人中，倡导身体好的照顾身体差的、年龄小的照顾年龄大的，实行互助养老。中心收费标准为村内老人每月430元，村外老人450元。为弥补经费不足，叶星洲夫妻去年还种田4亩、种菜1亩、自己砍柴和喂猪。但由于缺乏机制化的政策扶持，中心目前运营艰难。尽管如此，互助式养老符合农村经济社会发展实际，具有能人办得起、群众住得起、政府支持得起的特点，需要政府予以引导、扶持和推广。

以上问题的存在，我们认为主要是因为以下三个方面的原因：

一是认识原因。由于我市处于经济欠发达内陆地区，面临着加快经济发展的繁重任务，一些党政领导和有关部门对建立社会养老服务体系还没引起足够的重视，没有将社会化养老服务工作放在保障和改善民生的优先方向和突出位置，对“白发浪潮”的迅猛到来准备不足、办法不多。

二是财力原因。市乡政府财力薄弱，经费投入主要依赖上级专项资金，仅满足于公办养老机构正常运转和逐步改造升级，在精力上只顾及了五保、

“三无”等特困老年群体低标准的养老需求。

三是政策原因。社会化养老服务光靠政府是办不好的，也是办不了的，必须制定优惠政策，鼓励引导社会力量参与养老服务事业。由于缺乏政策支撑，使一些有能力有意愿兴办养老服务机构的社会人士仍处于等待观望之中。如何发挥政府政策激励导向作用，引导民营资本进入养老市场，已是当务之急。在山东等社会化养老服务先进地区，政府都通过制定土地、房产、税费、信贷、用水、用气、用电等优惠政策，实行建设和运营补贴等扶持措施，采取公办民营、民办公助、股份制等形式，鼓励引导企业、个人等社会资本兴办养老服务机构，实现了养老主体、投资渠道和服务模式多元化，提高了养老服务供给能力和服务水平。如：山东潍坊市潍城区通过政策引导，该市华都集团投资 3.8 亿元建设的华都颐年园老年服务中心，建筑面积达 22 万平方米，可容纳 5000 名老人入住，成为全国养老服务机构十大标杆示范单位；通过民办公助建立的隋和缘老年服务中心，发展了 3 个服务区，实施连锁经营、品牌经营。

三、加快建立我市社会养老服务体系的对策建议

鉴于我市社会化养老服务工作现状，我们提出如下工作建议：

1. 切实提高思想认识，建立社会化养老服务工作组织领导体系

各级党委政府要深刻认识建立社会养老服务体系对于促进经济持续健康发展和维护社会和谐稳定的重大意义，切实增强社会养老服务体系建设的责任感和紧迫感。要把社会养老服务体系建设作为重要民生工程，列入党委政府议事日程，纳入各级政府领导班子政绩考核序列。按照“十二五”末基本建成“居家为基础，社区为依托，机构为支撑”的社会养老服务体系目标，强化组织领导，成立市乡社会养老服务体系建设领导小组，组建工作专班，建立“政府领导、民政牵头、部门协同、社会参与”的工作运行机制。要根据国家、省社会养老服务体系建设“十二五”规划和随州市实施意见，科学编制我市社会养老服务体系建设规划或出台相关意见，明确目标、任务、措施和布局，对全市社会养老服务体系建设进行顶层设计

和统筹推进。要将养老服务机构和设施建设纳入城乡建设规划，在城市建设、新农村建设、住宅小区建设中预留养老服务用地空间。要继续在全市开展孝子、孝媳、孝女评选活动，倡导敬老爱老助老社会风尚，提倡社会各界人士为老年人献爱心，鼓励企业家及社会有识人士投资养老服务事业。

2. 发挥政府主导作用，建立政策支持体系

根据我市市乡政府财力有限的实际状况，养老服务机构建设要坚持“政府主导、社会参与、政策引导、市场运作”的原则，实行政府和社会两轮驱动。

一是加大财政投入，做大做强公办养老机构，发挥示范带动作用。积极争取省里“月光计划”项目资金，加强市级财政配套投入，着力推进市养老公寓二、三期和市社会福利中心建设，不断扩大国办养老机构容纳能力，改善养老服务设施。落实省里统一组织实施的“霞光计划”，力争2015年前完成对乡镇福利院的改扩建和达标升级任务，在满足五保对象集中供养的基础上，为本区域内的其他老年人提供养老服务。将五保和“三无”人员供养经费分级纳入财政预算，设立专项经费，并建立动态保障机制，将五保对象住院治疗所有费用实行政府兜底，全额负担。将乡镇福利院登记为事业单位，把福利院管理和护理人员纳入再就业公益性岗位或以钱养事范畴，逐步提高其经济待遇。

二是落实和完善优惠政策，鼓励社会资本兴办养老机构，实现投资主体多元化。要解放思想，比照招商引资的办法，切实落实省及随州市关于社会化养老服务的一系列优惠政策，积极支持社会力量兴办养老机构。主要是：在土地供应上，经政府主管部门会同规划、国土资源等部门审核并报市政府批准，对新建非营利性养老服务建设用地，经市政府批准后，可以采用划拨方式供地；对新建营利性养老机构用地，可以协议出让方式供地，土地出让金收取标准予以适当降低，但不得低于国家规定的最低标准；乡村公益性养老服务项目用地，经批准可以使用集体建设用地；对适合兴办或改建为养老服务机构的旧学校、旧厂房、旧民房，属于国有或集体资产的，可予以优惠转让。对批准新建的养老服务机构，发改、规划部门优先立项和办理规划手续，建设部门优先完善周边道路、排水、绿化等基础设施，地籍测绘服务机构按最低标准收取服务费。在税费减免上，经市政府审批认定的养老服务机构，可免交城市建设和房屋建设的行政事业性收费（证照费除外），免交燃气、水、电增容费；对申请安装直接供养老使用的水、电、气管线、管道工程的，有关部门应予优惠或减免相关费用；直接供养老使用的用电、用水、用气等按居民生活类价格执行；使用有线（数字）电视、电话、宽带互联网及办理其他相关电信业务给予有限优惠照顾；福利性、非营利性养老服务机构暂免征企业所得税以及自用房产、土地的房产税、城镇土地使用税；兴建养老服务机构在办理相关手续时，各项服务性收费应按最低收费标准的 30% 以下收取相关费用。在财政扶持上，对社会力量兴办的养老服务机构，经有关部门审核达到有关要求和标准合格等级的，给予适当财政补贴。其中，对养老服务机构新建 50 张以上床位的，按每张床位 1000 元的标准给予一次性建设补贴；对养老服务机构利用现有房屋和设施改建 50 张以上床位的，按每张床位 500 元的标准给予一次性建设补贴；对民办养老服务机构，每接收一位具有广水户籍、入住 6 个月以上的老年人，按照实际入住人数给予每人每月 50 元或每床每年 500 元的运营补贴。

3. 打造居家和社区养老服务支持体系，加强养老服务平台和信息化建设

一要总结试点经验，加强养老服务场所和设施建设。结合落实省统一实施的“敬老爱老助老工程”，在农村启动养老服务建设“幸福计划”，探索建设一批“村级主办、互助服务、群众参与、政府支持”的养老服务设施，为老年人提供集中照料服务，力争 2015 年覆盖到 50% 的建制村或自然村。在城市社区，完善老年服务站和日间照料中心建设试点，特别要将国家相关政策措施落到实处，切实发挥其在社区养老服务中的功能和示范作用，在此基础上，着力推行养老服务建设“星光计划”，按照就近就便、小型多样、功能配套的要求，建设一批托老所、日间照料中心、星光老年之家等社区养老服务设施，力争“十二五”末覆盖 80% 的城市社区。二要实行市场化运作，启动居家养老服务。对无经济条件、生活不能自理的城乡特困居家老人，采取政府购买专业服务机构的服务，由社会中介组织、家政服务企业为其提供生活照料、家政服务、康复护理、精神慰藉等一定项目或一定时间的服务。三要建立完善居家养老服务管理和信息网络。着手建立市居家养老服务指导中心、街道办事处（乡镇）居家养老服务中心、社区（村）居家养老服务站（点）三级服务管理网络。依托通信和信息网络基础设施，在乡镇街道、社区推广建立养老服务信息网络和服务平台，采取便民信息网、热线电话、爱心门铃、健康档案、服务手册、社区呼叫系统等方式为老人提供高效便捷的服务，使每个村组、社区都成为没有院墙的敬老院。

4. 完善行业管理和队伍建设体系，提升养老服务水平

一要认真落实养老行业管理规定，制定符合市情的养老机构管理细则。加强对社会养老服务机构的登记和管理，规范准入门槛和硬件条件，推行行业规范和质量标准，建立资质评估、认证体系，完善监督、管理、考核机制，提高养老服务的规范化水平。二要加强各类养老服务机构护理人员的职业技能培训。将养老护理员纳入城乡就业培训体系，实行养老机构人员持证上岗，力争到2015年，获得国家养老护理员职业资格人员达到100%，推动养老服务队伍的专业化、职业化，提高服务水平。三要培育养老服务志愿者队伍。实行志愿者注册、培训、服务评估制度，形成专业人员引领志愿者的联动机制，促进志愿者服务经常化、制度化。

5. 创新农村社会化养老服务体系，推行农村互助式养老

我市作为经济欠发达地区，农村老人占绝大多数，而机构缺失，必须因地制宜，从实际出发，加大探索创新符合农村实际的养老模式，加快农村养老市场化、专业化步伐。市乡政府要把支持农村互助养老院建设与创新农村社会管理结合起来，给予资金物资支持，借鉴李店黄金村农家女养老中心的成功经验，逐步向全市有条件的农村推广，使农村留守老人养老开心、子女放心、政府省心。

广水市饮用水水源地保护情况调查报告

市政协饮用水水源地保护专题调研组

（2013 年 9 月 24 日市政协七届八次常委会议审议通过）

根据市政协常委会 2013 年工作要点安排，5 至 7 月，市政协饮用水水源地保护专题调研组先组织部分成员赴陕西、山西部分县市进行了考察学习，然后分成 4 个小组，深入到霞家河、高峰寺、许家冲、飞沙河、花山、黑洞湾、徐家河水库及余店河等 8 个饮用水水源地，对其水量水质、生态环境、污染源等共计 28 个方面的问题进行了认真调研，基本摸清了饮用水水源地保护情况。我们认为，水源地生态环境良好，目前没有明显的化工污染，在持续干旱水量严重不足的情况下，水质基本符合饮用水源水标准，但从长远来看，存在一些突出问题，水源地保护工作任重道远。

一、饮用水水源地现状概述

全市 8 大水源地主要依靠降雨补水，承雨面积 1063 平方公里，占国土面积的 40%；总库容 10.15 亿立方米，死库容 2.16 亿立方米，担负着广水及随州府河 52 万人的供水任务。

近年来，由于生活生产用水量快速增长，供水矛盾日益突出，特别是自 2010 年 8 月以来，因受持续干旱的影响，水源地存水不断减少，致使水质逐渐下降。今年 5 至 7 月，市环保局先后 4 次分别对 8 大水源地水质的 7 项基本指标和 61 项常规指标进行取样检测（其中基本指标 3 次，常规指标 1 次），市疾控中心先后 2 次分别对水源地枯水期和丰水期水质的 19 项和 24 项卫生指标进行取样检测。结果表明，8 大水源地化学物质和重金属均不超标，但总磷、粪大肠菌群和高锰酸盐指数等指标超过 II 类标准限值。

截至 7 月底，8 大水源地只有许家冲水库饮用水水源地保护区划定方案经省政府批准。即使是在许家冲水库，也只有一个省政府批文，立了一块“饮用水水源地保护区”标牌，既没有设立界牌、警示牌、宣传牌等保护标志，也没有明确保护内容，更没有采取必要的保护措施。从整体情况看，随着人们生活水平的提高和“洁美家园”行动的开展，市民的环保意识逐渐增强，部分群众开始采取一些保护措施，有关政府部门也在逐步加强保护工作，马坪镇政府还出台了《水源地保护十不准》，取得了一定的成效，但整个水源地保护工作还没有走上法制化、规范化轨道，保护措施不到位，净化设施不配套，离饮用水水源地的达标要求还有较大差距。

二、饮用水水源地存在的突出问题

（一）放牧养殖畜禽。8大水源地不同程度存在自由放牧和畜禽养殖问题。据统计，共养牛3292头、羊14984只、猪14950头、鸡鸭67114只。在许家冲、霞家河水库，不少村民在取水口周围放牧，牛羊成群结队，粪便随处可见，每到夏天，水牛便跑到取水口附近游水，把屎尿排到水里；在徐家河水库，有的村民在岛上养鸡养鸭，粪便随着雨水全部流入水库。

（二）投肥投饵养鱼。除徐家河水库外，其余6个水库水面全部整体对外承包。据统计，徐家河和花山水库共有围垦164处，面积7262亩，年投肥3000吨以上；网箱2966个，其中网箱养　鱼3处，养殖面积5700平方米，年投饵1500吨以上。投肥养鱼不但缩小了库容，而且每逢大雨，围垦里的污水便漫过堤坝，流入水库，造成污染；　鱼食量大、生长快，投饵量大，排泄物多，凡是养　鱼的地方，水体明显发黑发臭。

（三）直排污水废水。大部分生活污水、生产废水未经净化处理，直排到水源里。位于许家冲水库上游的兴旺村，由于长期大量直排生活污水，致使湾前池塘里的水有的发绿、有的发黑、有的发红，这些“酱油”最终都流入库中；在长岭云台街水厂取水口，生活污水、农业废水及畜禽排泄物汇集在一起，致使水发黄，味发臭，夏天苍蝇满天飞，当地人称之为“马尿”；　宏达石材厂在黑洞湾水库边采石，尾矿直接倒在环库公路边，如同“牛奶”的废水直接流入水库。

（四）农业面源污染。为了追求产量，过量使用肥药、大量使用地膜，造成水土污染。据统计，8大水源地平均每年使用农药150吨、化肥10000吨，废旧地膜残留30吨以上；农业生产总氮排放量200吨，总磷排放量30吨，化学耗氧量2300吨。

（五）伐木种菇烧炭。据初步统计，北三镇每年种植食用菌3000万棒（袋），需要木材2万方。由于长期砍伐，致使栎木资源逐渐枯竭。为培植栎木资源，加快栎木生长，有些村民不惜将已成材的松树全部砍掉。同时，菇耳废料随意丢弃。在许家冲、飞沙河和花山水库，少数村民伐木烧炭，窑火一年四季不熄，有时为图方便将整片树木全部砍光，当地群众说："一座炭窑，十里荒山"。因部分乔木被砍伐或整片树林被砍光，降低了涵养水分能力。

（六）砍树挖土修路。华润风电厂和丰华风电厂在二妹山、武胜关、中华山砍树挖土修路，每条路宽在10米以上。由于树木被砍伐、土石随意堆放，破坏植被、剥离表土，造成水土流失。

（七）旅游无序开发。在徐家河水库，旅游开发各自为政、遍地开花。佛指岛度假村至今还是一个半拉子工程。徐家河景区水厂一边建水厂，一边在取水口旁建别墅和接待中心，其单位负责人还说："我们是严格按照环保部门的要求进行建设的"。

（八）水库自我净化能力下降。由于连环旱，水库水位不断下降，致使枯枝烂叶、牛羊粪便和生活垃圾全部沉积到水库里。这些物质腐烂变质后，产生大量的有害物质，加重了对水体的污染，降低了水库的自我净化能力。

由于局部生态环境的破坏和各种污染的加重，加上持续干旱，导致水源地的涵养水分能力、自我净化能力逐年下降。10年前，许家冲水库水质为I类，可直接饮用，而现在降为III类。造成水源地水质降低的主要原因有：

一是集中供水矛盾加剧。近年来，随着经济的快速发展、城镇规模的迅速扩张和安全饮水工程的实施，城乡居民生活、工业和农业用水总量逐年上升，而8大水源地担负着全市大部分生活、工农业用水供水任务。尽管市政府先后投资近3亿元实施城乡并网、五库联网、两城同网"三网"供水工程，基本解决了全市群众生活和工农业用水问题，但集中供水压力依然很大、任务依然艰巨。目前，8大水源地存水不足正常年景的20%，7月底可用水量不足6000万方。近3年，许家冲、高峰寺和霞家河水库长期处于死水位线下。

二是部门监管依据不足。为有效保护饮用水水源地，陕西洛南县早在2000年就颁布了《洛南县饮用水水源地保护区污染防治管理办法》，依法划定了保护范围，明确了禁止行为和部门职责。目前，我市还没有制定饮用水水源地管理办法、划定保护范围，相关职能部门没有执法依据，不能对破坏、污染水源地生态环境行为进行有效监管。

三是职能部门职责不清。8大水源地分布面广，有的涉及到多个乡镇和村组。由于部门、乡镇管理职能、权限和范围相互交叉，致使职责不清、各自为政、执法主体不明，遇到矛盾和问题，没有积极主动想办法解决，而是相互推诿扯皮。

四是相关各方“抢”水争利。在8大水源地里，“靠水吃水”的思想普遍存在。无论是当地群众，还是主管部门，都不同程度存在“抢”水争利的问题。徐家河库区有的村民擅自围垦养鱼，有的管理部门将水面对外承包收取承包费，有的职能部门利用职权收取资源保护费，想方设法从水源地里谋求利益最大化，使水源地保护工作与谋求利益最大化成为一对矛盾。由于责权利不对等，致使保护者不受益，受益者没有尽到保护责任。

三、做好水源地保护工作的建议

广水是一个靠天吃水的地方，水资源一直非常有限，而且随着工业化、城镇化和农业现代化的推进，全市用水总量将大幅增长。预计到2020年，全市集中供水人口将达到65万人以上，生活、工农业用水总量将达到3.98亿立方米，而8大水源地将担负主要的源水供应重任。我们在外地调研中感到，陕西、山西许多县市都十分重视饮用水水源地保护工作。陕西洛南县委、县政府一直把饮用水水源地保护工作列入“十大民生工程”之一，长抓不懈，解决了全县46万人的饮水安全问题，实现了经济跨越发展。我们保护好现有的水源地，既关系到大部分市民的生活质量和身体健康，也关系到广水经济的可持续发展。因此，做好水源地保护工作刻不容缓。

（一）突出科学发展，实施生态立市战略

前不久，习近平总书记到湖北视察时指出“绿水青山都是金山银山”。广水地处鄂北，四季分明，既有国家级森林公园，又有全省第三大水库，生态环境独特。无论是水源地保护、旅游开发，还是经济跨越发展，都与生态环境保护密切相关。只有树立科学发展理念，实施生态立市战略，把水源地保护工作纳入经济社会发展总体规划，摆在事关全局的突出位置，严把水资源开发利用、用水效率和水功能区限制纳污“三条红线”，才能实现水资源可持续利用和经济社会可持续发展。

1.全面实施生态保护工程。林业部门要加大封山育林力度，对国有林场、风景区和公路沿线实行全面禁伐，对乱砍滥伐、伐木烧炭、乱割松脂

等行为实行严厉打击；充分利用优惠政策，鼓励群众植树造林、退耕还林、改造低产林、建设生态公益林，不断提高水源地森林覆盖率和涵养水分能力；支持中华山、大贵寺林场捆绑申报为国家级自然保护区。相关部门要对开山炸石、河道采沙、非法捕鱼等进行综合整治，始终保持高压态势，最大限度减少破坏生态环境行为。

2. 加强农业面源污染治理。水利、水产和相关乡镇要严格控制在水源地新建围垦，解除水库承包合同，在水源地全面实行休渔期；水产部门要积极争取政策和资金，每年定期向水源地水库投放足够数量的食草和食浮游生物鱼类，实行“人放天养”，以维护水生态平衡，形成水产养殖和水质净化的良性循环，实现养鱼和养水“双赢”；农业部门要推广肥药减量技术，指导生产低产高效的无公害、绿色和有机农产品，打造广水地理标志品牌；畜牧部门要采取有效措施，严禁在水源地保护区放牧，实施养殖污染治理；各乡镇要进一步加大农村环境整治力度，在人口集中的地方建立垃圾处理和污水净化系统，有效控制农村生活污水和垃圾污染。

3. 逐步实施库区移民搬迁。对生活在水源地保护区的村民有计划的实施移民搬迁。一方面利用惠农政策鼓励移民搬迁。林业、民政、农业、房管等部门要充分利用退耕还林、生态公益林建设、库区移民、保障房建设、新农村建设等惠民政策，鼓励水源地群众移民搬迁。另一方面实行补偿搬迁。市政府可适当上调水价，加大社会筹资力度，对保护区内的居民列出专款，实行补偿搬迁。

4. 实行生态保护“一票否决”。近几年，徐家河水库多次大面积爆发蓝藻，是水质富营养化的重要信号，太湖、巢湖和滇池蓝藻是前车之鉴。无论是畜禽养殖、水产养殖、旅游开发，还是招商引资，都要充分考虑水资源和生态环境的可承载能力，不能超越生态环境保护红线，无序过度开发，特别是对破坏水资源和生态环境的项目，要实行“一票否决”。市政府要建立水资源和生态环境项目论证制、项目审批终身负责制和联合审批制，把水资源论证作为前置技术支撑条件，把生态环境保护作为核准的前置条件，严格控制高耗水和高污染项目。

（二）制定管理办法，依法保护饮用水源

1. 制定管理办法。市政府要全面规划，尽早部署，尽快制定饮用水水源保护管理办法，规定禁止行为，明确部门职责。

2. 明确保护范围。市政府要按照饮用水水源保护区划分技术规范，对水源地划分一级、二级保护区，并将黑洞湾、花山、飞沙河水库进行联片保护，提升水源地生态修复功能。同时，在一级保护区安装防护网，二级保护区设立警示牌，埋设界牌，树立宣传牌，公示禁止内容。

3. 做好申报工作。环保、水利等部门和相关乡镇，对除许家冲水库以外的7个集中式饮用水水源保护区划分方案，尽早完成向省申报审批工作。

（三）明确部门职责，建立长效监管机制

1. 成立水源地保护工作领导小组。市政府要成立饮用水水源保护工作领导小组，并在市环保局设立办公室，负责统一协调解决饮用水水源保护工作中存在的问题。办公室要做到“五有”：有分管领导、有办公场所、有专职人员、有工作经费、有举报电话。

2. 建立水源地水质监测体系。环保、卫生和自来水公司要严格按照相关规定，加大资金投入，建立饮用水水质检测实验室和信息共享平台，逐步完善水质监测体系，严格按照规范定期对饮用水水质进行检测，并通过新闻媒体及时向社会公布检测结果。

3. 加强水源地管理资金投入。市政府要把水库管理处作为水源地保护的重要主体来进行改革，加大资金投入，保障管理处的正常运转和职工的基本工资待遇，逐步解决职工的养老保险，并强化其对整个水源地的管理和保护职责，改变当前“只管水面、不管岸边”的现状。

4. 加快实施“引丹入大”工程。市政府要积极争取鄂北地区水资源配置工程早日实施，并争取政策，在我市多设几个补水点，从根本上解决饮用水水源不足的问题。

（四）广泛宣传发动，提高全民保护意识

一要加强宣传。充分利用电视、电台、网络、标语等多种形式，进机关、企业、学校、村镇、农户，广泛宣传保护饮用水水源的重要性、必要性和紧迫性，做到家喻户晓。通过宣传，引导市民改变传统陋习，养成良好生产和生活习惯，自觉遵守管理规定，争做文明公民。

二要加强日常保护和监督工作。劳动部门要逐步把公益性岗位向水源地延伸，在水源地配备保洁员，组建专职管护队伍，联合环保、公安、卫生和乡镇共同做好水源地的日常保护工作。组织人大代表、政协委员定期到水源地视察，全面监督相关政策的落实和职能部门的履职情况。

三要营造氛围。组织机关干部、企业职工、学校师生和户外组织到水源地义务植树、捡拾垃圾。努力形成共同参与、自觉保护水源地的良好风尚，逐步做到全面防治源水污染，共同建设“水缸”工程。

附一：水源地基本情况统计表

附二：水源地水质监测情况统计表

附三：水源地畜禽及水产养殖情况统计表

附一：

水源地基本情况统计表

<table>
<tr><th>名称</th><th>承雨面积（平方公里）</th><th>总库容（万 m^2）</th><th>死库容（万 m^2）</th><th>流域人口（万人）</th><th>供水人口（万人）</th><th>保护区居民人数</th></tr>
<tr><td>许家冲水库</td><td>41.5</td><td>2521</td><td>110</td><td>–</td><td rowspan="3">20</td><td>200</td></tr>
<tr><td>花山水库</td><td>129</td><td>15380</td><td>4881</td><td rowspan="2">–</td><td>1050</td></tr>
<tr><td>飞沙河水库</td><td>45</td><td>6631</td><td>750</td><td>100</td></tr>
<tr><td>黑洞湾水库</td><td>41</td><td>3448</td><td>1600</td><td>–</td><td>2</td><td>212</td></tr>
<tr><td>霞家河水库</td><td>37</td><td>3282</td><td>56</td><td>–</td><td>16.7</td><td>1150</td></tr>
<tr><td>徐家河水库</td><td>749</td><td>68400</td><td>14100</td><td>–</td><td>8.5</td><td>5000</td></tr>
<tr><td>高峰寺水库</td><td>19.6</td><td>1811</td><td>126</td><td>–</td><td>3</td><td>300</td></tr>
<tr><td>余店河</td><td>–</td><td>45</td><td>12</td><td>–</td><td>2</td><td>100</td></tr>
<tr><td>合计</td><td>1063.1</td><td>101518</td><td>21635</td><td>–</td><td>52</td><td>8112</td></tr>
</table>

附二：

水源地水质监测情况统计表

采样位置	采样时间	监测指标（单位：水温℃、PH 无量纲、其余项目 mg/L							水质类别
		水温	PH	溶解氧	高锰酸盐指数	氨氮	总氮	总磷	
许家冲水库自来水取水口	5月6日	22	7.32	8.77	4.82	0.74	0.96	0.048	III
	6月3日	25	7.69	8.20	5.97	0.40	0.49	0.023	III
	7月1日	29	8.85	7.86	5.52	0.38	0.49	0.020	III
花山水库自来水取水口	5月6日	20.5	7.42	8.04	3.16	0.38	0.45	0.018	II
	6月3日	23	7.28	7.85	4.31	0.28	0.38	0.015	III
	7月1日	27.5	7.57	7.75	3.60	0.22	0.29	0.016	II
飞沙河水库自来水取水口	5月6日	21	7.20	8.26	4.47	0.47	0.61	0.027	III
	6月3日	22	7.19	8.37	5.28	0.35	0.47	0.020	III
	7月1日	27	7.42	7.62	4.12	0.32	0.44	0.017	III
霞家河水库自来水取水口	5月6日	21	7.66	8.51	5.23	0.81	1.04	0.052	IV
	6月3日	23	7.49	8.18	6.50	0.41	0.50	0.026	IV
	7月1日	28	6.97	8.38	5.08	0.37	0.46	0.022	III
高峰寺水库自来水取水口	5月6日	20	7.56	8.93	5.50	0.66	0.87	0.044	III
	6月3日	23	7.61	6.51	5.74	0.39	0.47	0.022	III
	7月1日	28	8.60	7.28	5.57	0.34	0.41	0.020	III
黑洞湾水库自来水取水口	5月6日	22	7.25	7.83	4.64	0.94	1.22	0.065	IV
	6月3日	23	7.28	7.76	4.22	0.51	0.63	0.038	III
	7月1日	28.5	7.66	7.18	5.95	0.40	0.47	0.025	III
余店河水库自来水取水口	5月6日	21.5	7.53	8.45	2.57	0.35	0.48	0.076	II
	6月3日	22	7.57	6.14	4.09	0.27	0.39	0.023	III
	7月1日	28.5	7.70	7.73	4.64	0.21	0.28	0.014	III
徐家河水库自来水取水口	5月6日	22.5	7.33	8.12	3.99	0.43	0.55	0.048	III
	6月3日	25.5	7.22	7.99	3.34	0.36	0.45	0.021	II
	7月1日	28	7.94	7.56	3.16	0.28	0.31	0.016	II
徐家河水库马坪镇取水口	7月1日	28	8.58	7.43	3.42	0.30	0.42	0.019	II

附三：

水源地畜禽及水产养殖情况统计表

名称	牛（头）	羊（只）	猪（头）	鸡鸭（只）	围垦			围网			水面承包
					数量（个）	面积（亩）	投肥（吨）	数量（个）	养鱼		
									户数	年投饵（吨）	
许家冲水库	2000	3000	21	480							整体外包
花山水库	280	4100	210				100	46	1	400	整体外包
飞沙河水库	238	2444	39	934							整体外包
黑洞湾水库	214	3955									整体外包
霞家河水库	70	700	750								整体外包
徐家河水库	390	485	11730	55700	164	7262	2912	2920	2	1100	部分承包
高峰寺水库	50	100	200	5000							整体外包
余店河	50	200	2000	5000							
合计	3292	14984	14950	67114	164	7262	3012	2966	3	1500	

一个农村互助式养老服务的成功模式

——李店乡黄金村农家女 敬老活动中心调查

（2013年4月10日）

随着人口老龄化的日趋严峻和城市化而导致的农村劳动力持续外出经商务工，农村留守老人的养老安置已成为社会、政府和农村家庭亟待解决的现实问题。如何让农村空巢老人老有所养、老有所依？李店乡黄金村农家女敬老活动中心对此率先进行了探索和实践。笔者近日到该中心调查后认为，该中心开展的农村互助式养老服务模式是成功的，为农村空巢老人探寻了一条就近、方便、低成本提供养老服务的新路，在全市农村具有推广价值和借鉴意义。

创办：女能人在各方支持下实现夙愿

叶星洲，一个很男性化的名字，这位1959年出生的农村妇女做出了许多男人都做不出的事业。一接触就能感受到这是一位有思想、有志向、能干吃苦的女能人，她28岁起担任村干部直到2001年主动辞去村支书选举提名，曾任村干部15年。多年来，她目睹了村里许多空巢老人孤苦无依、贫病交加的凄凉景象。为老年人创办一个集中护理、交流活动的场所是她多年的夙愿。也是缘于担任村干部的经历，她结识了北京农家女文化发展中心秘书长，原随州市委宣传部副部长吴治平女士，她的想法得到了吴治平女士的赞赏，也得到了乡、村组织的支持。2011年8月，北京农家女文化发展中心将黄金村农家女敬老活动中心纳入其关爱农村三留守人员项目，11月邀请叶星洲及该村干部、志愿者到北京进行了一周的免费学习培训，并为中心争取到了德国米苏尔慈善基金会价值45500元的养老服务物资设备。乡政府为中心开办拨付扶持资金5000元，村委会将原村小房舍（麻竹高速项目部租用装修过）以8年2400元的象征性租金出租给中心用作活动场地，市妇联为中心组织捐书 2500 册，市民政局年底为中心拨付救助大米 5000 公斤。在社会和政府的支持下，叶星洲投资 10 万元建设、维修、添置了部分附属设施，中心于 2012 年 2 月 23 日迎来了首位入住老人。创办一个留守老人服务中心的梦想终于得以实现。

运营：靠爱心支撑

我们询问叶星洲中心运行一年来的心得体会时，她深有感触的说："从事老年人服务工作不能算经济账，除了事业心和责任心外，还必须心里面要充满一个"爱"字"，脑子里要去掉一个"脏"字"。这从她一年多来的用心支撑、竭力坚守得到了诠释。

中心开办时对村内入住老人每月收取服务费 380 元、村外 400 元。由于收费低廉，为节省开支，保持运转，叶星洲夫妻去年在服务老人的同时，还种水田 4 亩、菜地 1 亩、喂猪 2 头、自己砍柴。由于干旱，水田去年没有收入。一年下来，中心结余 2 万余元，远远低于一个劳力外出打工的收入。入住老人看到他们夫妻整天忙碌辛苦，主动要求她增加费用，在征询所有入住老人的意见后，从去年 12 月每月均普加 50 元服务费。今年，叶星洲夫妻计划除继续耕种自己的 4 亩水田外，再捡拾 5 亩村民撂荒的水田种上，盼望风调雨顺，有个好收成，以改善老人们的生活和中心的服务设施。

中心主要开展留守老人集中养老服务，兼顾留守妇女不定期健身文娱乐和留守儿童的临时就餐、图书借阅。现入住老人 28 人，其中村内老人 15 人，周边老人 13 人，其中年龄最大的 93 岁，最小的 68 岁。生活照料和看护全部由叶星洲夫妻提供服务，就医、理发由叶星洲联系村卫生员和理发师傅前来提供。中心里的老人有许多没有良好的卫生习惯，还有部分生活不能自理，吃饭靠送、喂，甚至大小便失禁。为他们擦洗身子、清洗被褥是从事这项工作必须过的第一关。刚开始，叶星洲的爱人认为办中心没有收益，还不如出去打工赚钱，且看不惯老人的脏乱，受不了那刺鼻的气味，劝叶星洲不干了。叶星洲认为这是一件为村民服务的大好事、大善事，认定了就要干下去，不能计算收益，更不能半途而废。她苦口婆心做爱人的思想工作，要他和自己一起坚持下去，她爱人不接受，为此还和她3个多月不讲话。叶星洲只有独自默默的劳动着、支撑着，一个月竟瘦了30斤！爱人看到她这么拼命干，在子女和亲友的劝导下，慢慢才接受了这项事业，转而配合支持她的工作。

叶星洲夫妻对老人们的悉心照顾和艰辛付出也感动着附近村民，他们纷纷伸出援助之手，争当爱心义工，有的来帮忙洗衣、种菜，有的来义务维修门窗、整修院落。年底中心杀猪时，把村里义工请了满满4桌。在中心，周边村民共同演绎着爱的奉献。

良好的社会效益：有6位老人不愿回家过年

走进坐落于鄂北一山岗的黄金村农家女敬老活动中心，我们看到几位老人靠坐在墙壁沐浴着春日暖阳，还有几位老人在院子中打着麻将和拉家常，怡然自得，神情安详，那状态如远航的船舶回到了港湾，南飞的候鸟找到了栖息地。叶星洲介绍说，老人们来这里后，生活起居有人照看，同时，大家土生土长，彼此熟悉，能互相交流沟通，解除了精神孤独，提高了语言和思维能力，精神面貌上都有很大改善，能自理的都主动互助互帮，生活、心情都很愉悦。93岁的吴维菊婆婆儿女都在广东打工，去年在中心突发脑溢血，叶星洲夫妻及时组织抢救，精心护理，吴婆婆一直坚持到她儿女赶回家才去世，其子女对中心甚为感激。吕厚明老人以前瘫痪在家独住，不愿和人说话，来中心3天后就主动约人打牌，国家干部、不是本村村民的原张杨管理区妇联主任陈爱光老人主动要求来中心养老，有的甚至不愿意回去了，今年春节就有6位老人在中心过年，有的老人回去后大年初三就迫不及待回到了中心。

中心的建立初步解决了该村及周边高龄、失能、半失能老人的养老服务问题，剔除了农村劳动力外出经商务工的后顾之忧，为农村留守妇女的文化活动提供了阵地和平台，为留守儿童周末或假期的临时就餐、看护和阅读提供了去处，具有良好的社会效益。看到老人们在这里安享晚年，我们对叶星洲充满了由衷的敬意，也对她的中心充满祝福和期待，眼前展现出一幅幅人间爱晚图。

思索和启示：具有推广价值

在调查中我们感受到，尽管李店乡黄金村农家女敬老活动中心目前还属于低水平、无利润运营，在产权明晰和合同订立、行业服务标准和管理制度、业务知识和岗前培训、康复娱乐和无障碍设施配套等方面还需要规范和完善。但该中心顺应农村社会发展的趋势，契合农村老年人养老服务的需要，符合农村经济社会发展的现实，具有鲜活的生命力和发展潜力，探索出了一个农村收费低廉、环境熟悉、就地就近互助式养老的成功模式，在我市农村具有推广价值。

一是在农村有很多吃苦耐劳、淳朴善良、富有爱心和同情心的能人。他们在当地有威望、有人脉、有土地，容易得到村民援助，也可以种田地补贴中心开支。

二是许多村都有现成的、条件比较完备的场地。随着村级小学的撤并和村支部、村委会办公活动设施的达标升级，空置的校舍和办公用房均可以廉价租借给承办人，这样可以减少其前期投入，节约运行成本。

三是随着老龄社会的到来和经济社会发展水平的不断提高，党和政府及社会各界对养老问题越来越关注和重视。各地陆续制定了社会化养老服务体系建设规划，有的还出台了具体实施意见和政策措施，如实施床位补贴、划拨土地、税费减免等，一些社会慈善机构还实施了养老敬老援助项目。这都为农村建立互助式养老机构创造了良好条件。据调查，该中心若能如外地养老机构一样每月得到政府一定的床位补贴，运营困难的现状将大为缓解，其发展前景也是美好的。

（广水市政协　汪维浩　秦传本）

全市机构养老及社会化养老服务情况视察报告

市政协团结联谊委员会
（2013年3月17日）

根据市政协常委会年度工作要点安排，市政协团结联谊委员会于3月8日组织部分政协常委和委员，视察了我市部分机构养老及社会化养老服务情况。市政协主席李健强、副主席胡亚明、秘书长汪维浩参与视察，市委常委、副市长胡洪波陪同视察。

视察组实地察看了市福利院、城郊乡福利院、市社会福利中心、市养老公寓的入住、建设和管理情况，看望慰问了部分入住老人，询问他们对养老服务工作的意见和建议，分别听取了被视察单位负责人的情况介绍和市民政局负责人关于全市养老工作情况的汇报。

通过视察，视察组初步掌握了我市养老事业发展现状及存在的困难和问题，并向市政府及主管部门提出了加快推进我市社会化养老服务体系建设的意见和建议。

一、我市养老事业发展现状

近年来，我市人口老龄化趋势明显。2012年，全市60岁以上老年人口已达13万人（农村五保5764人、城市“三无”人员560人），占总人口的13.8%（国际人口老龄化标准为10%），这标志着我市已进入老龄化社会。如何积极应对人口老龄化，加快社会化养老服务体系建设，是政府和全社会面临的一项紧迫工作任务。

根据中央、省、市有关加快建立社会化养老服务体系的政策精神要求，近年来，市政府和民政主管部门在养老服务事业发展上，高度重视，积极作为，通过突出项目建设、加强制度建设、探索创新养老方式等措施，改善了服务设施，强化了内部管理，提升了供养水平，基本保持全市养老服务工作与广水经济社会总体同步发展，养老基础设施正向更高层次迈进，一些新型社会化养老模式正在探索启动，取得了较为显著的成绩，主要表现在：

1. 机构养老逐步健全。全市有养老服务机构 20 家，床位 1160 张。其中，社会福利院 1 家，床位 60 张，供养城市三无老人 40 人；市养老公寓 1 家，床位 150 张，收养社会老人 60 人；乡镇农村福利院 18 家，床位 930 张，集中供养五保老人 659 人。目前，市社会福利院供养“三无”人员生活全部依靠民政事业拨款、乡镇农村福利院供养五保老人依靠民政政策性拨款，保证了集中供养的老人吃得饱、穿得暖、有病能医等基本生活需求，市老年公寓实行自费代养。

2. 社会养老得到发展。社会养老机构发展较快，全市社会化养老院共有 8 家（其中登记 5 家），床位 540 张，未登记 3 家，床位 60 张，据初步估计，收养老人在 1000 人以上，全部依靠自费，成为机构养老的有益补充。应办平靖路敬老院依托福利院启动了社区老人日间照料试点工作；农村互助式养老在李店黄金畈村、马坪龟山村等开始试点。

3. 基础建设不断加快。市光荣院、市社会福利中心、市养老公寓二、三期工程，正在抓紧筹备、建设和争取立项，全部建成后，养老床位可达 500 张以上。

二、我市养老事业发展中存在的困难和问题

在我市社会化养老服务体系得到启动建立和初步发展的同时，由于基础、条件和经济发展水平的限制，还存在诸多问题和不足，特别是养老基础设施建设方面欠账较大，主要是财政投入不足，政策配套不够，机制探索不活，关注氛围不浓，发展水平不均，管理水平不高等，体现在以下五个方面：

一是福利院规模小，供养率低。机构和社会化养老规模小、床位少，没有达到国家规定的标准（每千名老人拥有养老床位 30 张）；农村福利院五保老人的集中供养率刚过 10%，远低于国家要求 50% 的标准。

二是基础设施落后，功能缺乏。目前，全市乡镇农村福利院大多是依托农村学校改建而成，住房严重老化，设施简陋，床位少；活动场地狭小不足，文娱活动室短缺。民营福利院没有固定场所，房屋面积较小，设施落后、管理水平低、安全隐患多、缺少监管。总体上，乡镇农村福利院和民营福利院条件较差、管理落后，处于低层次运营，仅能保证入住老人吃、住等基本生活。

三是服务人员待遇低，服务水平不高。乡镇福利院无固定资金来源，部分乡镇重视不够，投入不足或没有投入，运行基本依靠民政拨款。服务人员都是临时聘请人员，素质低、待遇低、年龄大、服务水平普遍不高。

四是项目建设缺少资金。我市新建的阳光福利院，一期总投资1800万元，新建的市社会福利院，总投资2800万元，政府仅支持了300万元政府债券资金，其余建设资金全部依靠民政争取项目和自筹，缺口大，部门面临的压力较大。乡镇福利院、社区、村福利机构建设更是无资金投入。

五是维持发展缺少政策。一方面，市社会福利院供养的城市三无人员的生活费、医疗费等全部依靠民政事业拨款(挪用民政事业经费),另一方面，福利院没有预算外收入，从业人员有岗位无经费，服务人员工资无着落。

三、加快我市社会化养老服务体系建设的建议

随着我市老龄化趋势的不断加剧，加快建立社会化养老服务体系的任务更为现实而紧迫。市乡政府要按照“居家养老为基础 、社区服务为依托、机构养老为补充”的养老工作方针，加快社会化服务体系建设。要坚持权为民所用、情为民所系、利为民所谋，把做好养老工作作为贯彻落实科学发展观的具体行动。强化政府主导，加大投入，积极引导社会资本进入养老服务事业，努力探索推行适应我市经济社会发展的社会化养老服务模式，逐步建立健全社会化养老服务体系。

1. 抓紧制定实施我市社会化养老服务体系建设规划。按照国家、省“十二五”社会化养老体系建设规划，尽快制定出台我市社会化养老体系建设规划或实施意见，以指导全市的养老服务体系建设。细化制定完善农

村福利院管理办法和社区日间照料中心管理方式方法，制定养老服务市场准入条件，规范提升养老服务质量和水平。

2. 抓好与国家、省养老服务项目的对接，加大立项争资力度。要千方百计争取上级项目资金，加快养老基础设施建设。要通过立项争资，对全市农村福利院进行提档升级改造，完成市社会福利中心和市养老公寓二、三期工程建设。

3. 制定出台并切实落实各种养老机构发展的鼓励扶持政策。市乡政府要研究制定并落实支持养老事业发展的政策措施，切实把养老基本服务纳入市级财政预算。要加大投入，将乡镇福利院和社区日间照料中心建设、改造、升级纳入政府工作范围，实行责任目标考核。对集中供养城市“三无”人员、农村集中供养五保老人经费不足部分，市乡政府要予以补贴。要研究制定民营养老机构政策性补贴措施，积极引导民营资金进入养老事业。要强化部门责任，营造养老建设发展的良好环境。国土、住建、财政、人社等相关部门要按政策要求，在养老机构征地、建设、资金、人员等方面给予支持，在建设规费上给予减免，形成社会化养老工作的整体合力。

4. 加强对养老服务机构的行业管理。民政主管部门要制定各种养老模式行业标准，加强行业管理，着力培育养老服务人才队伍，要切实发挥带好头、管好总、带好队的核心支柱作用。

5. 加强对养老工作先进事迹和模范人物的宣传推广。要总结经验，推广典型，以点带面，加快推进养老事业健康发展。要注重发挥先进模范的示范带动作用，大力宣传其先进事迹，以增强全社会养老观念和爱老敬老助老意识。

应山护城河整治势在必行　河岸居民应自觉爱河护河

——护城河治理视察报告

市政协经济委

（2013年3月20日）

根据市政协常委会工作要点安排，3月18日，市政协组织召开了应山护城河整治改造的专题协商会议。会前，部分委员视察了护城河治理情况，先后察看了护城河三里塘上游段、人行段、老水利局段、老计委宿舍楼段、马鞍桥段，访问了周边部分居民，深入了解社情民意。不少委员在视察前，做了深入的调查研究，为知情协商做好准备。副市长刘伟，市政府党组成员、住建局长夏宇飞，政府办副主任、城管局长陈炜涛，水利局副局长、防办主任曹建辉和应办主任吴金明、城郊乡长颜威等陪同视察并参加了协商民主会。

视察组认为，**护城河承担着应山城区枯水季节的重要生态功能和洪水季节的主要排水功能**。护城河发源于三台山，河道始于八里岔下碾子湾，经跑马场进入应山城区，在马鞍桥注入应山河，全长7.4km，流域面积18.2km^2；由于近30年来城市发展和人口聚集，忽视了污染治理，昔日的清水河变成了如今的臭水沟；每遇山洪暴发，特别是1996、2010年特大洪水，两岸居民均遭受水淹；近几年来，市政府虽然每年投资40余万元，进行清淤除障、完善管网，并请专家编制排水规划，但是治理效果并不令人满意，群众要求根治护城河的愿望强烈，一些委员为此提出了提案，要求政府加大力度予以办理。

视察组发现，护城河主要存在两大问题：一是**环境污染严重**。由于缺乏监管，沿河一些居民图方便向河中抛弃杂物、乱倒垃圾现象严重；两岸居民生活污水直排河中，一些餐馆的潲水直接向河里排放等。二是**防洪能力不足**。堤岸损毁严重，有的河岸没有硬化，难以抵御大水冲击；河道侵占严重，因历史原因，如人行大楼、庚金酒店、春风旅社、电力宿舍等数处建筑横跨河中，使护城河变成了“阴沟”，一些临时构筑物也挤占河道；桥体高度不够，如西门桥、南门桥、印台桥，影响排水速度；部分河道狭窄，如科技小区旁的河道仅 2 米，成为泄洪瓶颈；河中开辟菜园，直接影响了河道畅通；污水管道影响排水等。这些问题严重破坏了城市环境形象和雨季行洪能力。

在协商民主会上，市政府领导、各部门及相关地区负责人和视察组全体成员站在正视历史、立足现实、着眼长远的高度，达成了如下共识：

从长远来看，重点要搞好河道整治的总体规划，按城市改造规划提升桥梁高度、分阶段实现拆房还河、污水管道移出河道、开辟撇洪河道等，彻底解决行洪能力不足问题；近期工作目标是：

一、提升居民素质。把河道治理作为改善城市居住环境、纳入文明城市创建的重要内容，加大宣传力度，采取张贴标语、新闻曝光等多种形式，引导居民关爱护城河，多途径广泛加强社会监督，严厉制止向河中乱倒垃圾、直排污水和河道种菜现象。

二、整治维修河道。成立专班，逐段排查，尽快铲除河道菜园、拆除违建临时构筑物、清理河中渣土，对损毁河岸进行修复、加固、升高，对部分自然河岸进行护砌，对断面狭窄河段拓宽或改道至 10 米以上；加大对建设规划的管控力度，严禁发生新的侵占河道行为；充分发挥排水管道的收集污水功能，完善管网体系，畅通管道流量，新增排水出口，从源头上治理污水直排河中问题。整治维修工程力争今年大见成效。

三、明确责任监管。制定护城河管理办法，建立长效机制，明确责任主体，划分责任范围，定期清理，严管重罚，确保污水、垃圾不进河道。各相关乡镇办事处对影响河道治理和维修的各种行为，要依法严肃处理。

四、规划立项改造。将护城河纳入城市防洪体系建设，按照防洪标准，积极向省立项争资，破解资金难题，提高治理实效。

风机企业上市视察报告

市政协经济委员会
（2013年4月2日）

根据市政协常委会工作要点安排，3月29日，市政协组织部分委员视察了风机企业上市情况，首先察看了杜家湾双剑公司储备土地，省风、双剑公司车间生产现场，然后举行了协商民主会，听取了公司负责人关于上市面临的困难和问题情况介绍以及开发区、工业基地、发改、经信、国土、地税局等相关单位负责人关于帮办上市后备企业情况汇报。副市长谢冠林陪同视察。

视察组对我市企业上市工作进行了基本评估，认为：一是市政府对企业上市工作的支持力度较大。为鼓励企业上市，成立了以市长黄继军为组长的上市工作领导小组，形成了3个会议纪要，从资金、土地、项目、税收等各方面给予了大力支持。二是企业上市的进展总体顺利，2家企业正在按计划有序推进。三是上市过程使企业本身实现了质的飞跃。自双剑、省风2家上市后备企业分别于2010、2011年进入辅导期以来，在推进上市过程中，发生了“凤凰涅槃”式的变化，现场管理井然有序，装备水平大幅提升，技改扩能、品牌创建成绩斐然，经营业绩持续向好，公司呈现出一派欣欣向荣景象。但还存在以下问题：一是部门服务质效不高，如企业在土地证办理、上市期间个人所得税处理等问题中，办事拖拉，存在踢皮球现象，影响企业上市的信心；二是垫付老厂土地收储占压资金量大，因历史原因，双剑、省风等公司共同出资3700万元，垫付收购老风机厂土地，计划联合进行商业开发，至今没有进入开发程序，导致企业生产流动资金趋紧；三是高级管理人才缺乏，人才引进难、进来留不住，仍是制约企业发展的最大障碍。

视察组建议：

一、政府要高度重视上市工作。上市是企业实现转型升级、跨越发展的重要突破口，是我市赢得新一轮发展机遇的重要突破口，是建设风机名城的客观需要，是巩固改革发展成果的客观需要，关系到广水财源建设，关系到我市产业结构调整，对全市工业企业的发展具有重要的示范引领作用。对此，市政府主要领导要亲自抓在手中，及时帮助解决上市过程中遇到的实际问题。

二、政府要加大企业上市统筹协调力度。企业上市是一个系统工程，涉及到方方面面的工作，需要建立一个高效协调机制；要注重工作落实，服务企业上市的相关部门要强化责任，主要领导要勇于担当、敢于负责，想企业之所急、急企业之所需；对 2 家上市后备企业需要长远解决的老厂土地、高级人才等问题，要排出时间表，强化措施、责任到人；对双剑公司反映的土地证、个税缓缴等紧迫问题，要在 4 月 10 日前得到根本解决，为企业按期上市提振信心。

三、政协组织要加大企业上市宣传力度。通过宣传企业上市对广水经济社会发展的重大意义，争取各界人士对企业上市的重视，努力营造全社会关心、支持企业上市的浓厚舆论氛围。

我市供水形势依然严峻
飞沙河水厂建设速度加快
——市政协飞沙河水厂工程建设视察报告

市政协提案委

（2013年4月20日）

4月17日，市政协主席李健强、副主席傅本华、梅思卫、秘书长汪维浩及部分政协委员对飞沙河水厂工程建设情况进行了视察。视察组现场察看了飞沙河水厂建设和飞沙河水库存水现状，并召开座谈会，听取了市水利局、供水办负责人关于飞沙河水厂建设和我市旱情及存水情况的汇报。

视察组了解到，当前我市旱情形势依然十分严峻。今年以来，我市累计降雨量仅83.7mm，仅为正常年景的四分之一。广水自2010年以来长期干旱无雨，导致蓄水减少。目前库塘总蓄水7540万m^3，与往年同期相比减少79%。其中，花山水库3660万m^3，与去年同期相比减少49%；五座中型水库共蓄水2510万m^3，比去年同期减少73%（其中广水、武胜关、杨寨三镇的主要供水水源地霞家河水库去年秋季已到死水位以下）；184座小型水库共蓄水790万m^3，比历史同期少88%；塘堰蓄水580万m^3，比历史同期少91%。随着高温时节到来，我市城乡居民饮水形势更加严峻。同时，由于蓄水不足，春播生产困难较大。

视察组认为，飞沙河水厂建设对缓解我市供水不足，保障水安全十分必要。整个飞沙河水厂供水工程概算总投资1.3亿元，铺设自飞沙河水库至广水西河桥头全长46公里的输配水管道，在十里建设一座2万吨加压站（设计规模4万吨，目前建设2万吨），在山口建设一座3000吨的高位水池。整个工程分四期建设：一、二期主要是铺设自飞沙河水库至蔡河的13.8公里DN800管道；三期铺设蔡河至广水西河桥头32.2公里DN800、DN600、DN500管道，建设十里加压站和山口高位水池；四期主要是建设配套的飞沙河水厂，对水质进行深度处理。飞沙河水厂是为了满足城区发展,解决困扰应广城区水源问题,切实保障城区供水的一项重大的惠民工程。飞沙河水厂位于应山北门三里塘村，占地55亩，水厂工程概算投资3700万元，是一座按照高标准设计、高标准建设要求的新型水厂，将配套建设反应沉淀池、气水反应过滤池、清水池、综合楼和一座标准化的水质检测中心，在8月底前完成。该水厂全面完成后，将形成许家冲水库和飞沙河、花山水库二条独立的供水系统，扩大供水能力，保障城区供水安全，大大改善自来水水质。

视察组建议：

一、要高度重视今年供水的严峻形势，以勇往直前的精神来确保供水任务完成。由于今年的降雨量偏少，加上连续几年的干旱，存水量严重不足，严重影响市民正常生产生活。目前整个供水工程还在实施之中，不能充分发挥其最大效益。各级党政领导及社会各界群众对全市供水的严峻形势要有充分的思想准备和准确的研判，要把此作为确保民生的关键，以节水为手段，以保证民生基本需求为目标，全力保障供水。

二、要树立综合统筹的供水观念，加大供水统筹管理力度。据专家预测，今年广水降雨量仅800mm左右，情况不容乐观。面对严峻的形势，如何使现有水资源发挥最大效益，市政府及供水部门应提前做好综合统筹工作，应对预案要完备充分，特别是到了生产和生活用水、城镇和农村用水发生激烈冲突时，要明确重点保障对象，确定优先统筹次序，最大限度确保社会稳定；要提前调整农作物种植结构，扩大水改旱作物种植面积，降低农业用水需求；要加大对洗浴业、洗车业等用水大户的管控，启动污水处理与回收工作，多途径应对缺水现实；要严格控制徐家河水库提水放水，做足打好抗旱持久战的准备。

三、要加大调度，全力以赴确保现有供水工程顺利完成。飞沙河水厂建设工程要在确保工程质量的前提下提前实施到位，这对于发挥现有水资源效益最大化、促进后期立项争资、争取重大项目实施具有积极意义。供水部门要克服困难，确保工程在8月底前如期完成。要千方百计争取鄂北调水工程在我市境内设有调水点，以长远解决我市水源不足及供水问题。

四、要加大宣传力度，形成人人节水、爱水、护水的良好局面。通过各种宣传方式，要把我市严重干旱缺水的实情及市政府和相关部门为保障供水付出的努力告知于众，让广大人民群众了解实情，培养全民节水、爱水、护水的意识，形成全社会理解、配合、支持供水工程的浓厚氛围。政协组织要利用同社会各界联系广的优势，通过调研、视察、提案办理等途径加大宣传力度，改善供水环境，为保障民生作出应有贡献。

十马线改造工程视察报告

市政协经济委

（2013 年 9 月 9 日）

按照市政协常委会工作要点，9 月 5 日，市政协组织部分委员视察了市交通运输局政协提案办理暨十马线改造工程关庙段施工现场，在市运管所会议室举行了协商民主会，听取了局长杨祥勤关于政协提案办理暨十马线改造情况汇报。市交通局党委副书记、副局长李双庆，总工程师喻斌，副局长余元福、徐晓春、孙章勇等陪同视察并参加座谈。

视察组认为，近年来，在交通运输局干部职工的共同努力下，我市交通事业取得了有目共睹的成绩，但是，长期以来，广水交通建设滞后于经济社会发展的格局没有得到完全改变，交通发展离社会各界的要求仍有很大差距。因此，交通局历来是政协提案办理大户，今年又承办提案建议 17 件，其中有强化公交与出租车行业管理、加强通村公路管理、加快公交与铁路客运无缝对接等 5 件主办提案；通过办理提案，促进了交通运输事业的发展。

视察组指出，当前，受征地拆迁、资金缺口等因素制约，十马线改造工程进展缓慢。十马线全长 50km，比老路缩短 7km，现施工路段起自跑马场止于余店街，长 24.5km，路基宽 10m，路面宽 7.5m，桥梁 10 座。自去年 8 月开工以来，已征地 600 余亩，拆迁房屋建筑物约 20000m^2，目前路基完成工程量的 94%，桥梁完成 90%，水泥路面完成单幅 4.5km，累计完成货币工作量 3200 万元，占总量的 65%。

视察组强调，要站在贯彻落实党的群众路线教育实践活动的高度，以只争朝夕的精神，协调好各方利益关系，确保今后 4 个月实现交通建设年度整体目标不动摇。十马线改造工程涉及西部 3 镇十几万人出行，是一项德政工程、民心工程，也是市政府年初承诺办好的十件实事之一，能否按期完成，关系到诚信政府形象，关系到明年公路建设的后续项目跟进和立项争资，关系到能否甩掉多年来广水交通落后的帽子，因此，要引起市政府高度重视，继续把好事办好、实事办实，想方设法克服重重困难，千方百计确保年底前竣工通车。

视察组建议：

一、加大征地拆迁协调力度。因征迁补偿标准低，群众协调工作难，导致路基工程受阻，路面工程难以全面展开。市政府领导要重点到城郊乡督促6处征拆工作，确保施工顺利进行。

二、督促建设资金缺口到位。十马线应马段预计实际投资5000万元，上级定补资金3280万元，已到位1794万元，资金缺口太大，施工方难以承受。市政府要采取必要措施，尽快落实6月18日市政府专题会议纪要（【2013】9号）精神，督促缺口资金按期到位。

三、搞好施工质量安全管理。严格标准、加强监理，狠抓工程质量，力争十马线改造路段成为样板工程；在十马线改造过程中，因交通不能封闭，易带来安全隐患，交管部门和施工方要采取得力措施，确保交通和施工安全。

四、认真抓好重点提案落实。继续加大规范客运秩序力度，对从业人员进行严格教育培训，切实突出整治效果；加强协调指导，创新长效管理机制，巩固通村公路建设成果；创造条件加快公交与铁路客运无缝对接、开通十里工业园公交线路，不断优化广水发展环境。

十里工业基地视察报告

市政协经济委
（2013年10月25日）

根据市政协常委会工作要点安排，10月23日，市政协主席李健强一行到十里工业基地视察了招引项目落户和园区基础设施建设情况。在工业基地党工委书记刘海、应办党工委书记刘晓界、余店镇委书记柯学明、骆店乡党委书记刘曦东、李店乡党委书记黄凌等相关乡镇领导的陪同下，视察组首先来到德润锂电池、新诚达时装、昆特科技、华南环保、广净催化剂公司、盘龙岗安置小区、应山南环大道建设等项目现场，听取相关企业、项目负责人和招引责任乡镇领导的情况介绍，仔细询问项目建设中遇到的困难和问题，实地察看项目建设进展情况；然后，在工业基地办公室听取了工业园区的工作汇报。

视察组认为，今年以来，市委政府高度重视园区建设，园区在推进7条道路为主的基础设施建设、促进在建项目投产、为项目落户征地、帮助企业应对经济下行压力等方面作出了巨大努力，取得了不小成绩。

视察组指出，工业基地当前仍然存在着园区管理体制不顺，基础设施建设落后，项目建设进度缓慢，项目投产效益不高，园区征地难、项目进场慢，失地农民生活安置政策不配套等问题。

视察组建议：

一、理顺园区管理体制。目前工业基地是一个“虚级化”的协调机构，无行政管辖权，而园区企业布局范围涉及到应山、十里、城郊、骆店等多个乡镇办，利益关系错综复杂，协调工作难度较大。为了把园区打造成各个乡镇办招引项目的“飞地经济”基地，应当调整行政区划，将十长路以南、高速路以北拟发展工业的区域划归工业基地统一管辖，并更名为城南工业区，与开发区、冶金工业园形成“三足鼎立”之势。

二、加快基础设施建设。“栽下梧桐树，引得凤凰来”。由于财力限制，以往采取项目落户在哪里，基础设施建设就跟进到哪里的“剥萝卜皮”办法，这一状况不仅造成项目摆布混杂及大项目、好项目不能满足客商条件难引进，还造成农民相互攀比补偿标准，矛盾纠纷增多，致使有些签约项目迟迟不能供地，影响招商信誉和形象。要调整招商思路，把着力点放在园区基础设施建设上，使之成为基础设施配套、服务功能完善的“投资洼地”。

三、着力打造产业园区。按照产城融合思路，加快新型城镇化进程。根据现有企业和地域特点，把园区划分为若干个产业园，通过规划引导，把新引进项目放在指定的产业园内，变“业主择地”为“项目供地”，以避免园区项目布局凌乱现象，为打造各具特色的产业集群和城市综合体创造条件。这样，既有利于失地农民在“家门口”就业，解决生活出路问题，又有利于提高园区的生活品位，吸引人才落户园区。

餐饮具集中消毒经营企业视察报告

党群活动组

（2013 年 6 月 14 日）

6 月 14 日，市政协党群活动组部分政协委员，对我市餐饮具集中消毒经营企业进行了视察，并邀请到市政协主席李健强、市政府副市长罗兰、政协副主席傅本华及相关部门负责人参加了视察。视察组一行现场察看了应山城区创洁、雅洁和广水城区阿波罗餐饮具集中消毒经营企业，听取了市卫生局、工商局、食药局负责人关于餐饮具集中消毒经营情况的汇报，召开了协商民主座谈会，现将视察情况报告如下：

一、餐饮具集中消毒经营企业现状

近年来，一套装的消毒餐具在我市中小型餐饮店大范围推广使用。它由塑料薄膜封口包装，内有骨碟、碗、筷子、汤勺 4 件餐具，看起来比较卫生，用起来比较方便，但这种消毒餐具是否清洁卫生引起了广泛关注。前期，一些市民对消毒餐具经营行业反映了一些问题，市政协委员也就此提出了提案。

通过视察了解到，我市现有餐饮具集中消毒经营企业六家，分别是创洁、瑞洁、雅洁、冰洁、三鑫、阿波罗公司，经营地点分布在应山、广水和长岭，从业人员 62 人，日产消毒餐饮具 2 万余套，主要供应本地市场。六家餐饮具集中消毒经营企业均取得了工商营业执照，有固定的生产地点，其中创洁、瑞洁、雅洁三家企业施行了全自动清洗消毒流程，冰洁、三鑫、阿波罗三家企业使用的是手工与机械相结合的操作方式。

二、存在的主要问题

通过现场查看与座谈了解，发现我市餐饮具集中消毒经营企业存在诸多问题。一是硬件设施不完善、不达标。部分餐饮具集中消毒经营企业选址不符合要求，设在居民楼内；餐饮具清洗消毒设备简陋，使用的是淘汰产品；厂房内缺少必要的功能专间，工艺流程简单，易出现交叉污染。二是卫生管理不健全、不到位。大部分餐饮具集中消毒经营企业卫生管理制度不明，生产车间工作人员个人卫生较差、工作衣帽不整洁，还有的未着工作服而实施生产操作，存在餐具不卫生、消毒不到位的现象。三是产品标准不统一、不规范。大多数产品无批次、无出厂检验报告、无消毒日期和保质日期，生产台账记录不完善，索证索票制度未落实。

认真分析，原因主要有两点：一方面，相关法规不健全。目前国家尚未出台此行业卫生规范，没有明确相应的行业准入标准，也没有明确是否将其纳入卫生许可范畴，以致此类行业发展不规范。另一方面，监管合力未形成。目前，我市尚未建立政府牵头，卫生、工商、食品药品等职能部门综合监管的协作机制，导致在行业许可、生产监管、市场流通等环节存在管理真空，难以形成“一盘棋”管理格局。

三、视察组建议

视察组认为，食品安全事关人民群众切身利益，加强和改进我市餐饮具集中消毒经营行业的管理势在必行、十分紧迫。为此，提出以下建议：

1. 市政府及相关部门要高度重视，认真研究我市餐饮具集中消毒行业中存在的困难和问题，拟定发展规划，制定监管流程，强化监管责任。

2. 要建立政府主导、联合运行机制，确保行业监管到位。当前，重点要明确行业准入条件，施行经营备案制度，纳入卫生行政许可管理范围；要探索制订行业基本规范标准并督促餐饮具消毒经营企业加大整改力度，健全内部卫生管理制度，落实从业人员持证上岗制度，严格规范操作行为。

3. 要落实群众知情权，保障群众的选择权，真实及时反映行业整治情况，定期公布检测结果，在新闻媒体上曝光，发挥好舆论的监督作用。

视察组强调，在事关人民群众身体健康和生命安全的问题上，市政府及相关部门要切实增强责任感和紧迫感，迅速开展餐饮具集中消毒经营行业整顿，解决突出问题，为广大市民提供安全可靠的消费环境。

市政协党群活动组将对此跟踪督办，持续关注餐饮具消毒工作，确保该提案真正落实到位。

乡镇基层单位报刊征订不堪重负

近年来，超标准、超范围、摊派征订报刊的现象在基层又有所反弹，乡镇基层单位对此意见很大，颇有怨言。主要问题是：

1. 逐年增订，不符合基层实际。据统计，全市各乡镇2012年度党报党刊征订任务比2011年增加了30%，2013年又在上年基础上增加了30%。以杨寨镇为例：该镇人口5万，镇直部门15个，建制村23个，农村社区2个，其中5个镇直部门工作人员分别仅有1–2人。2012和2013年的党报党刊征订任务如下表：

年度	人民日报	求是	经济日报	光明日报	新华每日电讯	湖北日报	农村新报	随州日报
2012年	49	9	12	12	10	199	50	325
2013年	59	9	12	18	26	221	50	325

从表中可以看出，该镇每个村至少要订阅《湖北日报》4–5份、《随州日报》5–6份，明显任务过大，大大超过了机构数量。此外，除上述党报党刊外，还有一些市直部门要求乡镇基层订阅其上级主办的刊物，如《质量安全报》、《工会杂志》、《统一战线》等。

2. 价格上涨，增加基层负担。近年来，一些报刊订阅价格纷纷上涨。如：《随州日报》2012年全年定价198元，2013年涨到228元。该镇2013年度报刊征订总费用17.7万元，按照村级报刊征订经费人平不超过1元的限额标准，23个村需开支5万元，还有12.7万元的任务量要靠镇机关和15个镇直部门负担。村干部和部门负责人感到经费压力很大，有些村几年的报纸款至今都没有签字认账。

3. 重复订阅，造成资源浪费。每年上级党委宣传部门对党报党刊征订专门发文，对征订种类、数量、完成时限作出硬性要求。由于任务过大，致使许多基层单位同样的党报党刊需订阅数份，不仅增加经费开支，还导致造纸、印刷、投递等社会资源的严重浪费，不符合建设“两型”社会的要求。

建议：

1. 基层报刊征订任务要切合实际，适当精简。党委宣传部门要核实各乡镇及其部门、村、社区数量，按照实际机构数量科学下达征订任务，要随着机构改革和资讯获取渠道的多元化适时精简征订指标，避免重复订阅。征订种类的确定，要本着适合基层工作需要、适应基层干群阅读需求，不能强行订齐、订全。

2. 防止部门报刊向基层摊派订阅。有关部门要加强农村报刊发行征订管理，严禁任何部门、单位利用行政手段或以其他形式向基层单位摊派征订党报党刊以外的部门报刊。任何单位和部门不得将报刊订阅作为登记、年检、办证、办照等行政审批事项的前置条件，不得将基层单位是否订阅与其业务有关的报刊与工作考核、评优达标挂钩。

3. 切实落实村级组织公费订阅报刊限额制。村级组织要在规定的限额内确保党报党刊征订任务的完成，对超过限额的可要求减少数量和种类，或退订、拒订。鼓励党员、干部、群众个人订阅。

（市政协委员、杨寨镇党委委员 陈珍）

关于积极扶持农村青年创业就业工作的建议

当前，我市农村青年创业就业表现为三个特点：一是流动性较强，外出务工青年占较大比重；二是青年农民受教育程度普遍低下，实用型技术培训需求大；三是创业积极性较高，创业项目多集中在农副产品加工，科学种养殖等低端方面。

据调查。农村青年创业就业中遇到的困难和问题主要是：

1. 资金瓶颈制约。返乡青年、农村留守青年普遍自身资金积累较少，自有资金难以满足创业需要，金融贷款成为农村青年解决创业资金困难的首选办法。但由于农村地区融资渠道狭窄，农村创业青年普遍缺少可抵押物和担保，致使青年从金融机构获得创业贷款资金的机会较少。

2. 创业者素质偏低。在农村，有相当部分青年现有技能和原教育程度与参与经济发展的需要差距巨大，科技、经济等文化知识欠缺。还有部分青年观念保守，诚信程度较低，法律意识淡薄，创业能力不强，捕捉机遇能力不足，这些都阻碍着农村青年创业就业的进程。

3. 创业项目储备不够。农村青年创业受地域、技能、信息等局限，往往 “创业无门”，如果独立依靠市场寻找项目，又具有很大的盲目性，创业失败的几率较大。还有些农村青年在首次创业中遭受较大挫折，再次创业信心不足。

4. 政策导向不足。主要表现在创业扶持政策发布渠道不畅，落实效力不够。目前各职能部门在工商登记、税务、贷款支持、创业培训等方面出台了不少鼓励优惠政策，但不同程度存在着信息不对称和对接机制还不完善的问题，各项创业政策之间“各自为政”，尚未形成完整配套的政策体系，难以为创业青年提供“一条龙”服务。同时，基层党政组织对农村创业青年的坚持服务还不够贴心，不够细致，对农村青年创业就业的政策倾斜度还不够明显。

为此，建议：

一、加强青年创业培训，提升青年创业能力。市乡政府要出台创业培训扶持政策，鼓励社会力量参与创业培训，并给予相应的创业培训补贴。创业培训要与项目推荐、技术支持、人才服务、小额贷款、融资担保、创业指导等相结合，拓展创业培训的服务内容和实际效果。可以探索建立创业导师团，以“一对一”或“一带多”的方式帮助解决青年创业阶段的突出困难。

二、加强青年创业服务，优化青年创业环境。建议成立广水市青年创业就业工作推进行动领导小组，加强各职能部门间的协调和融合力度。创建广水市青年创业就业服务中心，真正突出为青年创业就业提供信息咨询、政策宣传、职业指导、岗位推介、项目引导、资金支持、心理辅导、权益维护等 8 项“一站式”服务。有关职能部门可定期开展青年创业就业政策宣传咨询活动，市乡政府可通过开展青年创业就业明星年度评选活动激发农村青年创业热情，发挥示范引领作用。

三、破解青年融资瓶颈，解决资金筹措问题。市政府要加大对青年创业就业方面的财政经费投入，可建立 100 万元的“广水市青年创业就业基金”，为青年创业初始资金给予扶持。工商、财税等部门要强化针对青年创业就业方面的相关政策支持，在注册登记程序、条件、费用、税收减免及其他方面给予更大的优惠和便利。金融部门要进一步开发倾向于创业青年的金融优惠政策，推出更贴近创业青年的融资服务，在贷款额度、期限、利率、程序等方面，对处于创业阶段的青年给予优惠、便捷的服务。

（市政协党群活动组）

农村生态环境污染应引起高度关注

随着农药、化肥的长期大量使用和工业化、城镇化的推进，农村生态环境日益恶化，应引起各级政府和相关部门高度关注。

据调查，目前，农村生态环境主要有四大污染源：

一是农业投入品污染。①农药的不合理使用。有些农户只注重用药，但不能科学、安全使用，导致药物中有毒成分的扩散和渗透，造成水土污染，直接影响着人类健康。②肥料的不科学使用。农户科学配方施肥意识较低，偏施重施化肥，不施或少施有机肥，造成土壤理化性状下降、板结严重，化肥利用率低且大量流失，导致农田土壤和水体污染。③设施投入品和包装材料等废弃物污染。主要是西瓜、大棚蔬菜、棉花、花生等经济作物大量使用地膜，但地膜回收利用率很低，绝大部分遗留在土壤中，降解难，时限长。据测算，广水市每年有 70 吨以上的废旧地膜遗留在农村土壤中。此外，还有一些仍残留农药的包装废弃物也会对环境造成污染。

二是农作物秸杆和残体污染。农作物秸杆主要是粮食作物秸杆和经济作物残体。每年这些秸秆有一部分直接还田，剩余的或被丢弃在田边、河道，造成河水发臭、变黑，或被农民焚烧处理，产生大量烟雾，造成了严重的空气污染。

三是禽畜渔排泄物污染。传统农业中，畜禽粪便作为有机肥料用于农田生产，可形成较好的生态平衡体系。随着农牧分离，种养严重脱节，加之化肥普遍使用，有机肥施用量大幅减少，畜禽粪便未得到有效利用。禽畜粪便乱排乱堆，通过地表径流流入到塘堰、河流形成污染。农村有的养殖场和居民区混杂，不仅影响村庄生活环境，还造成水体污染，甚至污染集中饮用水源。此外，水产养殖的无序开发，也加剧了环境的污染。

四是工业废弃物和建筑垃圾的污染。工业化、城镇化带来城镇面积和工业企业快速扩张，许多地方污水处理设施和垃圾填埋场建设滞后，工业废水大量向城乡结合部排放，建筑垃圾及固体废物大量堆积。致使一些有害、有毒化学物质和病原体、放射性物质渗透到土壤、水体中，造成土壤结构变化和重金属污染，影响土壤中微生物的生长活动，有碍植物根系增长，或在植物体内积蓄，危害人体健康。

为此，建议：

1. 加强宣传发动，提高全民控制农业面源污染的意识。充分利用广播、电视、报刊、网络等多种宣传工具，全方位、多角度、深层次宣传农业面源污染防治的重要意义和具体措施，教育引导农村群众转变生活习惯和生产方式。要充分发挥乡镇政府、村委会等基层组织的作用，有针对性地宣传农业面源污染防治工作有关政策、法规、技术知识及先进典型，提高广大群众防治农业面源污染的意识与技能。

2. 推广科学施肥，实施病虫害统防综治。大力推广测土配方施肥技术，实施农业废弃物资源化利用，推广秸杆还田，增加有机肥施用量，减少碳胺等单质肥施用量，针对性补施中、微量元素肥料，改善和提高耕地质量。选择推广抗性好、适应好的优良品种，减少农药、肥料施用量。加大专业化防治队伍建设，实行统防统治，提高防治效果，减少防治次数。大力推广绿色防控技术，指导农民科学合理使用农药，鼓励农民使用低毒高效低残留农药和优先采用非化学防治技术，减少农药施用量。

3. 加强投入品管理，推广农业标准化生产。严禁销售甲胺磷等5种高毒有机磷农药，严厉打击销售假冒伪劣农药、肥料等违法行为，从源头上控制农业投入品对农业环境的污染。制定完善主要农作物标准化生产技术规程，积极推广农业标准化生产技术。通过龙头企业、专业合作社带动，建立农产品标准化生产示范基地，规范农产品生产行为，推广无公害、绿色和有机农产品生产，综合合理使用农业投入品，有效减轻农业投入品对农村环境的污染和影响，提高农产品质量安全水平。

4. 实施清洁工程，加快农村生态能源建设。积极推广“猪－沼－果（菜等）”、立体套种、免耕少耕、生态果园、庭院经济等生态农业模式，加快农村户用沼气池、规模畜禽养殖场大中型沼气工程和小型联户沼气工程建设，积极推广以沼气池为纽带的生态农业模式，做好“三沼（沼气、沼液、沼渣）”的综合利用，实现家居用能清洁化、庭院经济高效化、农业生产无害化的目标。

（市政协常委、市农业局副局长 黄锋）

实施国家种粮农民补贴中的职务犯罪应引起高度重视

近年来，在落实国家对种粮农民实施的粮食直补、良种补贴、综合直补等惠农政策中，一些乡镇部门工作人员和村组干部职务犯罪比较突出，易发多发，应引起各级党委、政府和相关部门的高度重视。这些职务犯罪的主要形式是：

一是编造虚假身份。采取冒名顶替、张冠李戴、子虚乌有、以假充真等方式骗取种粮补贴资金。

二是虚报种粮面积。利用以无报有、以少报多、重复申报、串通申报、直接“空挂”等手段套取国家补贴资金。

三是违法占有资金。主要表现为私自扣压、违规代领、硬性抵扣等。

造成上述职务犯罪的原因，除犯罪分子自身的政治觉悟、思想意识、法制观念等主观因素外，也有宣传教育不深入、制度执行不严格、监管程序不到位等客观因素。

为此，建议：

一、加大惠农政策宣传力度，确保群众的参与权、知情权、表达权和监督权。

各乡镇要利用每年春季发放致广大农民朋友的公开信和向农户发放“监督卡”的时机，向农户广泛深入宣传国家种粮农民补贴政策和具体标准、金额，让群众心里有本“明白账”，引导农民正确理解政策、拥护政策、落实政策。同时，各级党委、政府要进一步健全联系群众制度，构建群众工作平台，认真听取农民群众对惠农政策的意见和建议，接受群众的咨询、信访和举报。

二、加强基层干部教育力度，树立执政为民、清正廉洁的风气。

组织基层干部认真学习国家法律知识和粮食补贴相关工作政策法规，坚决贯彻落实“如实申报、认真核定、严格把关、专款专用”纪律规定，不断增强基层干部的法律素养和政策水平，树立正确的“权力观、利益观、政绩观”，认清岗位风险，提高抵御诱惑和腐蚀的自觉性，做到不闯“红灯”、不踩“红线”、不打“擦边球”。

三、完善制度监督体系，构建长效工作机制。

要完善财政内部监督机制，规范资金发放流程，强化资金管理，确保资金规范、安全、高效运行。完善种粮补贴工作制度，对农民粮食播种面积分村建立统计台账，实行专人管理，做到有据可依、账地相符、账表一致，无遗漏和差错。规范良种补贴制度，由乡镇政府按法定程序招投标确定良种供应商，良种供应商按合同规定的数量和价格供种，并提供技术指导及相关服务的支持，购种农户持单据向财政部门申报，财政部门对农户申报的购良种数量和补贴标准核算出补贴金额，及时发放给每个农户。探索建立补贴整合机制，将农机补贴、良种补贴、粮食直补、综合直补等进行整合，实行“一卡通”化繁为简，提高审核质量和效率。

四、注重群众参与，拓宽监督渠道。

各村应成立3—5人的种粮补贴资金分配监督小组，吸收有责任心、工作能力强、懂财务知识的群众代表参加，让其全程参与种植面积的核实工作，保证种植面积核实准确无误。要以村、组为单位将种粮补贴面积、标准、金额及时张榜公示，确保调查对象户不遗漏、田不漏登，群众无疑议。

五、强化惩防工作力度，遏制违法犯罪行为。

一要建立健全惩防工作机制，将预防的触角延伸农村干部和全体村民之中，提高预防的针对性和有效性，从源头上减少涉及“三农”领域职务犯罪。二要经常开展“制度巡查”。采取多种有效形式，不定期对粮食补贴款的分配与发放进行“拉网式”巡查，及时发现问题、纠正问题。三要加大涉农领域问题的调研力度。检察机关要根据查办的涉农案件情况，深入乡镇、村组开展预防调查，及时发现问题，提出检察建议，督促相关单位予以纠正，确保惠农政策执行不出现“盲点”。四要加大侵害惠农补贴案件的查处力度。各级纪检、检察机关要根据信访、举报，适时介入调查，切实弄清事实，找准问题症结，对违纪违法行为，一查到底，绝不姑息，并严肃追究有关领导和相关人员的责任。

（市政协委员、市检察院机关党支部副书记 张忠海）

农村低保工作中存在的问题及建议

建立农村居民最低生活保障制度是党和政府改善民生的重大举措。这一政策措施深受群众欢迎，但在实施过程中存在着四个方面的突出问题，急需进一步改进和完善。

1. 低保对象家庭收入难以核定。一是农村家庭成员难以界定。有的村民为争取低保补助，减轻赡养负担，把年老体弱的老人从家庭成员中分离出来，成为独居无收入困难老人，向政府申请低保。二是农民家庭收入难以核定。由于农民没有固定收入，农业和劳务收入也时高时低，且缺乏相应的收入证明，加之有些村民不愿如实提供家庭收入，以各种理由少报、漏报、瞒报收入，致使农民家庭收入难以准确测算。三是现行生活水平统计办法操作性不强，统计误差较大。民政部门在入户调查和收入核定工作中，往往采取日常消费能力核实和外部行为观察的办法，难以真实摸清申请对象的生活状况。

2. 村级低保评议组织不够健全。 按政策要求，村级要成立由村干部、党员和村民代表组成低保评议小组。但在村内评选低保对象时，有的村没有成立评议小组，只是由村干部和党员临时议一议；有的虽然组建了评议小组，但不组织评议，由村主要领导圈定低保对象；有的即使开展小组评议，一些村代表由于怕得罪人，不能仗义执言，任由领导说了算，评议流于形式，不能发挥评议小组的筛选、核实、监督作用。

3. 低保对象申请审批程序不够规范。一些乡镇、村（社区）没有深入宣传低保政策，对低保的范围、标准、申报流程群众不了解、不明确，有的误认为低保对农村是普惠制，“不拿白不拿”。在低保对象确定过程中，一些村级组织不按程序要求征求群众意见、核实拟报对象收入、公示拟报对象名单，导致“被评上的说评少了、没被评上的说不公平、退出了的天天上访”，造成矛盾纠纷，影响社会稳定。

4. 低保对象动态管理难以实施。有些低保户虽然通过劳动、经营等途径越过了贫困线，却千方百计隐藏家庭收入，阻止取消低保资格，使低保对象难以做到有进有出，低保补助标准不能实现有升有降。

为此，建议：

1. 坚持以乡镇为主体，完善农村低保申报审批机制。完善低保认定核查办法，实行农村低保申请由乡镇直接受理，村委会可代为受理。规范认定工作流程，细化并严格遵循受理、调查、评议、审核、报批、公示等工作环节，切实避免 “错保” 现象发生。

2. 建立低保年审制度，加强低保对象动态管理。对低保对象分类登记，造册建档，实行台账管理。科学制定低保家庭收入测算办法，要求低保家庭年底如实申报家庭财产收入，加强低保家庭经济状况调查核实，及时掌握低保家庭生活状况；实行年审制度，建立低保帮扶渐退机制。

3. 健全以低保为基础，医疗、救灾、扶贫等相结合的农村社会救助体系。农村居民最低生活保障只是解决农村贫困人口最基本的吃饭、穿衣问题，不能从根本上解决因重大疾病、重大自然灾害、子女上学等因素给农民带来的生活困难。为扩大保障内容和受惠范围，应在农村低保的基础上，建立健全医疗、救灾、扶贫等救助制度，使贫困农户在遇到特殊困难时能够得到社会救援，促进农村社会和谐稳定。

（市政协委员、长岭镇工商联主任 杨松青）

广水招商引资着力点应放在园区基础设施建设上

市政协团结联谊委员会近期对我市招商引资工作进行了走访调研，通过座谈部分基层干部、群众、客商和招商工作者，认为：近几年，市委、市政府把招商引资作为实施工业兴市战略的重大举措，采取全民招商、部门招商、专班招商等超常途径，招引了一大批企业来广水投资兴业，促进了我市新型工业化、信息化、城镇化、农业现代化建设。但现阶段，在招商引资中，出现了招商成本高、项目落户难、落户企业安置混杂等问题。究其原因，主要是：工业园区基础设施建设滞后，在园区建设上一直以来采取的围绕项目落户“剥萝卜”的办法似乎已到尽头。这一状况造成农民相互攀比，项目征地客观上补偿标准不一，矛盾纠纷增多，致使有些签约项目迟迟不能供地，影响了广水招商引资信誉和形象。同时，在实际工作中只能百般将就客商，让客商自主选址，使有的落户项目在园区布局不合理，不能实现用地集约、产业聚集和生产要素的优化配置。

为此，建议调整招商思路，把工作的着力点和主要精力放在园区基础设施建设上。有人认为，园区建设滞后的原因是缺乏资金，但据估算，10年来，我市各乡镇、市直部门招商引资成本总计超过数亿元，付出的成本不谓不高。若将其中的部分财力集中起来建设完备的高标准的工业园区，广水工业园区发展和“四化”水平远不是今天的状况。目前，珠三角、长三角等沿海先发地区因土地、人力资源等要素制约，发展空间已近饱和，一大批生产加工型、劳动密集型企业正加速向内地转移，加之早期外出创业的广水籍成功人士随着外地创业成本的抬升，都有回归家乡、造福乡梓的愿望。故在建好工业园区的同时，应采取专业化招商的办法，既降低招商成本，又可保证大的工业项目引得来、留得住，实现产业集聚发展，提高招商引资质效。

（市政协团联委）

关于加强乡村机耕路建设的建议

随着集约化、专业化、组织化的新型农业经营体系逐步形成，农村机械化作业率将大幅提高，急需完善的乡村田间机耕道路体系与之相适应。我市农村田间机耕路大多数修建于上世纪60-80年代，标准很低，且长期缺乏管护，损毁严重，已不能满足农业机械施工作业要求。乡村机耕路建设滞后成为了制约农机化发展和农业增产增效的重要因素。

为此，建议：

一、**发挥政府主导作用**。市乡政府要把田间机耕路建设作为发展现代农业、建设社会主义新农村的一项重要内容，纳入议事日程，作出具体建设安排，加强领导、指导与建设协调，切实担负起乡村机耕路建设的领导责任。

二、**强化部门工作责任**。建立由发改部门牵头，农业，农机部门具体负责，财政、交通、国土、规划、林业、水利等部门紧密配合的工作机制，合力做好田间机耕道路等农业机械化基础设施的建设和维护工作。

三、**制定科学建设规划**。要将机耕路建设列入经济社会长期发展计划，按照“规划一步到位，建设分步实施”的原则，加快推进田间机耕路建设。一是组织专业技术人员，进行调查摸底，制定各地路网体系整体规划和田间机耕路详细规划，做到“一乡一册图，一村一张图”。二是明确建设技术规范和标准。制定统一的《田间机耕道路建设规范和技术标准》，明确道路标准和建设要求。三是在土地平整、农业综合开发、农村公路建设、扶贫开发、水利建设、生态环境综合治理等农业发展项目建设中，要求必须严格按规划和标准建设机耕路。

四、**多方筹集建设资金**。加大政策扶持和投入力度，坚持“民办、公助”的筹集原则，建立以财政投入为引导、群众投入为主体、农业综合开发等项目资金投入为驱动的“三位一体”的投入机制。农业工程项目要把田间机耕路纳入项目规划统筹建设，实行“民办、公助”的原则，采取以奖代补，鼓励农民自筹、村组通过“一事一议”的办法建设机耕路。

五、建立管护长效机制。按照“谁受益、谁投入”的原则，采取集中整修和平时补修相结合的办法，加强对田间机耕道的常年养护。一是以村（组）为单位，搞好一年一度的夏修和冬修。签订属地分段养护责任协定，平日做到“谁损毁、谁修补”，随损随修。二是每村确定1至2名专职养护人员，落实责任，常年管护。三是养护经费采取市财政拨一点，乡镇财政补一点，村民自筹一点的办法，实行市、乡、村三级共筹。

（市政协委员、长岭镇工商联主任 杨松青）

大事记

引导文

1月4日， 市政协召开七届十次主席会，研究七届二次全会筹备情况。

1月8日，市政协召开七届十一次主席会，听取了对两名市政协委员因去世自行终止委员资格的情况说明；讨论了3名政协委员申请辞去七届政协委员职务的意见，讨论通过了给予1名委员警告和撤销1名政协委员资格的建议。

1月10日，市政协召开七届五次常委会，审议委员调整情况，通报七届二次全会筹备情况。

1月14日，市政协主席会议全体成员参加市政府主要领导来政协征求对政府工作的意见和建议座谈会。

1月15日至17日，市政协七届二次全会在应山剧院召开。281名委员参加会议，市“四大家”领导、市直部门、乡镇办事处负责人列席会议，市委书记吴超明为大会致辞，傅本华副主席代表七届政协常委会作工作报告，梅思卫副主席作提案工作报告。会议表彰了2012年度先进政协组织、优秀政协委员、先进政协工作者和优秀提案。会后，对政协委员进行了十八大精神专题辅导报告。

1月21日，市政协副主席梅思卫列席湖北省政协十一届一次全会。同日，各位主席参加随州市 “十八大”精神培训学习会。

1月23日，市政协主席李健强、副主席胡亚明出席广水天然气“预验收、试运行”工作会。同日，市政协秘书长汪维浩到驻点的陈巷兴河村、棚兴村开展“三万”活动。

1月24日上午，市政协主席李健强带领市国税局、住建局、一中、民政局等单位到十里办事处三合村、十里社区走访慰问困难群众。下午，李健强主席和部分政协委员视察了蔡河金悦农产品开发公司。

1月28日，市政协副主席胡亚明参加慰问驻广部队官兵。

1 月 31 日，市政协全体主席参加市“四大家”联席会议。

2 月 5 日，市政协主席李健强到十里办事处三合村慰问困难群众。

2 月 18 日，市政协全体主席、专委会主任参加市七届二次党代会。会上，市政协办公室被市委表彰为 2012 年度先进单位。

2 月 21 日，市政协召开七届十二次主席会。会议学习了 “中共中央转变工作作风的八项规定”和市委关于改进工作作风的意见；听取了机关上年度财务收支情况、市直活动组人员调整的意见、提案审查情况；审议了 2013 年度常委会工作要点、信息宣传奖励办法；通报了委员学习十八大精神测试情况。

2 月 28 日，市政协召开七届六次常委会议。会议听取了市政府关于十项市政建设工程情况的通报、审议了 2013 年度常委会工作要点、通报了委员学习十八大精神测试成绩、学习了习近平同志在十八届一中全会、参观国家博物馆“复兴之路”陈列时的重要讲话精神。

下午，召开提案审查会。全体主席会成员对提案的整理、合并、立案进行了审查。

3 月 1 日，全体主席、秘书长在剧院参加了全市城乡建设工作会。

3 月 4 日，全体主席、秘书长在剧院参加了全市对外开放、工业经济工作会。

3 月 5 日，市政协“三万”工作队到陈巷棚兴、兴河村指导工作，传达全市“三万”工作迎省检相关要求。

3 月 6 日，市政协副主席梅思卫在玉明酒店参加全市 2013 年度“三案”交办会，市政协向市政府交办提案、建议 120 件。同日，秘书长、专委会主任参加市政府七届二次全体扩大会议。

3 月 7 日，秘书长汪维浩、团结联谊委副主任秦传本调研李店乡“农家女”老年服务中心。

3 月 8 日，市政协主席李健强、副主席胡亚明，秘书长汪维浩带领 15

名政协委员视察了市福利院、老年公寓等养老机构。

3月11日，市政协副主席梅思卫在云都酒店参加全市国土资源工作会。

3月12日，全体主席和机关干部到李店参加植树活动。下午，市政协副主席傅本华、何卫分别到十里办政协联络处、工商联活动组走访委员。

3月14日，市政协副主席胡亚明带领相关专委会负责人走访余店、马坪、长岭三镇政协联络处。

3月15日，市政协召开七届十三次主席会。学习了俞正声在全国政协十二届一次会议闭幕会上的讲话，审议了市政协关于加强协商民主工作的意见、选派民主监督员管理办法、加强专委会建设的工作意见、提案建议责任分解方案。

3月18日，市政协主席李健强、副主席何卫、秘书长汪维浩在副市长刘伟陪同下，带领经济界部分政协委员对应山护城河治理情况进行了视察。下午机关组织工作人员学习全国政协主席俞正声在十二届一次会议闭幕会上的讲话。

3月19日，市政协副主席何卫、秘书长汪维浩等到杨寨镇政协联络处走访委员。

3月20日，全体主席会成员参加随州政协举办的协商民主理论培训会。

3月21日，市委书记吴超明、市长黄继军、市委副书记左和平、常务副市长何庆海等领导到市政协调研政协工作。市委同意出台加强政协协商民主的工作意见，将协商民主相关理论纳入市委中心学习组年度学习内容。

3月26日至4月2日，市政协机关开展为期一周的“下基层、转作风、抓调研、接地气”活动，本次调研将社会化养老服务体系建设作为重点。

3月29日，市政协主席李健强、副主席何卫、秘书长汪维浩带领部分政协委员视察了拟上市风机企业情况。视察后召开了加快风机企业上市专题协商会。

3月31日，市政协主席李健强到杨寨镇调研改革试点镇工作。

4 月 7 日，市政协主席李健强、副主席傅本华参加“一河两岸”工程指挥部工作会议。副主席何卫到广水办事处指导林业、公安执法人员查处非法割松脂事件 2 起。

4 月 9 日，潜江市政协副主席赵长安一行来广水政协协商“武汉城市圈”论坛事宜。

4 月 11 日，大冶市政协主席胡志国一行 17 人来广水考察“三乡”文化建设。

4 月 12 日至 19 日，市政协副主席何卫、胡亚明带队到山东考察学习社会化养老服务体系建设情况。

4 月 15 日，市政协副主席梅思卫在玉明酒店参加全市科技工作会议；市政协机关启动“学习贯彻十八大，争创发展新业绩”活动；政协副秘书长张克林等到驻点的陈巷镇兴河村、棚兴村开展“洁万家”活动。

4 月 16 日，市政协主席李健强到十里办事处指导督办重点项目建设。同日，秘书长汪维浩到省政协联系举办民主协商理论讲座事宜。

4 月 17 日，市政协主席李健强、副主席傅本华、梅思卫，秘书长汪维浩组织政协委员视察飞沙河水厂建设工地和飞沙河水库。

4 月 23 日，中共广水市委印发《关于加强政协协商民主工作的意见》。

4 月 24 日，市政协召开七届十四次主席会。会议讨论了市政协 2013 年度量化考核意见、改革开放以来广水重大历史事件文史资料征集工作方案、饮用水水源地保护调研和社会化养老服务体系建设调研方案，听取了机关干部下基层的情况汇报。

4 月 25 日，市政协宣传与文史资料征集工作会在云都酒店召开。李健强主席主持会议，傅本华副主席作主题报告。

4 月 28 日，市政协副主席梅思卫、孙萍参加全市综治工作会。秘书长汪维浩参加全市党风廉政建设暨第十四个党风廉政建设宣传月会议。

5 月 2 日，市政协主席李健强、副秘书长张克林参加在云都酒店召开的杨寨改革试点镇建设动员会。

5 月 6 日，随州市政协副主席黄秋菊、闵文强等一行到广水视察出生人口性别比综合治理工作情况。下午，政协机关集中学习了市委关于加强政协协商民主工作的意见（广发 [2013]5 号）。

5 月 7 日，市政协主席李健强亲自部署麻竹高速公路建设情况的文史资料征集工作。

5 月 10 日，全体主席会成员及专委会负责人参加了市委中心组学习。

5 月 13 日，市政协召开饮用水水源地保护调研动员会。

5 月 14 日，市政协主席李健强参加随州市主要领导调研广水烟厂活动。

5 月 15 日，驻广随州市政协委员，在活动组组长李健强的带领下视察了十里工业园项目建设进展情况。视察后，组织委员学习了俞正声在全国政协十二届一次会议闭幕会上的讲话和省市有关文件。

5 月 17 日至 24 日，市政协主席李健强、副主席傅本华、梅思卫一行 15 人到陕西、山西考察饮用水水源地保护工作先进经验。市政协分组，对各政协联络处、委员活动组“四百工程”实施情况进行督办。

5 月 20 日，市政协副主席何卫到广水办事处督办“四百工程”及提案办理情况。

5 月 21 日，市政协副主席何卫到太平乡督办东片四镇“四百工程”及提案办理情况。

5 月 23 日，市政协副主席何卫到经济组、工商联组督办“四百工程”。

5 月 24 日，市政协秘书长汪维浩及专委会负责人到雅瑞酒店参加全市信访工作会。同日，召开碰头会，通报各乡镇政协联络处、委员活动组“四百工程”实施情况。

5 月 27 日，市政协机关邀请市环保局负责人就饮用水水源地保护相关问题进行专题讲座。

5 月 29 日，市政协主席李健强、副主席傅本华、何卫、梅思卫，秘书长汪维浩等到花山水库调研水源地保护工作。

5 月 31 日，市政协饮用水水源地保护调研工作培训动员会在市国税会议室召开。政协主席李健强、副主席傅本华、梅思卫，秘书长汪维浩及各专委会负责人参加会议。梅思卫副主席主持会议，李健强主席作了重要讲话，市政协常委、环保局副总工程师金希作培训讲座，参与调研的政协委员及环保、林业、水利、卫生等部门主要负责人参加会议。

6 月 3 日，市政协机关邀请林业局负责人就林业政策法规进行专题讲座。

6 月 4 日，市政协主席李健强到杨寨调研指导改革试点镇工作，市政协副主席何卫、副秘书长张家金参加随州炎帝寻根节活动。

6 月 5 日，市政协主席李健强参加随州市委中心组学习，各位副主席分别带队开展水源地保护调研。其中，傅本华副主席带领第一小组调研飞沙河、许家冲水源区、大贵寺林场及蔡河镇、十里办事处等地；何卫副主席带领第二组调研高峰寺、霞家河水源区、中华山林场及广办、武胜关镇等地；梅思卫副主席带领第四组调研黑洞湾、花山水源区、花山林场及吴店、郝店等地；汪维浩秘书长带领第三组调研余店河、徐家河水源区、嵩山寺林场及长岭、马坪、余店镇等地。

6 月 13 日，市政协副主席胡亚明主持召开社会化养老服务体系建设调研报告征询意见会。

6 月 14 日，市政协主席李健强、副主席傅本华、秘书长汪维浩参加市政协党群活动组组织的对餐饮具集中消毒生产企业的视察。

6 月 17 日，市政协召开七届十五次主席会。会议议定了近期重点工作安排，听取了 4 个调研小组关于水源地调研情况的汇报、讨论了关于加快广水社会化养老服务体系建设的调研报告，进行了党风廉政建设知识测试。下午，市政协机关邀请民宗局负责人就民族宗教政策法规进行专题讲座。

6月18日，市政协主席李健强、秘书长汪维浩到陈巷镇政协联络处督办“四百工程”落实情况。

6月20日，辽宁省辽阳市政协原主席尚杰洪一行来广水考察。下午，咸宁市政协副秘书长兼办公室主任游强进一行4人来广水考察协商民主工作开展情况。

6月21日，市政协主席李健强到杨寨镇督办改革试点镇工作。

6月24日，市政协主席李健强、秘书长汪维浩及机关部分干部赴余店镇杨岭村吊唁原政协办公室副主任科员程开华同志。

6月26日，市政协召开推进“四百工程”工作交流会。会议通报了上半年“四百工程”推进情况，蔡河、长岭、太平、经济组在会上作了典型发言，李健强主席作总结讲话。下午，李健强主席调研市二中、实验高中并走访慰问对口联系的党外干部。

6月27日，市政协主席李健强列席参加随州市政协三届七次常委会。傅本华副主席带领专委会负责人、提案委员到武胜关桃园村督办重点提案；梅思卫副主席到长岭高泵站督办提案；汪维浩秘书长参加全市建党92周年庆祝会，并在会上代表政协机关作“强化作风建设，推动干事成事”的典型发言。

6月28日，市政协召开七届七次常委会。会议听取了关于推进大别山革命老区经济社会发展试验区建设情况的通报，审议通过了关于加快广水社会化养老体系建设的调研报告，学习了市委关于加强政协协商民主工作的意见（广发[2013]5号）。

同日，远安县政协梅昌许副主席一行4人来广水考察交流协商民主工作开展情况。

7月1日，市政协机关邀请市卫生局专业科室负责人就新医改及公立医院改革相关政策进行专题讲座。

7月3日，市政协全体主席分别到“一驻四挂”的乡镇、企业、社区和村下乡调研，指导工作。

7 月 4 日，市政协主席李健强、副主席何卫，秘书长汪维浩等到经济组督办提案。

7 月 5 日，市政协全体主席会议成员到老邮局四楼参加省委召开的“群众路线教育实践活动”电视电话会。

7 月 8 日，市政协机关邀请机关工委负责人就新党章进行专题讲座。

7 月 9 日，市政协副主席梅思卫、孙萍参加全市半年乡镇观摩活动。

7 月 10 日，市政协组织提案委员到水利局参加“两案”办理见面会。

7 月 11 日，市政协召开特邀信息员聘书颁发暨学习培训会议。会上，向 19 名七届市政协委员颁发了特邀信息员聘书，传达了省政协反映社情民意工作培训班会议精神，并就社情民意工作业务知识作了辅导讲解。

7 月 12 日，市政协在云都酒店召开 “扶持特色产业集群，规划建设风机名城”提案办理协商会议。市长黄继军、市政协主席李健强出席会议，市政协副主席梅思卫主持会议。提交该项提案的政协委员和市经信局、工业行办等相关单位负责人参加了会议。

7 月 16 日，市政协主席李健强到杨寨镇调研指导试点镇工作。同日，市政协科教文卫委组织委员视察了公立医院改革进展情况。

7 月 21 日，市政协副主席胡亚明、秘书长汪维浩等一行到襄阳市政协考察学习委员工作室建设情况。

7 月 23 日，市政协副主席傅本华带领部分科教文卫界别委员视察农村义务教育均衡发展情况。市政协就天然气使用、城区停车场和公厕监管的提案办理与市政府及有关部门进行协商。下午，市政协邀请旅游局专业科室负责人就 4A 景区创建进行专业讲座。

7 月 29 日，市政协召开十六次主席会，听取市委中心组学习（扩大）会协商民主讲座筹备情况及到襄阳考察委员工作室建设情况。同日，市政协副主席梅思卫到三潭指导 4A 级景区创建工作。

7月30日，市委中心学习组集中学习社会主义协商民主理论。省政协副秘书长、研究室主任熊维明作题为《贯彻党的十八大精神 发展社会主义协商民主》专题讲座。

8月5日，随州市政协来广水调研林业改革和发展情况。

8月6日，市政协机关邀请统计局负责人就经济运行、统计法规进行专题讲座。

8月9日，市政协副主席梅思卫到陈巷指导抗旱工作。秘书长汪维浩到广办督办重点提案。

8月13日，市政协召开民主监督金融部门动员会。

8月15日，随州市政协来广水视察土地节约集约利用工作。同日，市政协主席李健强视察十里办事处旱情和抗旱救灾工作。

8月16日，市政协主席李健强、副主席胡亚明一行视察李店乡旱情。

8月24日，市政协副主席梅思卫带队督办涉农重点提案。

9月2日，市政协机关邀请经管局负责人就农村土地流转政策进行专题讲座。

9月3日，市政协主席李健强到太平乡调研。

9月4日，市政协副主席何卫一行就民主评议金融部门对邮储行进行视察。

9月5日，市政协视察十马线改造工程。

9月6日，市政协召开十七次主席会，听取政协七届八次常委会筹备情况，讨论全市饮用水水源地保护调研报告。

9月9日，市政协机关举办以薄熙来为反面教材专题讲座。

9月16日，市政协机关举办食品安全知识专题讲座。

9月17日，市政协视察放心粮油店工程建设情况。

9 月 22 日，市政协主席李健强到陈巷参加中国国民党荣誉主席连战来广水寻根祭祖活动。

9 月 24 日，市政协召开七届八次常委会。会议听取了市政府元至 8 月份经济运行情况的通报，审议通过了市政协调查组关于全市饮用水水源地保护调查报告，通报了各处组委员学习社会主义协商民主理论知识测试情况和我市改革开放以来主要事件文史资料征集进展情况。

9 月 30 日，宜城市政协副主席盛建国一行来广水考察交流基层政协工作情况。

10 月 21 日，市政协机关组织干部学习《科学发展观学习纲要》和《关于认真学习贯彻习近平总书记重要批示，广泛开展向兰辉同志学习活动》的通知。

10 月 23 日，市政协视察工业园区项目落户和基础设施建设情况。

10 月 24 日，随州市政协主席肖伏清来广调研广水市政协协商民主工作情况。

10 月 25 日，市政协主席李健强，副主席傅本华、何卫、胡亚明、梅思卫带领部分委员视察了居民小区物业管理和棚户区改造工作。

10 月 28 日，市政协副主席何卫出席武汉城市圈第九次主席论坛。同日，市政协召开十八次主席会，讨论《市政协民主监督金融部门测评会实施方案》和《反映社情民意工作办法》。

11 月 5 日，市政协主席李健强，副主席何卫、胡亚明，秘书长汪维浩视察广办工业企业。

11 月 7 日，市政协召开民主评议金融部门测评会议。测评会上，7 家金融部门负责人作了整改报告，市政协常委、10 家企业负责人对金融部门整改情况进行了现场测评打分。市委、市政府主要领导，各乡镇党政主职，市直各部门主职参加了会议。

11 月 14 日，随州市政协走访驻广委员。

11 月 18 日，市政协召开十九次主席会，专题学习十八届三中全会精神。

11 月 19 日，市政协主席李健强、副主席胡亚明一行调研关庙镇城镇建设和政协联络处工作。

11 月 26 日，市政协主席李健强、秘书长汪维浩调研余店镇百兴广场、步行街建设及政协联络处工作。

12 月 12 日，市政协组织委员对《关于治理护城河的建议》办理情况进行了“回头看”。委员们通过看、听对护城河的治理表示满意。

12 月 13 日，市政协全体主席、秘书长、专委会负责人在佰特五楼会议室参加全市领导干部教育大会。同日下午，市政协召开二十次主席会，听取各专委会、办公室 2014 年工作打算和七届三次会议筹备情况。

12 月 16 日，市政协机关举办《行政许可法》讲座。

12 月 19 日，市政协召开二十一次主席会。会议讨论了七届三次会议常委会工作报告和提案工作报告，审议了 2013 年度量化考核情况的通报和七届三次会议表彰决定。

12 月 25 日，市政协召开七届九次常委会。会议听取了市政府关于 2013 年度提案办理情况和 2013 年市政府“十件实事”落实情况的通报，审议并通过了七届三次全会工作报告、提案工作报告，表彰决定，有关人事任免及大会议程、日程等有关情况。

图书在版编目（CIP）数据

广水政协年鉴.2013 / 政协湖北省广水市委员会办公室编. -- 北京 : 中国水利水电出版社，2014.9
ISBN 978-7-5170-2499-6

Ⅰ. ①广… Ⅱ. ①政… Ⅲ. ①中国人民政治协商会议－地方委员会－广水市－2013－年鉴 Ⅳ. ①D628.633-54

中国版本图书馆CIP数据核字（2014）第215062号

责任编辑：李正斌

书　　名	广水政协年鉴2013
作　　者	政协湖北省广水市委员会办公室 编
出版发行	中国水利水电出版社 （北京市海淀区玉渊潭南路1号D座　100038） 网址：www.waterpub.com.cn E-mail：sales@waterpub.com.cn 电话：(010) 68367658（发行部）
经　　售	北京科水图书销售中心（零售） 电话：(010) 88383994、63202643、68545874 全国各地新华书店和相关出版物销售网点
排　　版	北京双子山峰文化传媒有限公司
印　　刷	北京纪元彩艺印刷有限公司
规　　格	185mm×260mm　16开本　23.75印张　426千字　8插页
版　　次	2014年9月第1版　2014年9月第1次印刷
定　　价	300.00元

凡购买我社图书，如有缺页、倒页、脱页的，本社发行部负责调换

版权所有·侵权必究